한류 전문가 강철근의
한류 이야기 韓流

국립중앙도서관 출판시도서목록(CIP)

한류 전문가 강철근의 한류 이야기 : 한류의 근원에서 미래까지 / 지은이 : 강철근. -- 서울 : 이채, 2006
p. ; cm.

ISBN 89-88621-60-3 03600 : ₩12000

331.5-KDC4
306.4-DDC21   CIP2006001077

한류 전문가 강철근의 한류 이야기

초판 1쇄 발행 / 2006년 6월 15일
개정 1쇄 발행 / 2008년 1월 1일

지은이 / 강철근
펴낸이 / 한혜경
펴낸곳 / 도서출판 異彩(이채)
주소 / 135-100 서울특별시 강남구 청담동 68-19 리버뷰 오피스텔 1110호
출판등록 / 1997년 5월 12일 제 16-1465호
전화 / 02)511-1891, 512-1891
팩스 / 02)511-1244
e-mail / yiche7@dreamwiz.com
ⓒ 강철근 2006

ISBN 89-88621-60-3 03600
    978-89-88621-60-8 03600

※값은 뒤표지에 있으며, 잘못된 책은 바꿔드립니다.

한류 전문가 강철근의
한류(韓流) 이야기

이채

| 목차 |

서문 지저스 크라이스트, 붓다, 꽁쯔, 그리고 한류　6

제1장 한류는 무엇인가?　21
  1. 한류는 우리에게 무엇인가?　23
  2. 한류에 이르는 6가지 통로들　27
    통로 1 새로운 가치, 새로운 세상을 향한　28
    통로 2 감성적이며 서정성 넘치는　34
    통로 3 경영과 경제의 문제에까지 이르는　38
    통로 4 문화 교류의 새로운 지평을 여는　44
    통로 5 국제정치와 문화를 아우르는　51
    통로 6 잠수함의 토끼처럼　60

제2장 한류와 새로운 문화 사상과 코드　71
  1. 시민정신과 선비정신　73
  2. 신낭만주의의 탄생　76
  3. 한류는 21세기 신낭만주의의 산물　81

제3장 한류의 형성과 우리 문화 91

1. 무형문화 시대의 도래와 한류의 형성   93
2. 문화의 세기, 혹은 사이버 문명 세상의 출현   99
3. 한류는 무엇인가?   102
4. 문화정책적 관점에서 본 한류 현상 분석   113
5. 한류 현상의 문제점   125
6. 한류의 지속적 발전과 문화정책의 새로운 변화   128
7. 한류정신의 구축과 우리 문화, 그리고 문화정책   134
8. 한류를 보는 눈, 역사를 보는 눈   143

제4장 한류학 이야기―질풍노도의 시간들 151

1. 첫 번째 정경   153
2. 두 번째 정경   160
3. 세 번째 정경   168
4. 네 번째 정경   171
5. 다섯 번째 정경   175

한류 문화경영 사례 229
―2004 서울세계박물관대회가 우리에게 남긴 것

서문 지저스 크라이스트, 붓다, 꽁쯔, 그리고 한류

한국은 특이한 나라다. 한 집 건너 교회가 있으며, 두 집 건너 절이 있고, 집집마다 거의 제사를 지낸다. 다시 말해 전 세계에서 이렇듯 기독교, 불교, 유교가 일반화된 나라가 없다는 뜻이다. 어디 그뿐인가. 기독교 전래 초기에 한국만큼 순교자가 많은 나라도 없으며, 2005년 말 현재 해외 선교사 파견 세계 1위이다. 불교의 원형이 한국만큼 잘 지켜지는 나라도 별로 없다. 일본의 불교는 지나치게 세속화되어 있고, 한국만큼 스님들이 존경받는 나라도 그리 없다. 공자를 제사하는 성균관의 석전제는 현재까지 그 원형이 고스란히 남아 있어서 공자의 나라 중국에서도 이를 배우러 온다. 사회에서도 직장에서도 "오늘 제사가 있어서 먼저 가야 한다"고 하면 그것으로 모든 상황이 묵인될 정도로 조상 숭배는 거의 절대적이다. 명절이면 너무도 당연히 집집마다 차례 지내고 조상의 기일이면 일가친척이 모두 모인다. 여행 가서 합동으로라도 차례를 지내야 마음이 편하다. 인구 5천만에 이 3개 종교 신도 수는 각 1천만 명 이상씩이다.

너무도 종교적인 나라 한국이다. 그러나 필자는 지금 종교 이야기를 하려는 것이 아니다. 오직 이를 빌려서 한류를 말하고자 하는 것뿐이다. 그러니 종교인들께서는 부디 촉각을 곤두세우지는 마시기를 바란다. 다만 한 가지, 이 세 분—지저스 크라이스트, 붓다, 꽁쯔(孔子)는 누구인가? 한 가지 공통점이 있다. 그들은 당대의 이단자였으며, 기성 질서에 도전했고, 새로운 세상을 열어 나갔다. 모든 이들에게 감동을 주어 인류의 보편적인 문화가 되었다. 그들은 슈퍼스타였다. 그들의 문화 코드는 세대를 불문하고 인종을 가리지 않고 남녀를 가르지 않는 '멀티(multi)'이며, 누구나 공감할 수 있는 '감동'이었다.

한류의 세계도 그와 너무도 유사하다. 이 글의 전편에 흐르는 주제는 바로 이것에 관한 것이다. 한류의 문화 코드는 멀티와 감동인 것이다. 오늘의 시대는 '순수'에서 '퓨전' 혹은 '잡종' 문화의 시대가 되었다. 잡종은 강하고 생명력이 있다. 전 세계의 3대 종교가 우리나라에 와서 주류 문화로까지 자리 잡은 것처럼, 이제는 이를 다 합친 우리의 잡종 문화가 세계로 나아갈 때가 되었다. 아니, 이미 저만큼 나아가고 있다. 우리 자신도 모르는 사이에 아니, 우리 자신만 모르고 있는 채 밖에서 더 알아주고 있는 것이다. 그래서 나온 말이 '우리만 모르는 한류'가 되어 있다. 지금 이 순간에도 싱가포르의 창이공항에서, 남미의 가정에서, 이집트의 교실에서, 중국과 일본의 각 안방에서, 하와이의 K-드라마 연구 모임에서 우리의 한류를 보고 또 보고 감동의 정경을 만들어 내는 중이다.

한류는 기존 질서와 기성세대에 대한 통쾌한 도전이다. '딴따라'로 천대받던 대중문화는 온 나라가 IMF의 어두운 그림자 속에서 휘청거릴 때, 세계를 향해서 그리고 새로운 세상을 향해서 뻗어 나갔다. 그리고는 모든 이들에게 감동을 선물하였다. 그냥 주기만 한 것이 아니라 더불어 함께 느끼게 하였다. 한류의 가치는 미국과 일본 베끼기로 선진 자본주의 국가들의 '문화 속국'에 지나지 않던 우리나라가, 이제는 전 세계 국가를 '한류' 수용국으로 만든 문화 발신국으로 도약했다는 것에 있다. 일제강점기는 말할 필요도 없고, 광복 이후에도 군사문화 속에 검열 등으로 자유를 속박당하며 이렇다 할 발전을 이루지 못하고 미국과 일본의 문화를 베끼기에 여념이 없었던 한국 문화가, 1980년대 초 시작된 민중문화운동으로 전통의 맥을 되살리면서 새로운 차원으로 거듭나게 됐다. 1990년대에 이르러는 검열과 이데올로기 문제가 해소되고 자유가 꽃피우면서 마침내 '한류' 문화가 태동하였다. 한류는 광복 후 60년 동안 만들어 낸 한국의 최대 걸작이다.

    나는 지금도 10여 년 전 어느 날의 '박수근 전'과 '이중섭 전'의 충격과 감동을 잊을 수가 없다. 한 미술 전시회가 이렇게 커다란 감동과 충격을 줄 수 있다니……. 그것은 우리에게 더할 수 없는 기쁨과 슬픔을 동시에 안겨 주는 것이었다. 치열하게 살다 간 한 인간의 모습이 가장 진솔하게 그리고 강렬하게 전달되었다. 더군다나 그 도록에 펼쳐진 그들의 고통스러운 삶의 편린들은 더욱 더 가슴을 친다. 이중섭의 경우는 실제로 그가 살았던 서귀포의 바다가 보이는 초가집, 두 사람이 앉아 있기조차 힘든 비좁은 방에서의 삶은 허탈하기까지 하다. 하도 먹을 것이 없어서 일본인 부인이 얻어 온 게를 너무 먹어, 게에게 미안해 게를 주로 그렸다던가.
    한류는 그런 것에서 출발한다. 20세기의 탐욕과 비인간성으로 얼룩진 기나긴 식민시대를 거쳐, 숨도 들이쉴 틈 없이 열강의 이념과 인간의 허망한 야망으로 인한 전쟁을 겪은 우리가, 갖은 시행착오와 역사의 소용돌이를 거쳐, 5천 년 역사의 내공으로 신생 독립국 60년 만에 그 특유의 열정과 역동과 감성으로 전 세계에 던지는 감동의 메시지이다. 이미 세계적 대세를 확보한 신자유주의의 물결과 이로 인한 세계화의 태풍 속에서 자신의 빛으로 스스로 빛나며 다른 나라에까지 공통의 감성, 공통의 가치를 공유할 수 있도록 한 한류는 도대체 무엇인지, 어떤 것인지 정면으로 부딪혀 보고 생각할 때가 되었다.

한 나라가 일류국가인지 아닌지를 결정하는 기준은 두말할 필요 없이 그 나라 국민들의 삶의 질에 달려 있다 하겠다. 다시 말해 보다 많은 일반 시민들이 행복하다고 느껴야 한다. 그런데 그러한 행복지수는 쉽게 규정지을 수 없다는 데에 문제가 있다. 결국 문화의 문제로 귀착한다고 본다. 우리의 삶이 어떻게 무엇을 향해 가고 있는지는 매우 어려운 문제이지만, 그 시대의 보통 사람들이 만들어 나가는 삶의 방식과 이를 표현한 대중문화, 그리고 삶의 방식을 정제한 예술활동이 얼마나 가치 있는 것으로 받아들여지는가도 중요하다.

　한류는 이런 것이다. 그 무엇보다도 우리나라의 보통 사람들이 한류를 통해서 행복을 느껴야 하고, 한류의 모든 것은 우리를 행복하게 하여야 한다. 외국의 언론이나 다른 나라 사람들이 환호하는 것도 중요하지만 우리가 그것에 의미와 가치를 두고 즐길 수 있어야 하는 것이다. 그렇기 때문에 한류는 오늘의 대중문화와 전통문화를 아우르는 새로운 문화를 만들어 내며, 동시에 우리의 감성과 가치를 실현해 나갈 수 있어야 하는 것이라고 본다.

　한류는 분명 우리의 대중문화예술에서 비롯되었다. 우리의 감성과 감각, 그리고 표현 방식이 아시아인의 가슴을 따뜻하게 한 것에서 출발하였다. 이제 한 시대 전의 한용운 선생의 시 「거문고 탈 때」를 보면서 우리의 이야기를 시작하고 싶다.

거문고 탈 때

한용운

달 아래에서 거문고를 타기는 근심을 잊을까 함이러니,
춤곡조가 끝나기 전에 눈물이 앞을 가려서,
밤은 바다가 되고 거문고 줄은 무지개가 됩니다.
거문고 소리가 높았다가 가늘고 가늘다가 높을 때에,
당신은 거문고 줄에서 그늬를 뜁니다.
마지막 소리가 바람을 따라서 느투나무 그늘로 사러질 때에,
당신은 나를 힘없이 보면서 아득한 눈을 감습니다.
아아 당신은 사러지는 거문고 소리를 따러서
아득한 눈을 감습니다.

 이러한 풍류와 서정성은 당대에 쉽게 나오는 것이 아니다. 얄팍한 글재주는 더더욱 아니다. 5천 년 정도의 역사적 배경과 문화 형성 없이는 도저히 나올 수 없는 것이리라. 한류를 말함에 있어서 가장 중요한 키워드는 무형문화유산이다. 무형문화유산이란 한 민족의 오랜 시간 동안 켜켜이 쌓인 내공이며 그 민족의 자산이다. 그렇기 때문에 이는 오랜 역사를 가진 민족에게만 주어진다. 그 아득한 눈은 바로 우리의 또 다른 모습이 아닌가? 욘사마 배용준의 미소와 눈빛이 바로 한용운의 '아득한 눈'이 아닌가?
 한류의 근원 중의 하나는 전통문화다. 그중에서도 한국음악은 가장 본원적이다. 세종대왕께서 일찍이 우리 음악으로 나라의 근본을 세우려 한 정책은 참으로 지당하다. 그는 오늘의 한국음악, 즉 국악의 기틀을

만들고 중국과는 다른 아악을 창조하고 집대성하였다. 한글 창제와 같은 맥락이다. 이러한 조상 덕분에 오늘에 이르기까지 우리는 우리 음악에 대한 자부심으로 무장하여 음악은 물론 댄스 장르까지 세계를 누비는 성과를 가지게끔 되었다. 내공이란 그런 것이다. 현재의 유명가수들은 한결같이 우리 국악을 연마하였거나 깊은 관심을 가지고 바라보고 있다. 그들의 필요에 의해서. 진정한 스타 뮤지션들은 세종 조의 아악 수제천에서 영감을 얻는다. 판소리를 연마해서 영혼의 소리를 만든다.

최근 모 회사의 CF에는 네티즌의 관심을 끄는 기막힌 조합의 영상과 음악이 등장하였다. 이름하여 올포원(All 4 One)이다. 가야금과 비보이(b-boy)의 브레이크댄스와 비트박스(beat box)와 디제이 믹싱(DJ mixing)이 한데 어울려 멋진 하모니를 이루기 때문에 올포원인 것이다. 가야금은 숙명여대 연주단이, 비보이는 세계적인 그룹 라스트 포 원(Last for One)이, 디제이 믹싱은 이창의가, 비트박스는 은준이 각각 맡았다. 그들은 모두 20대 전반의 젊은이들이다. 네티즌들의 반응은 "소름 끼친다", "감동이다", "놀랍다" 등이었는데, 그중에서도 눈길을 끄는 것은 "우리의 가야금이 이렇게 멋있는 줄 정말 몰랐다"는 것이다. 필자도 놀라웠고 감동하였다.

우리 국악이 이렇게 진화할 수 있고, 이렇게 현대의 네티즌을 사로잡을 수 있다는 사실이 자랑스럽다. 이제까지 국악은 진부한 음악으로서 거의 대부분의 한국인들조차 고개를 돌리는 대상이었기 때문이다. TV나 라디오에서 국악이 나오면 바로 채널을 돌리는 것이 현실이다. 방송시간대도 새벽 아니면 한밤중에 방송되고 있으며, 그나마 국영방송에서나 들을 수 있다. 그런 가운데에 국악을 기조로 한 초현대의 영상음악을 CF로 내놓은 광고기획사나 모 회사도 대단하다. 이는 다름 아닌 우리 문화에 대한 자신감과 이것이 통할 수 있는 우리나라 네티즌들의 의식 향상과 이를 사전에 감지한 업계의 젊은 일꾼들의 신선한 노력 때문이다. 우리 국악에 대한 헌사는 무수히 많지만 대체로 일치하는 것은 국악이 갖는 자유와 여유이며 세계의 어느 음악과도 화음을 이룰 수 있다는 크나큰 장점을 가진다는 것이다.

한류의 문화 코드는 멀티와 감동이다. 한류 콘텐츠의 중심에는 여성과 청소년을 중심으로 하는 핵심적인 문화 코드 위에 탄탄한 구조의 스토리의 재미, 영상미학, 아름다운 남녀 스타, 역동성, 가족과 인간에 대한 사랑, 열정, 겸손, 예의, 도전 등의 문화 코드가 내재되어 있다. 다시 말해서 한류는 현대의 디지털 시대의 한복판에 서 있으면서도 디지털이 채워 주지 못하는 그 무엇을 열정적으로 메워 주고 있는 것이다. 보수 남성사회의 단단한 벽을 뚫고 세상에 포효하는 것이다. 이것은 아시아에 한정되는 것은 아니다. 서구에 대해서도 마찬가지다. 아니 오히려 서구인에게 결핍된 것을 채워 줄 수 있는 것이 한류일 수 있다.

국악이 궁중음악인 정악에서부터 가곡, 전국의 민요, 판소리, 사물놀이에 이르는 수많은 종류와 소리의 다양함을 가지고 있기 때문에 시간이 갈수록 더욱 디지털 문화의 결핍을 채워 주는 영혼의 소리로서 자리 잡게 될 것이라는 필자의 믿음이 있다. 이는 문화제국주의적인 것과는 다른 것이다.

최근 미식축구 스타로 부상한 한국계 혼혈 미국인 하인스 워드(Hines Ward)의 성공은 누가 뭐래도 한국적이다. 한류적이다. 그의 이야기의 핵심 코드도 멀티와 감동 그 자체이다. 그가 공개적으로 선언한 그의 성공 배경은 한국인 어머니다. 어머니로부터 어릴 적부터 밥상머리에서 끊임없이 배워 온 한국문화, 즉 음식, 예의, 겸손, 타인에 대한 배려, 인

내심, 성실성은 미국에서 배우기 어려운 점이다. 그러한 그의 선수로서의 능력과 자질은 멀티 플레이어로서 어떤 역할도 가능한 것으로 증명하였고, 그의 겸손한 태도는 동료들로 하여금 적극적인 협조를 하게 만들었으며, 결국 그 모든 것들이 그를 스타가 되게 하였다. 그는 그의 어머니가 하루 3가지 일을 하며 자신을 키운 사실을 언제나 가슴에 안고 훌륭하게 성장하였다.

그의 어머니는 워드가 세상 무서운 줄 알게 하기 위하여, 그리고 겸손함을 잃지 않게 하기 위하여 매도 들고 엄하게 키웠다고 한다. 그 어머니에 그 아들이었다. 어느 방송인은 "우리가 무엇을 해 준 게 있어서 이제 와서 무슨 자격으로 워드와 어머니를 칭송하고 환영하느냐"고 했지만, 그건 그렇지 않다. 무릇 인간은 고향이 있어서 무언(無言)으로 한 인간을 키우는 것이고, 아무것도 해 준 게 없어도 고향이라는 존재 자체만으로도 버팀목이 될 수 있는 것이다. 그리고 고향은 객지에서 갖은 고생을 한 자에게, 그리고 성공한 자에게 뒤늦은 뜨거운 박수를 보내며 환영하는 것만으로 충분한 보답과 격려를 하는 법이다. 우리의 고향이 우리들에게 실제로 무엇을 해 주었는가. 쫓기듯이 한밤중에 고향을 떠나 홀어머니에 의해 훌륭하게 성장한 이야기는 수도 없이 많으며, 나중에 따뜻한 귀향을 통하여 모든 것을 포용하고 서로 화해하는 것이 우리네 고유 정서인 것이다.

또한 우리의 비보이들은 어떤가? 2005년 말의 어느 날, 이름조차 생소한 비보이들이 추는 브레이크댄스라는 춤을 한국민에게 알리며 그것도 유럽 등지에서 그동안 계속 우승 또는 우승권에 있어 왔다는 기사를 접하게 해 주었다. 이게 뭔가 하고 자세히 보니 간단한 것이 아니다. 그들은 수많은 대회에서 두각을 나타냈고 이제 유럽의 젊은이들을 열광시키며 유럽에 한국을 알리는 문화전사가 되어 유럽 문화의 한 주류로 성장해 가고 있었다. 유럽의 젊은이들이 한국 비보이들로 인하여 '코리아'를 외치고, 스스로 준비한 '태극기'를 흔들며 한국을 배워 가고 있는 것이다. 이것이야말로 유럽에서 만들어지는 또 다른 한류의 시작이라고 해도 과언이 아닐 것이다.

1972년 10월, 유네스코(UNESCO)에서는 '세계문화 및 자연유산 보호협약(The Convention concerning the Protection of the World Cultural and Natural Heritage)'이 체결되었고, 30년 만인 2003년 10월 다시 '인류무형문화유산 보호협약(The Convention for the Safeguarding of Intangible Cultural Heritage)'이 체결되었다. 그 의미는 몇몇 전문가들만이 가지는 감회를 넘어 우리 모두가 공유해야 하는 의미심장한 문명사적 대전환이라고까지 말할 수 있는 것이다.

무형문화유산이 갖는 문명사적 의의는 이제까지 주로 전승된 서구의 유형문화유산이 주류문화로 여겨져 온 데 대하여, 소위 제3세계로 불리는 아시아·아프리카·중남미 제국들에서 전승되어 오던 무형의 고유문화가 새롭게 평가되면서 현대문명에 새로운 의미를 우리에게 던져 준 것이다.

다시 말해 서구에서 형성해 온 대부분의 문화유산은 외부로 나타나는 숱한 기념물과 건축물, 과학적 성과물과 서적 등의 유형적인 것이다. 반면 제3세계의 문화유산은 대부분 무형의 것으로, 제례·전통의식·언어·관습 등과 같이 오랫동안 전승되어 온 민속적인 것들이 주류를 이룬다. 이 때문에 무형문화유산 개념의 등장은 세계의 기존 질서에 대한 하나의 도전이며, 제3세계가 더 이상 '제3'이 아니라는 선언이기도 하다.

기존의 엘리트 문화에 대한 변방의 민속문화의 도전인 것이다. 이제 21세기의 새로운 문화는 제3세계의 자기 발견과 가치 공유의 터전 위에서 형성되기 시작하고 있다.

한류는 바로 이러한 배경 위에서 꽃피우기 시작하였다. 한국인의 세계 인식은 자유분방함과 거칠 것 없는 호방함이 어우러진 풍류 정신이 그 기저에 있다. 그렇기 때문에 우리는 그 어느 민족에 비해도 손색없는 풍부하고 다채로운 무형문화유산을 가지고 있으며, 언제 어느 때고 그 내공이 빛을 발할 수 있는 준비가 되어 있었던 것이다. 그것은 아득한 옛날의 문헌에서부터 현재에 이르기까지 많은 역사적 자료에서 입증되고 있는 것이다.

한국의 문화 상징을 나타내는 수많은 설화에서 우리는 우리의 문화 예술적 기질에 관한 단초를 읽으며, 한국인의 색채 의식에서 다시 한 번 그 안목을 발견할 수 있다. 우리 조상들이 옛날부터 유채색과 무채색을 합해 오방색이라는 5가지의 원색 이름만 가지고도 시·공간의 종합적 개념으로 사용하였다. 그것은 비록 기능적이며 효율적인 측면에서 불합리한 점이 많았다고는 하더라도 우리는 공간과 시간 속에서 전체를 아우르는 종합적인 색채 인식을 지녀 왔기 때문에, 우리의 색채 의식은 표피적인 색상보다는 내용적인 색의 본질을 파악하려고 했기 때문에 한국의 빛깔은 현란하지 않으며 안으로 스며드는 절제의 빛깔 문화가 이루어질 수 있었던 것이다.

원로 한국화가 이종상 선생의 지적처럼 우리 조상들은 서구의 합리적 분석에 입각한 색채 의식 이상으로 자연의 색채 원리를 이미 선험적 직관에 의해서 터득하였으며, 유채 삼원색과 무채 이원색의 오정색 이외는 색 이름을 만들지 않은 조상의 높은 안목과 식견을 발견할 수 있는 것이다.

기나긴 아날로그 시대를 거쳐 디지털 시대를 맞이한 지금 우리는 또 다른 문명의 서막을 펼치고 있다. 아날로그 시대의 국민 평균적 성실성을 바탕으로 일단의 성공을 이룩한 우리는 그 자신감과 열정으로 21세기의 새로운 질풍노도의 시대를 열어 나가고 있는 것이다. 그렇기 때문에 한류는 수많은 문화 코드를 새로이 양산하고 있다. 그중에서 가장 인상적이며 결정적인 것은 다름 아닌 여성, 청소년, 제3세계, 그리고 댄스음악과 드라마라는 대중문화예술이다. 이쯤 되면 알 수 있을 것이다. 무엇인가 그것들은 다소 소외되고 문제시되고, 주류에서 멀어진 존재들이며, 골치 아픈 문제들인 것이다.

열등감에서 비롯된 우리의 대중문화예술은 1980년대의 시민문화운동에서 새로운 역동성과 영감을 얻어 주류에 편입되기에 이르렀고, 이제는 문화 창조의 최전선에 서 있게끔 되었다. 그들은 이제 이 나라에서 탈근대와 탈식민주의의 현장을 새로이 만들어 내고 있었던 것이다. 그들은 주위의 눈치 같은 것은 아예 보지도 않는다. 그들이 어른들은 생각지도 못했던 일을 해치우고 있는 것이다. 기성세대의 의식 속에 식민시대의 잔재가 뿌리 깊이 박혀 있는 척박한 터전 위에서 새롭게 태어나고 있는 이 시대의 젊은이들은 부지불식간에 새로운 문명을 창조해 나가고 있다.

서구에서는 플라톤 이후 르네상스를 거쳐 근세기까지 절대적 진리에 대한 믿음이 흔들리지 않았었다. 인간은 이성과 신앙을 통해 이런 절대적 진리에 도달할 수 있다는 확신이 있었다. 하지만 근세기 이후부터 마음가짐이나 동기가 결과보다 훨씬 중요하고, 의도가 그 효과보다 더 중요하다는 사상이 나타난다. 마음의 순수함과 고결함, 헌신 등이 더 높이 평가받게 된 것이다. 그것이 바로 낭만주의였다.

그러한 낭만주의는 이제 우리나라에서 꽃피우고 있다. 지금의 한국은 클래식 음악이 성황리에 공연되고 있어 각국의 오케스트라나 지휘자들이 방문하고 싶어하는 우선순위의 나라가 되었고, 뮤지컬 관객이 2백만 명을 넘어서고 있으며, 연극이 활성화되고 그 관객이 또한 대단히 많은 나라가 되었다. 또한 국제 세미나에 가보면 전통음악(국악)이 한국처럼 국가와 개인에 의해서 지원되고 애호되는 나라가 없다는 것이 중론이다.

이러한 현상은 한국민들에게 생래적으로 내재되어 있는 문화예술의 소양도 물론 작용하지만, 보다 근본적으로는 식민시대의 오랜 질곡과 해방 이후의 정치적·사회적 대변혁, 그리고 해방 전후사의 인식 과정에서 민중의 폭발하는 감성적 에너지, 열등감과 우월감이 교차하는 민족주의적인 사회 분위기 등이 만들어 내는 질풍노도의 사회 조성이 있었기 때문이라고 생각한다. 실로 21세기의 새로운 낭만주의는 한국에서 비롯되고 있었던 것이다. 선진사회였던 미국과 일본과 유럽사회의 지난 50년간과 우리의 50년은 비교할 수 없을 만큼 커다란 변혁의 속도차가 있었던 것이다.

지난 세기 우리의 모든 문제는 과도한 격정과 부족한 이성에서 비롯되었다고 할 수 있다. 그러나 이제 우리는 탈근대와 탈식민주의라는 새로운 시대의 시대사조를 배경으로 우리의 문제를 새로운 방식으로 대처해 나가며, 새로운 낭만주의를 창조하여 전통적인 삶의 방식의 대변혁을 불러일으키고 있는 것이 아닌가 생각한다.

우리의 경우는 한국민들에게 선천적으로 내재된 역동성과 문화예술적 DNA로 인하여 새로운 대중문화를 탄생시키고 있는 것이다. 동시에 이는 전 세계에 던지는 한국 사회의 문화 발신(發信) 혹은 도전장인 것이다.

이 책은 우리의 한류가 그동안 하나의 열풍이나 현상으로서만 이해되고 있는 사회적 이해나 흐름에 대하여, 그리고 한류에 대한 '학문적 체계' 수립은 불가능한 것으로서 한류는 결국 '한국학'의 한 가지로 대수롭지 않게 결론지으려는 학계의 인식에 대하여 한류의 본질을 밝히고 대중문화의 새로운 흐름을 학문적으로 정립해 보고자 하는 시도에서 나온 것이다. 다시 말해서 새로운 '한류학'을 수립하기 위해 고군분투한 노력의 결과이다. 분명히 모자랄 것이다. 본인도 아쉽다. 그러나 첫 번째 시도는 언제나 그런 것이다. 새로운 '한류학'을 수립하기 위해 고군분투한 노력의 결과이긴 하지만 여러 방면에서 부족한 점이 지적될 것이다. 이전의 졸저『문화정책론』(2004)이나『예술의 자유와 스크린쿼터제』(2004)의 경우에서도 마찬가지였다. 문화정책과 예술의 자유에 대해 말하기는 쉬워도 학문적 체계를 수립하기가 쉽지 않았음을 밝혀 둔다. 저자는 한류 연구를 업으로 삼아 이 문제에만 평생 매달릴 것이다. 계속해서 그 콘텐츠를 찾아 나설 것이다. 이 책은 그 첫 번째 작품이다.

2006년 봄
용산(龍山) 한류문화연구원에서 저자 강철근

개정판 서문 **'부재(不在)'의 시대를 살아가는 21세기의 한국사회**

2008년 새해가 열렸다. 상기된 마음으로 『한류 이야기』를 열정적으로 설파하던 그 마음은 여전하지만, 지난 2년간의 세월은 밝고 희망찬 모습만은 아니었다. 그것은 정치경제적인 대변화의 그늘에서 힘들게 생존하기 위해 몸부림치는 우리 문화의 모습에서 나오는 것이리라. 부재가 범람하는 현재의 우리 사회, 지금 우리에게는 잃어버린 것과 없는 것이 너무 많다는 생각이 든다.

우리의 아름다운 문화적, 감성적 전통은 언제부터인가 우리 사회의 '이념의 과잉'으로 인해 그 빛이 퇴색되어 가고 있다. 있어야 할 것이 없고, 없어야 할 것이 넘친다. 부족한 이성과 과도한 격정 속에서 출범한 정치체제를 기반으로, 사회 전체의 구조개혁과 함께 문화계도 재편되었다. 그 속도는 다른 어느 분야보다 급속하고 광범위하게 이루어졌다.

대중문화 속의 코드 또한 '부재'와 '범람'이 만연하다. 최근 1~2년 사이에 사상 최고치의 관객몰이를 한 영화들의 콘텐츠에는 국가의 부재, 중산층의 부재, 반미·반일 코드의 일상화, 최하층민과 노숙자들만의 괴물 퇴치, 아무도 믿을 수 없고 오직 가족만이 존재하는 공동체의 부재 혹은 부정, 이념의 과잉, 그리고 가장 중요한 문제로 인간성의 상실과 불신풍조의 만연이다. 우리 문화는 '없음'과 '넘침' 속에서 표류하고 있다.

그러나 우리 역사 속에서 항상 그러했던 것처럼 희망의 불씨는 아직 살아 있다. 아무도 거들떠보지 않았던 곳에서 우리 문화의 새로운 비전이 보인다. 그것은 바로 한류 문화이다. '반한류'와 '혐한류'의 기류가 아시아 일부에서 흐르고는 있지만, 그것은 문화의 흐름상 당연한 것이다. 문제는 오히려 한류 콘텐츠 안에 있다. 비록 문제점이 다소 보인다고 해도 정부가 나서면 안 된다. '한류발전5개년계획'을 수립해서는 안 된다. 세계인들과 감성을 공유하고 감동을 교감하는 한류는 우리의 5천년 역사의 내공과 한국민의 정서를 바탕으로 한 것이다. 인류 보편의 감동과 가치는, 문화예술의 현장에서 치열한 고통 속에서 자연스레 나오는 것이다. 비록 지금은 우리 문화가 몸살을 앓고 있다고 해도 우리 민족의 저력은 그리 간단히 스러지지 않을 것이기 때문이다.

한류는 세계인과 함께 하는, 그래서 그들의 안방에까지 들어가 그들과 함께 웃고 우는 '스킨십 문화교류'이다. 그렇기 때문에 한류문화 콘텐츠는 그들과 이질감도 없고 모두가 공감하는 감성을 교류하는 문화상품이다.

또한 우리의 문호는 활짝 개방되어야만 한다. 우리의 문은 닫아걸면서 외국의 문만 열라는 것은 억지다. 있어야 할 것이 너무도 없는 이 부재의 시대를 우리는 채워야 한다. 반한류는 그 주장이 정당하건 그르건 간에 우리 사회와 문화에 대한 하나의 경종으로 받아들이고 싶다.

2008년 1월 1일
파주 헤이리 입구에서

제1장
한류는 무엇인가?
―한류에 이르는 통로들

1. 한류는 우리에게 무엇인가?
― 한국학과 한류학의 비교

(1) 한류학 연구의 의미

어느 날 우리에게 갑작스레 다가와서 우리를 뒤흔들며, 우리가 가지고 있던 생각, 개념, 그리고 사물에 대한 의미와 인식 등에 대하여 다시 한 번 생각하게 하는 일이 벌어졌다. 우리의 전통문화에 대해서야 간헐적으로 국내·외에서 대단하다는 평가 혹은 다소의 자부심이 있었지만, 대중문화에 대해서 언제 그렇게 '한류'라고 할 정도로 국내도 아닌 국외에서 그토록 대단하게 진척되었는지 어리둥절하기만 하다.

또한 정말 그러한지, 사실이라면 그 이유나 배경이 무엇인지 생각해 보고 싶은 것이다. 그리고 현재의 한류와 앞으로의 전망은 어떠할까, 잠깐 그러다 마는 걸까, 계속될 수 있을까? 우리 일반 대중과 매스컴은 하루하루 시시각각 아시아와 세계 각국에서 벌어지는 한류 현상에 대하여 때로 환호하고 때로 낙담하면서 마치 스포츠 중계를 보듯 관전하고 있다. 가히 '한류' 현상이며 문화 각축의 양상이다.

그런데 그 양상은 대체로 "어느 배우가 어느 나라에서 어떠한 대접을 받았다", "개런티가 얼마고, 얼마만큼의 관객이 몰려들었다" 등과 같은 표피적인 연예기사 수준의 것이다. 이것은 우리를 불안하게 한다. 무언가 빠진 것 같고, 조금은 진지해져야 할 것 같고, 이것은 아니다라는 생각을 갖게끔 한다. 또한 이렇게 일방적인 문화 수출은 역으로 다른 나라로부터의 역풍이나 부작용을 불러일으키지나 않을까 우려되기도 한다.

그렇다면 진정한 한류는 어떤 것이어야 할까? 스포츠 중계를 보다가 우리 팀이 지거나 하면 실망하고, 이기게 되면 환호하는 그런 것일까? 외국에서 우리 대중문화예술(인)들에게 대접해 주는 것이 우리 각 개인과 무슨 상관이란 말인가? 김희선과 장동건이 수십억 원을 받든, 욘사마 배용준의 영화 〈외출〉이 일본과 홍콩에서 1위를 하든 2위를 하는 것이 우리에게 어떤 연관이 있단 말인가? 우리 대통령이 외국에 나가서 그 나라 사람들에 둘러싸여 한류스타 보내 달라고 외치는 소리를 듣는 풍경을 어떻게 이해해야 하는가? '한류'는 도대체 무엇을 위한, '누구'를 위한 것이란 말인가? 한류는 우리에게 무엇인가?

결론부터 말하고 싶다. 한류는 그 시작과 전개가 어떠하든 어떠한 양상을 가지든 최종적으로는 한국인을 행복하게 하는 한류이어야 할 것이다. 언제까지나 외국의 칭찬과 비판에 일희일비하는 식민지 근성을 가질 필요는 없다고 본다. 이는 '한국학'을 하는 민족 주체성의 관점과는 또 다른 문제이다. 한류가 한국인을 위한 것일 때 한류를 둘러싼 문제들은 길이 보이기 시작하고, 외국과의 진정한 문화 교류의 길도 트일 것이다. 왜냐하면 한류는 대중문화의 정신에서 비롯된 것이기 때문이다. 우중충하지 않은, 즐겁고 산뜻한 개념에서 출발한 것이기 때문이다. 그것을 억지로 떼어내어 소위 순수문화적인 접근법으로 분석하려든다든지 천박한 자본주의적인 요소만을 강조하려 들면 이야기가 이상해지고 마는 것이다.

일본인들이 〈겨울연가〉를 보고 "마음이 훈훈해지고", "자신의 삶을 다시 한번 되돌아보고", "새로운 사랑을 만들어 가고", "병이 나았고", "이웃과 사이가 좋아지게 되었고" 하는 것, 홍콩 사람들의 거의 대부분이 〈대장금〉을 보고 이를 현대의 웰빙으로 간주하여 새로운 식단을 짜고 있다라든지, 이집트 사람들이 한 번도 보지 못한 한국인과 한국에서 만들어 낸 한류드라마에 열광하는 것, 그리고 유럽의 젊은이들이 국내에서는 아무런 관심조차 없었던 한국의 최첨단 댄스그룹인 비보이들을 향하여 '코리아'를 외치고, 스스로 준비한 '태극기'를 흔들며 한국을 배워 가고 있으며, 행사장 주변에서 만난 유럽의 젊은이들이 "대한민국, 동대문, 두타, 안녕하세요, 감사합니다"를 줄줄이 외우는 것, 이런 현상들을 한번 생각하고 정리하고자 한다.

그리하여 멀지 않은 장래에 이 한류의 의미와 정신을 확장하여 우리나라의 각 분야를 일류화하고, 생명공학 분야에서 줄기세포 배양, 의약품의 발달, 인류의 식량 문제 해결 등의 성공이 인류에게 주고 있는 희망의 양만큼, 그리고 산업 분야에서 반도체가 우리나라 경제 전체에 결정적인 역할을 맡았던 만큼, 한류로 대한민국과 세계에 희망의 메시지를 주는 학문적 터전을 만들고 싶다.

이 책을 쓰는 목적이 이런 것이다. 그러기 위하여 한류에 대해서 다시 한번 생각해 보고, 한류에 관한 학문적인 접근을 해 보고 싶은 것이다. 너무 어렵지 않게, 가급적이면 쉽고 가볍게, 그리고 경쾌하게 그동안의 한류에 관한 숱한 강의와 인터뷰, 기고문, 그리고 국내·외 한류 전문가 대담 등에서 나온 키워드들과 공통적으로 생각하는 방향성, 문제의식 등을 새롭게 쓰고자 한다. 많은 사람들이 한류는 일시적인 현상이며 대중문화예술이므로 '학문'으로는 성립될 수 없다고 한다. 하지만 필자는 생각이 다르다. '한국학'하고도 다르고, '한국문화'하고도 다른 엄연한 '한류학'의 체계를 수립해 보고자 한다.

(2) 한류학과 한국학

먼저 말하자면, 한국학은 우선 과거 지향적이며, '국학'[1]적인 모습이 다소 있다. 나아가 우리나라의 이황·이이 선생과 같은 대단한 학자들, 국문학·역사학 등 한국과 관련된 여러 가지 기존의 가치와 성과를 한데 묶어 커다란 학문적 체계를 수립하는 '학'으로 이해된다. 사상적 기저는 정조대왕 이래의 사실주의를 기초로 하고 있으며, 선비정신 혹은 양반문화가 그 기본이 된다.

한국학의 대상은 한국에 관한 사회과학, 인문과학, 그리고 자연과학을 망라한다. 일제 때부터 지금까지 한국에 관한 모든 학문을 다루었기 때문에 때로는 지나치며, 때로는 모자란다. 국가적인 지원이 항상 지속적으로 있어 왔으며, 그렇기 때문에 한국학은 국가학으로서의 위치를 가진다.

한류학은 다르다. 우선 한류학은 현재와 미래에 관한 것을 대상으로 하며, 기존의 대단한 학문적 성과나 업적을 별로 염두에 두지 않고 오늘의 대중들이 옳다고 생각하는 것과 그래야 한다고 믿는 것을 대상으로 한다. 동시에 우리와 같은 시대에 살고 있는 세계인들과 호흡을 같이 하는 대중문화예술을 주 대상으로 하며, 이를 기점으로 사회와 경제·경영의 문제에 이르는 광범위한 영역으로 확장되는 중에 있다.

한류학의 대상으로서는 우선 문화예술에 관련된 일반적인 문화론이 있으며, 문화 산업에 관한 분야인 문화경제학이 있고, 문화에 관한 경영

---

[1] 국학은 과거의 독일에서 『독일 국민에게 고함』을 썼던 피히테 이래 시작된 "국가의 정통성 확립에 기여하고, 영웅설화적인, 그리고 조국의 영광과 자존을 수립하기 위한 자국의 학문을 하나의 목적 하에 체계적으로 정리하는 것"으로 필자가 이해하고 있는 과거 지향적인 학문이다. 이는 과거 유럽에서 영국이나 프랑스와 같은 시민혁명이나 문화적인 커다란 성과가 없어서 영국이나 프랑스와 같은 선진국의 대열에서 뒤쳐진 독일에서 피히테가 독일인의 민족적 기상을 일으키려고 하였던 것에서 유래를 둔다.

과 소비자 심리 문제를 다루는 문화예술경영학, 그리고 문화 교류의 문제를 다루어야 할 것이며, 최종적으로는 지적재산권의 문제를 정면으로 다루어야 할 것이다.

다시 말해서 현실적으로 한류학의 체계를 수립한다는 것은 우리 앞에 갑작스럽게 던져진 한류의 가치체계를 수립하는 문제이다. 즉, 우리의 상상 세계와 감동과 영적 메시지를 어떻게 제대로 표상해야 하는가의 문제인 것이다. 이 질문은 인류 무형문화유산 연구의 영원한 숙제인 "인류의 영원한 재산인 사회의 기억과 의식을 어떻게 표현해야 할까요? 눈부시게 발전한 뉴미디어와 막강한 커뮤니케이션 능력의 힘을 빌어, 우리는 이러한 질문들에 대한 해답을 찾을 수 있을 것입니다"[2]라는 접근 방식과 동일한 뿌리를 갖는 문화 인식의 문제인 것이다.

2. 한류에 이르는 6가지 통로들
― 문제의식의 출발점, 그리고 가는 길

한류를 인식하는 통로는 여러 가지겠지만 나는 다음과 같은 6가지 통로를 이용하여 한류 탐험을 하고자 한다. 한류에 이르기까지 여러 가지의 새로운 길을 모색하기도 하겠지만 기왕에 나 있는 길을 이용하기도 해야 한다. 그래서 새 길과 이미 있는 길이 적절히 어우러져 멋있는 또 다

---

2 윌리엄 바글리(William C. Bagley), '무형문화유산보호협약과 박물관의 새로운 미래', ICOM 2004 Seoul, 2004. 10. 3.

른 길이 만들어지는 것이다.

한류에 대한 문제의식의 출발점과 가는 길은 다음과 같다. 한류는 우선 이제까지와는 다른 새로운 가치 위에서 새로운 세상을 향해서 가는 목표이자 수단으로 보고 싶다. 그리고 한류는 이미 우리와 아시아인 그리고 세계인들과 감성을 공유하는 데서 그 빛을 발휘하고 있다. 이는 이제까지의 문화발신국들이 거쳐 왔던 방식과는 매우 다른 양상을 보여 주기 때문에 문화 교류의 새로운 지평을 열어 주고 있는 것으로 평가된다. 또한 한류는 대중문화 영역에만 머무르지 않고 그 외연을 확장하여 경영과 경제의 영역에도 자연스레 연결되어 우리가 경험해 보지 않았던 '한국' 브랜드 형성이라는 기대치 않던 결과를 가지게 되었다. 나아가 한류는 우리에게 국제정치사회의 새로운 코드가 되고 있는 '소프트 파워'를 경험케 하고 있으며, 문화에서 평화로까지 연결지을 수 있지 않을까 하는 기대를 갖게 하고 있다. 이제 한류는 새로운 문화 코드와 콘텐츠로 우리 시대의 변화를 가장 먼저 감지하는 '잠수함의 토끼'처럼 우리에게 문화 척후병의 역할을 하고 있는 것이다. 이러한 것들을 하나하나 짚어 보기로 하자.

통로 1 새로운 가치, 새로운 세상을 향한

1990년대 이후는 '무형문화의 시대' 혹은 '문화의 시대'로 이름 붙여도 손색이 없는 시기라 할 수 있다. 이제까지의 서구의 유형문화 중심에서 벗어나 주변부에 있던 아시아·아프리카·중남미에서 서구와는 다른 새로운 개념과 가치가 창출되었기 때문이다. 서구의 유형문화에 밀려 그

다지 대접받지 못하고 마치 그 옛날 우리나라의 시골 사랑방에나 걸려 있는 이름 없는 고서화 같은 정도의 취급을 받아 오던 전통문화와 민속으로 대변되던 '비유형문화'인 '무형문화유산(intangible cultural heritage)'의 개념이 등장하게 되었으며, 인류 문화의 새로운 물결이 대격랑을 예고하고 있었다. 이와 때를 맞추어 유네스코에서는 새로운 개념에 따른 새로운 프로그램을 짜기 시작했다.

2003년도에 체결된 유네스코 무형문화유산보호협약에서는 무형문화유산에 대하여 공동체이건 개인이건 그들이 문화유산으로 인정하는 모든 비유형의 것을 무형문화유산으로 인정했다. 즉 관행, 표상, 표현, 지식이나 노하우뿐 아니라 이와 연관된 문화적 도구, 사물, 인공물, 공간을 모두 포함시켰다. 이를 좀더 생동감 있게 표현하면, 무형문화유산은 세대를 거쳐 전해져 내려오면서 해당 공동체의 환경, 자연과의 교감, 역사에 따라 끊임없이 재창조되는 것으로서, 해당 공동체의 구성원들에게 정체성과 지속성을 부여하고, 문화적 다양성을 부여하며, 공동체 구성원들이 창조적 활동을 할 수 있게끔 소스를 제공하고 지원한다.

이를 쉽게 주체적으로 말하면, 이제까지의 좋은 것, 만질 수 있는 눈에 보이는 것 등으로 표현되는 서구의 물건들과는 다른 것이 우리도 모르게 우리 곁에 있어 왔다는 것에 대한 자각이며, 비록 확실치는 않아도, 눈에 보이지 않으며 잡을 수도 없지만 우리 것도 괜찮은 것이로구나 하는 새로운 인식을 말하는 것이다.

요즘 유행하는 말로 다시 표현하면, 이른바 'post-modernism(탈근대)'과 'post-colonialism(탈식민)'이 바로 그러한 것이다. 이제까지의 멋있었던 서양식의 말끔한 양복 대신 후줄근한 청바지나 찢어진 옷, 꼬깃거리는 셔츠와 바지가 더 보기 좋은 세상이 된 것이다. 얼마 전 우리나라의 가수 이효리와 북한의 무용수 조명애의 CF 사진 촬영이 화제가 되었다. 그 자리에서 북한의 조명애는 "남한의 이효리는 얼굴은 곱지만 너무 행색(찢어진 청바지와 야한 재킷)이 이상하며, 얼굴은 머리에 물감을 들이는 등 보기 이상하다"고 하였다. 이것은 서구의 전통적인 멋부림과는 그 태생부터가 다른 것으로서 천대받던 길거리 흑인들의 멋부림인 것이다. 이야말로 모더니즘과 포스트모더니즘의 충돌 현장인 것이다.

우리나라뿐 아니라 전 세계에서 불기 시작한 새로운 바람이다. 새로운 가치와 새로운 세상을 향한 통로가 새롭게 열리는 순간인 것이다. 동시에 아시아에서는 '아시아적 가치', '동아시아 연대' 등 동양권의 부상이 21세기의 새로운 화두로 거론되기 시작하고 있었다. 나아가 2005년은 벽두부터 '한류'의 문제가 현상이 아닌 연구의 과제로서, 학문의 대상으로서 처음으로 부상하는 원년으로 기록되는 한 해가 될 것이었다.

먼저 2005년은 '세계화 시대, 아시아를 다시 생각한다'라는 주제의 '아시아문화심포지엄'이 광주 5·18기념 문화센터에서 개막되는 것으로 시작되었다. 이번 심포지엄에서는 종속이론의 주창자인 안드레 군더 프랑크(Andre Gunder Frank), 일본 지식인 사회의 식민지 인식과 일본의 동질성에 바탕을 둔 '국민국가' 개념에 대한 비판적 사유로 국내에도 잘 알려진 사카이 나오키(酒井直樹, 코넬대) 등 국내·외 학자 59명이 참여해 3일 동안 심도 있는 발표와 토론을 벌였다. 안드레 군더 프랑크는 기조연설에서 "21세기는 아시아의 세기가 될 것이며, 아시아와 유럽은 제국으로서의 미국의 몰락으로 이익을 얻을 수 있는 공통의 이해관계를 갖고 있다"고 지적했다.

김기봉(경기대) 교수는 "냉전시대에는 이데올로기적 분단 상태에 있었던 동아시아가 하나의 정체성을 공유하기란 불가능했다"며 "그러나 냉전 해체와 함께 동아시아가 경제적으로 급성장하고, 중국이 소련을 대신해 미국에 대항하는 강대국으로 부상하면서 동아시아가 정체성을 획득하기 시작했다"고 분석했다. 문화적 측면에서는, 그는 "아시아 각국에서의 한류 현상은 근대 이전의 중국-한국-일본의 문화 흐름이, 근대 이후의 일본-한국-중국이란 문화적 위계를 벗어나는 대표적 사례"라고 하였다.

반면 사카이 나오키 교수는 "세계화에 저항하기 위해 민족적 연대를 필요로 하지 않는다"며 "세계화는 이미 오랫동안 우리와 함께 있었다"고 상반된 주장을 폈다. 그는 "전 세계적으로 미치는 미국 문화의 영향력을 결코 부정할 수는 없지만 세계화를 무조건 미국화로 보는 것은 지나친 단순논리"라고 지적했다. 그는 세계화는 오히려 계속적으로 새로운 차이점을 만들어 내고, 문화력 또한 분권 및 분산화되고 있다고 지적했다.

결국 21세기의 새로운 키워드는 '아시아'와 '안티 세계화'로서, 문화와 문명의 중심이동 그 자체가 핵심 코드가 되고 있는 것이다. 소외되고 수동적이기만 하였던 세력이 전면에 부상하고, 황하의 뒷 물결이 앞 물결을 치고 나가듯 문명의 대전환은 시작되고 있었던 것이다. '새로운 가치'와 '새로운 세상'을 향해서.

필자는 이에 대하여 언론 인터뷰에서 다음과 같이 말한 바 있다.

한류는 광복 이후 한국의 최대 걸작,
한류는 기존질서에 대한 통쾌한 복수

"한류(韓流)는 광복 후 60년 동안 만들어 낸 한국의 최대 걸작이다."
한류를 본격 연구하고 있는 강철근 한류아카데미 원장은 12일 최근 일본과 중국 등 아시아 전역을 강타하고 있는 한류의 가치를 이렇게 설명하였다. 즉, 일본 베끼기로 '문화 속국'에 지나지 않던 우리나라가 이제는 일본 등을 '한류' 수용국으로 만든 문화 발신국으로 도약했다는 것이다. 강 원장은 한류 열풍을 일시적 현상이 아닌 학문 연구의 대상으로 끌어올려 다음달 한류학 석·박사 과정 첫 강의를 앞두고 있다. 그는 "일제 식민지 시절 한국의 대중문화는 암흑기였다"고 진단했다. 어설프게 현대문화를 받아들였지만 영화나 연극은 철저한 사전검열에 의해 굴절 일변도였고, 판소리 등 한국의 전통문화를 이어가던 사람들도 탄압 속에 요정 등으로 흘러 들어가는 등 제대로 된 문화가 전혀 없었다는 것.

그는 이어 "광복 이후에도 군사문화 속에 검열 등으로 자유를 속박당하며 이렇다 할 발전을 이루지 못하고 일본의 문화를 베끼기에 여념이 없었던 한국문화가 1980년대 초 시작된 민중문화운동으로 전통의 맥을 되살리면서 새로운 차원으로 거듭나게 됐다"며 "90년대 검열과 이데올로기 문제가 해소되고 자유가 꽃피우면서 마침내 '한류' 문화가 태동했다"고 한류의 배경을 설명했다.

강 원장은 한국의 대중문화가 새로운 전환기를 맞은 것은 일본 대중문화를 개방한 것이 계기가 됐다고 진단한다. 그는 "대중문화 종사자들이 더 이상 표절이 불가능해지면서 창의적인 콘텐츠를 개발하기 시작했고, 시간이 흐르면서 '내공'이 쌓여 콘텐츠의 정서와 품질, 아름다움, 기술적인 면 등 각 분야가 세계 정상 수준에 이르게 됐다"며 "이를 접한 일본 등 아시아인들이 한국의 대중문화를 통해 감성을 공유하게 되면서 '한류 열풍'으로 이어졌다"고 말했다.

강 원장은 한류는 기존 질서에 대한 통쾌한 복수라고 말한다. '딴따라'로 천대받던 대중문화 종사자들이 '한류 열풍'을 일으키며 세계 각국에서 찬사를 받고 있고, 기존의 문화강국이던 일본과 중국을 누르고 한국이 마침내 세계에 문화 발신국으로 등장했다는 것이다.

한류를 일시적인 현상으로 치부하는 시각에 대해 강 원장은 "한류는 오래 전 중국에 끌려간 한국 여인들이 '신라방', '고려양' 등을 만들며 문화를 전파한 것에서부터 시작됐다"며 "한류는 5천 년 역사의 내공을 지니고 있기 때문에 쉽게 끝날 성질의 것이 아니다"고 강조했다.

― 중앙대학교 한류아카데미 강철근 원장 인터뷰(세계일보, 2005년 8월 12일자).

통로 2 감성적이며 서정성 넘치는

일본 요미우리신문 2005년 2월 12일자 기사는 일본의 〈겨울연가〉 팬들에 대한 설문조사에서 응답한 설문 결과를 다음과 같이 싣고 있다. 질문 내용과 형식, 그리고 답변 내용은 다음과 같다.

〈질문 1〉 드라마의 어느 부분이 당신의 심금을 울렸습니까?
"사랑하는 사람을 위해 자기를 희생하는 모습이 감동적이다. 요즘 일본 사람들에게는 거의 없다." (54세, 주부)
"키스신조차 거의 등장하지 않지만, 등장인물들이 매력적이고 마음 씀씀이가 아름답다." (33세, 회사원)
"영상과 음악의 조화가 무척 아름답다. 무엇보다 라스트 신이 기억에 남는다." (48세, 은행원)

현대 드라마가 추구하는 모든 내용이 그곳에 함축되어 있다. 한류를 이끌어 가는 대표 드라마답게 현대 일본인에게는 없는 주인공의 사랑에 대한 희생, 현대의 서구와 일본 드라마에 흔하디흔한 육체의 향연이 한류드라마에는 매우 절제되어 있다. 아니, 없다. 그리고 드라마 주인공들의 독특한 매력과 영상미, 이를 다른 차원에서 관찰하면 이렇다.

불과 얼마 전까지 삼류다, 저질이다 등으로 많은 지식인들이 외면하였던 우리 드라마가 이렇게 아시아적인 문화 현상으로 발전하고 오늘날 한류의 선두주자가 된 현상을 보면, 아무래도 그 비밀은 따로 있을 것 같다. 그것은 기왕에 주어진 한국 땅과 한국인만의 유전자가 결합된 그 무엇일 것이다. 그것이 아시아에서 작용하여 아시아 전체의 아이덴티티를 형성하는 계기가 되었을 것이다. 그러므로 이를 추적해야 한다. 이를 가지고 아시아의, 나아가 인류적이고 보편적인 지역문화(local culture, localism)를 만들 수는 없을까.

이제까지의 서구의 영화에서 보는 것과 전혀 다른 신선함으로 한 남자와 여자가 끝까지 서로의 이미지를 버리지 못한다. 이런 것들이 아직도 한국적 정서로 남아 있기 때문에 바로 그것이 일본 사람의 가슴을, 중국인들의 가슴을 울리는 순정물로서 아세안의 정서에 생생히 남아 있으며 그들의 마음을 뒤흔드는 것이다. 서구화되고 탈아세안으로 잃어버렸던, 동양인 전체가 아직도 가지고 있는 은은한 수묵화와도 같은 그 정서와 서정성을 표현해 내고 있는 것이다.

〈질문 2〉 욘사마의 어느 점에 끌렸습니까?
"언제나 변하지 않는 미소가 마음을 편안하게 해 준다." (43세, 회사원)
"팬을 가족처럼 소중히 하는 자세가 멋지다." (50세, 주부)
"스스로 노력하는 여성을 인정하는 점, 자신에 대한 겸허한 것 등이 요즘 일본 남성들에게는 찾아보기 힘들다." (51세, 주부)
"마음이 쓸쓸했는데, 그런 다정한 눈길을 보니 참을 수가 없었다." (34세, 주부)
"옛 추억이 담긴 앨범을 다시 보는 듯한 기분이었다." (63세, 주부)
"주위 사람들과 상황이 너무 살벌하다." (38세, 회사원)
"현실을 잊고 달콤한 상상의 세계를 맛볼 수 있다." (34세, 주부)

배용준의 얼굴, 모습, 그리고 말투며 행동 방식, 이런 것이 문제의 핵심이다. 천연 조건으로서의 한국인, 키도 크고 멋있고 얼굴도 잘생기고,

그래서 왜 한류 붐이 불었느냐 물어보면 배우들이 멋있다는 것이 일반적인 평가이다. 중국에서도 볼 수 없고, 일본에서도 볼 수 없는 꿈의 얼굴이 한국드라마에 있다는 것이다. 즉, 코리안 판타지가 벌어진 것이다. 아시아에서는 LG화장품이 아시아에서 가장 좋은 것으로 인식되어 있다. 드라마 주인공들의 멋있는 얼굴이 한국 화장품을 사용하기 때문에 그렇다는 것이다. 또 성형수술, 미의 기준이 달라졌다는 것이다.

겉모습뿐만이 아니다. 한류드라마 주인공들의 마음 씀씀이는 더욱 매력적이다. 이것은 특히 여러 분야에서 다각적으로 이야기되는 부분인데, 한류드라마에 대한 평가는 옛날에는 그렇지 않았다. 유감스럽게도 한국드라마에 대한 국제적인 평가는 '억지스럽다', '터프하다', '저질스럽다' 등이었다. 일본의 대표적인 문화인류학자의 평가를 보면 확연히 알 수 있다.

"한국영화와 드라마는 (국제사회에서) 왜 인기가 없었는가. 감정 표현이 과격한 데다 내용도 역시 과격했다. 예를 들어 그 전형인 〈구로아리랑〉은 구로의 공장에서 일하는 여성 노동자들의 문제를 그린 영화였는데, 당시의 노동쟁의 등 사회적 배경을 알지 못하고는 이해할 수 없다. 하지만 그보다도 문제는 감정 표현이라고 하는 감각적인 것이 일본인들에게는 어려웠던 것이다. 왜 이 장면에서 그렇게까지 분노하는지, 왜 이 상황에서 자살하는지와 같은 감각적인 것이 보통 일본인들에게는 이해하기 어려웠다. 오히려 일본인들에게는 미국영화가 등장인물들의 성격을 이해하기 더 쉽다. 구미영화보다도 한국영화가 감정이입하기 힘들었다."[3]

---

[3] 이와모토 미치야(巖本通彌)(2005), '한류와 문화산업-민속학·문화인류학 입장에서', 중앙대학교 주최 "한중일 한류 국제세미나" 발표.

그런데 요즘 한류드라마에는 언제부터인가 큰 변화가 생겼다. 구미 영화보다도 한국영화가 과거에는 대체로 감정 이입하기가 힘들었지만 이제는 그렇지 않다. "〈겨울연가〉가 인기를 끌었던 것은 요즘의 한국드라마가 감정 표현의 영상화가 뛰어나고 사회적 프로테스트 부분이 중화되었다는 것, 한국 사회가 그만큼 풍요로워져 사회적 프로테스트의 요소가 적어지고 다른 나라의 문화로 보아도 이해하기 쉽게 되었기 때문일 것이다."

〈질문 3〉〈겨울연가〉가 당신에게 어떤 영향을 미쳤습니까?
"10대, 20대에 순수하게 사람을 좋아했던 기분과 느낌을 떠올릴 수 있다."(35세, 주부)
"엄마, 아내로만 살던 나에게 '여자'라는 사실을 깨닫게 해 주었다."(35세, 주부, 파트타이머)
"수술 후 회복이 빨라졌다."(37세, 주부)
"멋쟁이가 되었다."(40세, 회사원)
"주변 사람들에게 다정해졌다. 가정의 분위기도 한층 밝아졌다."(48세, 주부)

〈질문 4〉 사회현상이 된 욘사마 붐을 어떻게 생각합니까?
"행복해진 사람이 많을 것이다. 경제 효과도 대단하다."(47세, 주부)
"한국은 머나먼 나라라고만 생각했는데 급속하게 친근해졌다. 정치보다 훨씬 효과적이다."(54세, 회사원)
"단지 가족을 돌보며 살았던 주부들이라면 당연히 욘사마에게 감사하지 않을까?"(33세, 회사원)

한류의 속성에는 이제까지의 전통적인 논리적 분석으로는 도저히 따라잡을 수 없는 부분이 있다. 그것은 센티멘털한 드라마의 구성이며, 이것이 결국 서정성 넘치는 이야기로 승화되는 구조를 가진다. 그 이유가 있다. 우리나라의 드라마 시청자들은 가만히 앉아서 보고만 있지 않는다. 적극적으로 TV 속으로 뛰어 들어가서는 마구 드라마 내용과 줄거리를 휘젓는다. 그래야 직성이 풀린다. 드라마 시청자의 주류는 아무래도 여성 팬들이며, 매우 감성적이다.

그렇기 때문에 그 내용은 매우 여성 친화적이며 현대인의 코드에 부합되는 콘텐츠를 가지게 되는 것이다. 그 결과 엄마, 아내로만 살던 사람에게 '여자'라는 사실을 깨닫게 해 주었으며, 수술 후 회복이 빨라졌고, 멋쟁이가 되었고, 주변 사람들에게 다정해졌고, 가정의 분위기도 밝아진 것이다. 한류의 결과로서의 사회적 분위기에 대하여도, 그들은 한마디로 행복해졌다고 말하고 있으며, 한국은 머나먼 나라라고만 생각했는데 급속하게 친근해졌다고 말한다. 더 이상 무슨 말이 필요할까.

나아가 우리와는 여러 가지 면에서 사뭇 달랐던 일본의 드라마와 그 시청자들도 드라마의 내용뿐 아니라 시청 방식까지도 우리를 따라온다. 일본인 시청자에 대한 인터뷰 결과를 보면 바로 알 수 있다. 아니, 어찌 보면 그렇게 유도되고 있는 것 같다.

통로 3 경영과 경제의 문제에까지 이르는

한류는 대중문화에서 멈추지 않고 경영과 경제 문제에 이르는 광범위한 분야에 영향력과 파급 효과를 낳고 있다. 그것이 '한류경영'과 '한류경제'라 불리는 독특한 한국적 경영·경제 방식을 탄생시켰다.

"한국 기업의 장점은 확실한 선택과 집중, 강력한 리더십, 빠른 의사결정에 있다." 일본의 경제 주간지 「토요게이자이(東洋經濟)」가 2005년 3월에 내린 결론이다. 여기에서 이 잡지는 '삼성전자를 비롯한 한국 기업이 경이로운 실적을 내고 있다'며 18쪽에 걸쳐 '한류경영의 충격'이란 제목으로 특집기사를 실었다.

'약진 한류경영의 수수께끼를 푼다'는 내용으로 소개된 이 기사는 특히 첫머리에 "최근 발표된 삼성전자의 2004년 경영 실적(매출 57조6324억 원, 순이익 10조7867억 원)은 일본의 모든 전자업체를 다 합해도 따라잡지 못한다"며 일본 재계가 받은 충격을 감추지 않았다. 「토요게이자이」는 '한류경영'을 선도하는 한국 기업으로 삼성전자, LG전자, SK텔레콤, 현대자동차 등 4개 기업의 사례를 들고 이들 기업의 경영 기법과 최근 동향을 자세하게 소개했다.

이 잡지는 삼성전자를 "개발·상품화·시장 퇴출의 수명이 짧은 반도체 사이클이 먹히지 않는 기업"으로 소개하며 "'선택과 집중'의 대표적 기업"이라고 설명했다. 특히 신개발품의 생산 라인을 설치하는 스피드는 일본 기업들을 압도하고 있으며, 발전된 교육 연수 시스템과 인재에 대한 과감한 투자 등을 강점으로 꼽았다.

NTT 토코모의 무선인터넷 서비스 아이모드보다 늦게 시작한 SK텔레콤의 네이트는 서비스 초기 낮은 이용료와 무료 이용 서비스로 소비자들의 시선을 끄는 데 성공했다고 평가했다. 현대자동차에 대해서는 "이미 전 세계 판매량에서 일본 내 3위 혼다를 제치고 2위인 닛산에 육박했다"며 "품질에 살고 품질에 죽는다"는 정몽구 회장의 신조에서 그 비결을 찾았다.

한국의 NHN 관계자는 "최근 일본 언론과 대학교수들뿐만 아니라 다른 해외 인사들이 방문해 국내 인터넷 산업의 전반적인 현황에 대해 리뷰를 부탁하고 있다"며 이들은 한결같이 우리의 인터넷 인프라 및 사용자 환경에 대해 감탄을 하고 있다고 전했다. 미디어다음 측은 "우리 인터넷 기업들이 지난 10년 동안 어떻게 기반을 닦았고 또, 현재 미국과 일본·중국 등 해외 진출을 진행하고 있는 것에 대해 관심들이 많았다"라며 "인터넷을 통한 수익 창출 구조도 자세히 묻고 있다"고 말했다. 이처럼 일본이 국내 인터넷 산업에 주목하고 있는 것은 역시 인터넷 인프라 및 소프트웨어 환경이 선진적인 모범 사례가 되고 있기 때문으로 풀이된다. 그러나 무엇보다 한국의 젊고 도전적인 인터넷 기업들에게서 미래 산업의 희망을 보고 있다는 측면이 강하다.

일본은 IT와 금융, 그리고 미디어의 결합으로 통하는 미래 산업에서 한국의 무서운 성장에 주목하고 있다. 이 중심에는 토종 인터넷 기업들이 주요한 역할을 할 것이 자명하고 그런 이유에서 NHN이나 미디어다음에 주목하는 것으로 풀이된다. 어느 국내 신문은 "인터넷에 규제 장치만을 달려고 하는 정부에게, 토종 인터넷을 잘만 키우면 우리 경제에 큰 희망이 될 수 있다는 것을 가까운 이웃이 가르쳐 주고 있는 셈이다"라고 꼬집었다.

이뿐만이 아니다. 서적유통전문지 「중국도서상보(中國圖書商報)」는 최근 2004년 중국 출판계의 10대 핵심어를 선정하며 '한류'를 4위에 올렸다. 「중국도서상보」는 "한류서적들이 중국 최대의 검색사이트 바이두(百度, http://www.baidu.com)에서 91만 회의 검색횟수를 기록했다"며 이같이 결정한 이유를 밝혔다. 이와 관련해 인민일보는 "한류서적들이 연이어 베스트셀러가 된 것은 필연적인 일이었다"고 분석했다. 이 신문은 "한류 작품들이 주제가 건전하고 구성이 짜임새 있으며 내용은 감동적"이라고 극찬했다. 또 "전통문화의 윤리를 강조하면서도 젊은이들이 쉽게 호응할 수 있는 현대적인 표현 방법을 사용한다"며 한류 열풍의 근본 원인을 콘텐츠에서 찾았다.

국내 유수의 한 언론4은 한국 기업이 이제 디지털 엔터테인먼트에 '올인' 하고 있다는 기사에서 다음과 같이 말한다.

> SK텔레콤이 국내 최대 음반사인 YBM서울음반을 인수했다. SK텔레콤이 휴대전화용 음악 포털인 멜론과 휴대전화로 듣는 멀티미디어방송(DMB) 자회사 등이 쓸 수 있는 디지털 음원을 확보하기 위한 목적이다. 이는 디지털 음악(휴대용 MP3나 휴대전화, 인터넷으로 청취)이 음반 시장보다 커 버린 한국만의 음악 유통혁명이 초래한 결과다. 휴대전화 서비스 회사와 음악 사이트들이 음악 시장의 강자로 떠올랐다. 이 회사는 이제 '우리는 이동통신 사업자가 아니다'고 말한다. '종합 미디어그룹'을 지향한다는 것이다. 온갖 정보 취득과 엔터테인먼트가 휴대전화로 집중되다 보니 여기에 실어서 팔 디지털 콘텐트를 직접 만드는 미디어 회사가 되겠다는 청사진이다. 이 회사는 올 들어 영화 및 드라마 제작사인 IHQ의 2대 주주가 되었고 휴대전화 DMB의 대표주자인 TU미디어를 자회사로 두고 있다. 폭발력 있는 미니 홈피인 싸이월드를 운영하는 SK커뮤니케이션즈도 자회사다. 애니메이션 및 게임에도 진출을 모색하고 있다고 한다. 디지털 문화 콘텐트 사업에 전방위적으로 뛰어드는 것이다.

---

4 중앙일보, 2005년 5월 31일자.

인터넷과 디지털이 세계 엔터테인먼트 산업의 지도를 바꾸는 중이다. 2006년 초부터 본격적으로 시작된 휴대전화용 위성방송은 이 추세를 더 가속화시킨다. 이젠 공연장이나 집 안의 TV·오디오 앞이 아니어도 언제 어디서나 음악방송, 영화, 인터넷, 게임, 스포츠, 애니메이션 등 엔터테인먼트를 즐길 수 있게 됐다. U(유비쿼터스)-엔터테인먼트 시대가 열린 것이다. 유비쿼터스는 디지털 기기 덕분에 언제 어디서나 정보망에 접속해 뉴스나 정보를 입수하고 구매 등 활동을 하며 오락도 즐기는 세상이다. 그 첨단에 한국이 서 있다. 이제 PMP로 불리는 휴대용 영상기기로 지하철에서 영화를 보고, 휴대전화로 스포츠 중계, 게임이나 만화를 즐기는 게 일상이 되고 있다. 라디오의 음악 방송도 휴대전화 DMB 음악 방송과 경쟁하기 시작했다.

다른 각도에서 보자. 2006년 2월 말, 재일동포 손정의 씨가 회장으로 있는 일본 기업 소프트뱅크가 한국 인터넷 신문 오마이뉴스에 1백억 원대의 투자를 한다는 '신기한' 소식이 전해졌다. 그뿐만이 아니라 시민기자 제도를 주축으로 한 '일본판 오마이뉴스'도 올해 안에 출범한다고 한다. 한국의 작은 인터넷 신문사가 거액의 외자 유치에 성공하고, 나아가 언론 모델까지 수출한다는 것이다.

아니, 이 뉴스를 다시 보도록 하자. 소프트뱅크는 재일동포 사업가 손정의 씨가 대표로 있으며 자산 규모 20조 원에 전 세계 8백여 개 계열사가 있는 세계적인 기업이며, 일본의 최대 포털 사이트인 야후재팬의 소유주이기도 하다. 그런 그가 한국의 작은 인터넷 신문사에 1천만 달러가 넘는 돈을 투자하기로 했다는 사실이다. 그뿐 아니다.

손정의 소프트뱅크 회장과 오연호 오마이뉴스 대표는 '저널리즘의 세계화'에 뜻을 같이했다. 이번에 소프트뱅크가 투자하는 금액은 모두

1천1백만 달러(약 107억 원). 이중 520만 달러(51억 원)는 오마이뉴스에 대한 직접 투자다. 이를 통해 소프트뱅크는 오마이뉴스의 지분 12.95%를 소유하게 된다. 또한 법인은 8월 이전, 일본인 시민기자들이 참여하는 인터넷 신문 '오마이뉴스 재팬'을 창간한다.

이를 보도하는 언론은 "오마이뉴스의 세계화 전략은 한국 미디어 산업에 시사하는 바가 크며, 오마이뉴스가 '세계 시민기자'를 외치면서 세계로 향하는 건 과거 폐쇄적인 진보와는 차별화된 태도다"[5]라고 보도하였다. 많은 언론학자는 "한국의 언론 경영 모델이 한류처럼 세계화하는 첫걸음"이라고 평가한다. 숙명여대 안민호(언론정보학) 교수는 "인터넷 강국 한국이 새로운 뉴스 모델로 세계 시장에 진출하는, 큰 의미를 띤 사건"이라고 말했다. 또 각계에선 "한국 미디어 산업이 세계 경쟁력을 갖추는 계기로 삼아야 한다"고 주문한다.

이렇게 한국 언론들은 모두 오마이뉴스의 세계화 전략을 주목하고 있지만, 필자는 조금 생각이 다르다. 오히려 소프트뱅크의 손정의 회장을 주목해야 하지 않을까. 그는 이뿐만이 아니라 영화배우 배용준과 콘텐츠 공급업체 IMX 등과 공동으로 코스닥 등록기업 오토윈테크에 130억 원을 투자하였다. 배 씨가 90억 원(지분율 37.5%)을 투자해 오토윈테크의 최대주주가 되고 소프트뱅크는 30억 원(12.6%), IMX가 10억 원(4.2%)을 투자한다.

소프트웨어 제조업체인 오토윈테크는 자본 잠식으로 주식 매매가 정지된 상태였으나, 머지 않아 모두 180억 원을 유상증자한다. 회사 이름도 '키이스트(Key East)'로 바꾸었다. 키이스트는 아시아 시장에 내놓

---

5 중앙일보, 2006년 2월 24일자.

을 문화·연예 콘텐츠를 제작하게 된다. 손회장을 대신하여 문규학 소프트뱅크 코리아 대표는 한국 벤처기업에 투자해 아시아 콘텐츠 시장을 공략하겠다고 말하고 있다. 문 대표는 한국 연예 콘텐츠 사업에 관심을 갖게 된 데 대해 "한류는 이미 한때의 트렌드가 아니라 정착된 문화 코드이고 당분간 아시아 전체에 큰 영향을 미칠 것"이라고 강조했다. 가수 출신 이수만 씨가 운영하는 SM엔터테인먼트와의 사업 협력도 고려중이다. 그는 소프트뱅크 본사의 주요 사업군은 이제 인터넷 및 이동통신 인프라, IT 관련 플랫폼, 그리고 문화 콘텐츠와 서비스라고 소개했다.

그 옛날 2천 년 전에 이미 중국의 『위지동이전』에 나와 있듯이 한국인의 흥(興)과 감성이 넘치는 민족성을 살려 이제 디지털 엔터테인먼트 산업에 우리나라가 나설 때가 온 것 같다. 미국에서는 엔터테인먼트 산업이 항공 군수 산업 다음의 제2위 국가 산업이다. 전 세계에서 미국 못지않게 엔터테인먼트를 잘해 낼 능력이 있는 나라는 우리나라밖에는 없는 것 같다. 세계 시장도 상당히 크다.

통로 4 문화 교류의 새로운 지평을 여는

(1) 시민정신과 양반·선비정신

다음은 이제까지와는 조금 다른 접근법을 보자. 지금 소개하는 일본인의 이 글은 다른 것과 비교하여 상당히 다른 내용인데, 매우 세련되고 조신한 콘텐츠를 설득력 있게 우리에게 제시하고 있다. 이 글을 읽으면서 나는 그 옛날 『목근통신』[6]을 써서 일본인의 가슴을 울린 김소운 선생의 마음을 읽었다면 지나친 것일까? 그것은 "문화 교류를 통한 동아시아의 평화"라는 제목의 글에서 한류 현상과 관련하여 일본의 미야타 마리에(宮田毬榮) 전 「중앙공론(中央公論)」 편집장의 글이며, 다음과 같이 말한다.

> 이른바 포스트모던의 영향으로부터 빠져나오지 못하고 있는 일본의 영화와 드라마에 식상한 사람들이 알기 쉽고, 재미있고, 정공법으로 사랑을 묘사하며 스토리에 윤리성이 있는 한국드라마를 보고, 또한 주제가의 아름다운 멜로디에 매료되어 한류 붐이 형성되었다고 생각합니다. 특히 일본을 방문 중인 배용준 씨가 일본 여성들의 과도한 열광에 대해 어떻게 생각하느냐는 질문을 받았을 때 "아주 반갑습니다. 그렇지만 그분들은 어딘지 외로운 사람들이 아닐까요?"라고 대답한 그 섬세한 뉘앙스가 또한 팬들을 사로잡았습니다. 그러한 섬세한 배려가 일본의 스타와 연예인들에게는 없기 때문입니다. 아마 일본 남성들은 더 그럴 것입니다. 자상한 배려가 여성들의 마음을 설레게 했을 것입니다.
>
> 그들은 교과서 문제, 야스쿠니 신사 문제, 영토 분쟁에 대해서도 고이즈미 수상보다도 유연하고 현명하게 대처할 수 있다고 나는 생각합니다. 한류의 물결 속에서 한국을 좋아하게 된 사람들에게는 한국에 대한 사랑과 존경심이 있습니다. 타국에 대한 자세에서 가장 중요한 것은 이해와 존경과 사랑입니다. 그녀들은 거기서부터 출발했기 때문에 배우는 힘도 강해진 것이 아니겠습니까? 특히 일·한의 문화 교류는 빼놓을 수

---

6 『목근통신(木槿通信)』, 김소운(金素雲) 선생의 수필집. '일본에 보내는 편지'라는 부제가 붙어 있다. 대한일보에 연재된 뒤에 1951년 일본어로 번역되어 일본의 「중앙공론」, 11월호에 발표되었으며, 1952년 대구 영웅사에서 포켓판으로 펴냈다. 한국인이 일본인에게 받은 모멸과 학대에 항의하고, 일본인들의 허위와 약점을 예리하게 파헤쳤다. 매우 서정적이며 아름다운 글로서 일본어로서도 훌륭하여 많은 일본인들이 감동을 받았다고 한다. 고인의 아름다운 일본어는 일본의 중학교 교과서에도 실려 있다고 한다.

없는 중요성을 갖고 있습니다.

인간은 지성과 감각의 생물이기 때문에 문화 교류는 사람들의 마음에 가장 강하게 호소하는 힘이 있습니다. 아시아가 세계에서 가장 앞서는 평화 지역이 되기 위해서는 다른 나라들에 대한 이해, 사랑과 존경, 신뢰가 기초를 이루어야 합니다. 문화가 그것을 가능하게 하리라는 것이 몽상이 아니라고 하는 것을 회오리바람처럼 갑작스럽게 일어난 한류 현상이 증명해 주고 있습니다. 그런 의미에서 한류 붐은 민중의 의식혁명으로서 사회적 대사건이었습니다. 거기서 배우는 바는 크다고 생각합니다.

인용이 다소 길었지만 그 전문을 실어 옮기지 못하는 것이 유감일 정도이다. 이 글을 읽으면서 말과 글이 주는 힘을 다시 한번 느꼈다. 그리고 이 글이 공교롭게도 50여 년 전에 김소운 선생의 『목근통신』을 수록한 같은 「중앙공론」사의 글이라는 것에 대하여도 재미있는 동질성을 느꼈다.

그런데, 우리의 주목을 끄는 내용이 있다. "그들은 교과서 문제, 야스쿠니 신사 문제, 영토 분쟁에 대해서도 고이즈미 수상보다도 유연하고 현명하게 대처할 수 있다" 하는 대목이 그것이다. 한류의 새로운 코드가 되고 있는 여성에 대한 이야기이다. 그중에서도 일본 여성이다. 이 글의 작가이며 주인공인 여성이야말로 새로운 문화 교류의 지평을 여는 존재인 것이다. 그들은 우선 열린 마음을 가지고 있다. 낯선 이문화에 대하여, 새로운 외국의 문화에 대하여, 여성들은 남성에 비하여 훨씬 새로운 것에 대한 편견이나 장벽이 낮다. 이 점이 여성들로 하여금 새로운 시대의 리더가 될 수 있는 가능성을 크게 해 주는 것이다. 독일에서도 이미 여성 수상이 등장하였고 이는 북구에서는 이미 흔한 일이며, 미국도 차기 대통령은 여성일 가능성이 매우 크다.

필자는 어쩌면 남성들이 앞으로 할 일은 지하철 공사나 토목공사 같이 힘쓰는 일밖에 없을 거라고 말한다. 머리 쓰는 중요한 일은 모두 여성들이 도맡아 하고 남성들은 그들이 시키는 힘쓰는 일만 하는 시대가 오게 될지도 모르겠다. 매사에 여성들이 남성보다 더 나은 것이다. 가장 중요한 이유는 열린 마음과 열린 머리 때문일 것이다. 남성들의 똥고집과 권위의식, 닫힌 마음과 머리, 그리고 새로움에 대한 거부는 스스로를 시대에 뒤쳐지게 하는 것이다.

거기에다가 여성들의 부드러운 마음씨와 행동은 확신을 더해 준다. 도대체 남성들은 어디에 마음 붙이고 살아야 하나? 그 근엄한 송시열의 나라, 나라의 고민을 혼자 짊어지고 가던 정조대왕의 나라, 자신의 탁월함에도 불구하고 '동심초'나 조용히 부르며 자신의 마음을 감추며 살았던 사임당 신씨의 나라, 고려 사회의 자유분방함을 남성들의 힘으로 가두어 놓고 고대 유교의 편협한 선비정신을 강조하여 중국보다도 더 무서운 교리를 내세워 당신들의 천국만을 고집한 나라, 이러한 나라 속에서 양반의식과 선비정신만이 서슬 퍼렇게 살아 있고 진정한 시민정신은 오늘날까지 살아나지 못하고 있는 것이다.

그런데 광복 60년 만에 새로운 기운이 살아나고 있었다. 젊은이들과 여성들의 새로운 방식과 콘텐츠로 말이다. 그리고 그들은 이제까지와는 다른 방식으로 문화를 만들어 나간다.

(2) '미국의 소리' 방송 인터뷰

필자는 이를 전 세계에 방송되는 '미국의 소리(Voice of America)' 방송국에서 다음과 같이 말하였다. 미국의 소리 방송국이 2005년 5월 15일부터 5월 22일까지 주간 특집으로 기획한 '세계로 부는 한류 열풍' 프로그램에서 인터뷰한 내용을 요약하면 다음과 같다.

일본열도 중년여성들을 첫사랑의 달콤한 기억 속으로 함몰시킨 남한의 TV드라마 〈겨울연가〉의 인기가 남긴 여파는 3년이 지난 지금도 식을 줄을 모르고 있습니다. 남한의 TV드라마 〈겨울연가〉는 중국을 통해 북한으로 흘러 들어간 녹화 테이프를 통해서 북한 젊은이들에게까지 인기를 끌고 있는 것으로 알려지고 있습니다. 또한 아시아 지역을 넘어서 지난 1월부터는 이집트 국영방송에서도 방영되기 시작해 중동 지역까지 번져 가고 있습니다.

지난 4일 홍콩 언론은 홍콩에서 방영된 남한 TV드라마 〈대장금〉 마지막회 평균 시청률이 사상 최고치인 47%를 기록했다면서 경악을 감추지 못했습니다. 홍콩의 사우스 차이나 모닝포스트(South China Morning Post)는 이날 홍콩 시민의 절반이 〈대장금〉 마지막회를 시청했다면서 〈대장금〉이 홍콩 방송사에 새로운 장을 열었다고 보도했습니다. 〈대장금〉은 일본 위성채널을 통해 방영되고 있는 가운데 빠르면 올 10월 일본 공중파방송인 NHK 방송을 통해서도 방영될 예정입니다.

중국에서는 지난 1일부터 남한 TV드라마 〈애정의 조건〉이 중국 최대 방송사인 CCTV 채널 1을 통해 중국 전역에 방송되고 있습니다. 중국 국영 교육방송에서는 매일 오후 20분씩 한국어 교육 프로그램을 방송하고 있습니다. 중국 국영방송에서 외국어 교육 프로그램을 방송하는 것은 영어를 제외하고는 한국어가 처음입니다. 한류 영향 등으로 한국에 대한 관심이 높아지면서 한국어를 배우려는 중국인들이 크게 늘고 있기 때문입니다.

미국에서도 상영됐던 남한 강제규 감독의 영화 〈태극기 휘날리며〉가 11일 프랑스 전역에서 개봉됐습니다. 〈태극기 휘날리며〉는 프랑스 개봉을 시작으로 영국과 벨기에, 네덜란드, 독일, 스칸디나비아 반도 등에 개봉이 확정됐고 스페인과 포르투갈, 이탈리아 등의 극장가에도 올해 말까지 개봉될 예정입니다. 아시아를 넘어서서 세계로 확산되는 한국 문화의 열기는 영화나 TV드라마뿐만 아니라 음악, 연극, 음식, 컴퓨터 게임에 이르기까지 대중문화 전반에 걸쳐 확산되고 있습니다.

남한 중앙대학교의 부속기관으로 한류에 대해 학문적인 체계를 통해 한류 흐름의 전반에 대해 연구하고 있는 한류아카데미의 강철근 원장은, 한류는 문화유산의 개념이 유형에서 무형으로 바뀌는 21세기에 부합되는 현상이라며 고도의 정보 산업 발달로 인해 한류가 최초로 아시아인끼리의 마음과 마음을 연결해 주는 계기를 마련했고, 나아가 인류 전체의 인간적인 교류의 계기를 마련할 수 있는 배경이 될 수 있다고 말했습니다.

강철근: 국가가 문화정책을 주도하는 게 아니라 자연발생적인 문화, 국경이나 국민의 구분이 아닌 인류 의식, 혹은 아시아 의식 이런 것이 공감대가 형성됐기 때문에 한류가 나타났다는 배경이 됐다고 보는 것이죠. 그렇기 때문에 이 아시아에서는 사상 최초로 한류를 통해서 진정한 문화 교류와 마음과 마음을 터놓고 교류하는 진정한 인간끼리의, 아시아인들끼리의 교류가 시작됐다는 것입니다. 한국의 대중문화예술을 통해서……. 그렇기 때문에 세계사적인 교류, 인류사적인 교류를 배경으

로 하고 있고 거기에 우리 민간의 자연발생적인 문화가 아시아인들의 마음을 흔들어 놨고 또 최초로 아시아인들끼리 문화 교류를 시작하였습니다.

최근 한·일간 문제가 되고 있는 독도 문제로 인해 한류에 타격이 있지 않을까 하는 우려에 대해 일본 KNTV의 와카이 제작국장은 한류는 두 나라간의 정치적 현안과는 별개라는 입장을 보였습니다. 와카이 씨는 두 나라 사이에 연간 3백만 명이 교류하고 있다며 이처럼 개인적인 관계를 기반으로 한 한류 붐이기 때문에 정치적인 문제로 영향을 받을 것 같지는 않다고 말했습니다.

한국 중앙대학교 한류아카데미 강철근 원장도 역사는 역사, 한류는 한류라는 차원에서 별개로 봐야 한다며 오히려 마음과 마음을 이어 주는 한류를 통해 정치적인 문제도 해결할 수 있다는 기대를 나타냈습니다.

강철근: 이 한류를 하는, 한국문화를 하는 사람들이 무슨 정치적인 의도가 있거나 경제적인 의도가 없다는 것입니다. 즉, 비교적 순수하게 일을 해 왔고 자생적으로 발전해 왔기 때문에 저는 그걸 굉장히 중시합니다. 그러한 정신을 가지고서 일본·중국과 교류를 하고 있으며, 지금 일본인들도 역사는 역사고 한류는 한류라는 생각으로 지금도 하루에 수천 명이 한국에 오고 있어요. 그런데 이분들이 보통 한국에 연휴 기간 동안에는 5만 명 이상이 찾아오는데 그분들을 어떻게 할 겁니까? 즉, 우리 문화가 좋아서 찾아온 분들입니다.

그분들에게 무슨 적대적인 감정을 표시할 수도 없는 것이고 해서도 안 되는 것입니다. 그네들은 남이섬이나 춘천 거리에 와서 쓸고 닦고, 또 한류의 원 고장을 찾아서 사진 찍고 즐겁게 지내고 있습니다. 마찬가지로 그네들의 그런 정신을 북돋워 주고 또 우리와 마음으로 교류를 하게 되면 그런 보수 우익, 일본의 극히 소수에 지나지 않는 보수 우익들이 광신적으로 주장하고 있는 극렬한 운동은 별로 고려할 가치가 없다고 보는 것이죠.

거기에 우리가 맞받아쳐 가지고 일본 보수 우익과 똑같은 식으로 나서는 것은 매우 어리석은 일이라고 봅니다. 그래서 이 한류정신으로 해결하자는 것은 마음과 마음의 교류를 하는 정신으로 일본 문제나 중국 문제를 대하게 되면 그들도 역시 정상적인 보통 사람들의 마인드를 가지고 우리와 접하게 될 것이고 결국은 국가대 국가의 문제도 그러한 정신으로 저절로 해결될 거라고 보는 거죠.

강철근: 고이즈미 수상이 2년 전에 한국에 와서 뭐라고 했습니까? 〈쉬리〉나 〈겨울연가〉를 얘기하면서 자기는 그것만 보면 지금도 마음이 순화되고 정화된다고까지 우리 대통령한테 얘길 했던 것이지요. 그런데 우리 대통령이 그 〈겨울연가〉를 못 봤어요. 하여튼 그런 식으로 한류의 기본 정신을 가지고 교류를 하게 되면 이러한 복잡한 문제도 저절로 해결될 거라고 보는 것이고…….

통로 5 국제정치와 문화를 아우르는

(1) 한류와 세계화

한류의 문제는 이제 문화예술의 영역에 한정되어 있지 않다. 시간이 갈수록 그 외연은 한없이 확장되고 있다. 현대문화의 특징적 요소인 문화경영의 문제는 말할 것도 없으며, 정치 분야와 국제정치의 본질적인 영역에까지 다가간다. 이문화간의 빈번한 접촉과 교류의 증가는 정치·경제·사회 분야의 세계화 현상과 더불어 새로운 차원의 문화적 갈등 양상을 초래하게 되었다. 오늘날 범세계적인 문화적 갈등과 정체성의 위기로 인하여 이제 문화 영역은 국제정치 학자들에게 중요한 관심 영역이 되었다.

이렇게 말하면 무슨 말인지 혼란이 오게 된다. 이를 다시 쉽게 말하면, 소위 '세계화'의 문제를 생각하면 이해하기 쉬워진다. 세계화의 추진 과정에서 얼마나 많은 오해와 갈등이 있어 왔던가. 세계화니 '자유무역협정(FTA)'이니 하는 것이 농사만 짓고 있던 우리 농민들이나, TV가 유일한 오락거리로서 소박하게 살던 보통 시민들조차 국제 정치경제에 관심 아닌 관심을 가지게 만든 요물단지가 아니던가. 거기에 갑자기 왠 '한류' 바람까지 불어서 좋은 것 같기도 하고, 하여간 헷갈리는 상황이 도래한 것이다.

1980년대 이래 현재까지 '세계화'라는 주제를 놓고 전 세계적으로 이에 대한 격론이 벌어지고 전쟁을 방불케 하는 세계화·반세계화 투쟁이 전개되고 있는 상황에서 세계화의 문제는 먼저 간략하게나마 이해하고 넘어가야 할 것이다. 세계화는 두 가지 관점에서 이해된다. 하나는 현재 국제적으로 가장 첨예하게 대립되는 이념의 문제로서 각국의 정치적·경제적·사회적, 그리고 문화적인 기저를 바꿔 놓는 핵심 과제이며, 다른 또 하나는 순수한 의미에서의 문화적 이념인데 이는 문화야말로 한 나라의 구체적인 이미지를 세계화할 수 있는 인류의 유일한 보편적 가치라는 인식에서 출발한다.[7]

국제사회는 전후의 장기 호황이 1970년대 이후 급격히 붕괴되면서

---

[7] 강철근(2004), 『문화정책론』, 서울 : 사회교육연구회, pp. 74~84.

새로운 신자유주의적 경제 질서의 구도 속에서 급속한 변화와 불확실성의 시대를 맞이하게 되었다.8 자본주의의 역사상 세계시장을 창조하고 공간적 장벽을 제거하려는 노력은 지속적으로 이루어졌는데, 철도와 전신에서 시작되어 전화, 항공기와 TV, 정보통신혁명에 이르기까지 모두 그러한 동기가 이루어 낸 결과이다.

미국의 레이건 대통령의 1980년대와 영국의 대처, 메이저 총리의 보수당 정권의 1979년에서 1997년에 이르는 17년간의 신보수주의적 혹은 신자유주의적 정책의 추진은, 민영화와 사회보장의 감축, 그리고 능력과 실질에 의거한 경제체제의 재편으로 이어져 세계 질서 속에 새로운 가치로 확산되었고 다른 나라에 대하여도 이를 요구하는 세계화 전략으로 추진되었다.

현재 진행되는 세계화는 국제화와 확연히 구분된다. 국제화가 세계 질서의 기본 단위인 국민국가를 바탕으로 정치, 경제, 문화, 교육, 사회적 접촉, 거래, 교환, 교류가 증대하고 있는 현상이라면, 세계화는 국민국가를 포함하여 초국가적 행위자—초국적 기업, 국가간 정부조직, 국제비정부조직—그리고 지방, 비정부조직, 대체정부조직 및 개별 시민들이 국경을 넘어서 정치, 경제, 문화, 교육, 거래 등을 하는 현상이다. 19세기에 성립된 국민국가라는 개념은 최근의 세계화, 정보화 사회의 도래로 점차 사라지고 있다. 산업과 정보기술의 소비자의 이동성이 증가하고, 사이버 세계에서의 탈국경화는 국경 없는 세계가 형성되어, 일본의 국제경제학자인 오마에 겐이치(大前研一)는 그의 『신국부론』에서 "(……) 이러한 세계 속에서 국민국가라는 전통적인 중계자는 더 이상

---

8 김수행·안삼환 외 4인(2004), "사회당의 변화와 신자유주의의 공세", 『제3의 길과 신자유주의』, 서울: 서울대학교 출판부, pp. 323~325.

불필요하게 되었다(……)"라고 선언하기까지 이르게 된다.

이는 말할 것도 없이 유럽 통합에서 시작되는 국제사회에서의 새로운 질서 형성을 지적하는 것이다. 또한 과거 국민국가가 수행하던 많은 역할이 새로운 정치체제에 의해 대신하게 된다고 신자유론자들은 지적하고 있다. 나아가 국민국가의 정체성이 붕괴되면서 개인의 삶과 행위(즉, 문화)는 세계화 속에서 해체되고 있다.

더 나아가, 미국은 종래의 정복자들과는 달리 그저 남을 굴복시키는 것에 만족하지 않는다. 그들은 다른 사람들도 그들과 같아지기를 강요한다. 다른 사람들을 위한다는 명목 하에 그들의 가치관과 맥도날드의 확산을 원한다. 결국 미국은 "다운로드 할래, 죽을래"[9]라는 구호로써 세계화를 진행시키는 예언자, 전도사, 그리고 공통의 적으로서 존재한다.

이러한 세계화의 진전 속에서 각국은 그 정체성과 다양성의 혼란을 일으키게 된다. 그것은 문화의 외연으로서의 국가체제의 문제로부터 시작한다. 즉, 세계화의 체제 속에서 각국은 국가의 형태, 규모, 품질, 소득불균형, 그리고 자유도 등을 모두 감안하여 대처해 나가야 하는 것이다. 각 나라마다 문화적 전통에 따라 그 초점은 다르지만, 유럽연합국가는 국가 형태의 문제는 그리 심각하게 느끼지 않고 있어도 세계화 체제 속에서 살아남기 위하여 정부의 규모를 꾸준히 감량해 나가고 있다. 아시아나 남미처럼 부패와 파벌주의가 심한 나라들은 문화를 통한 국가품질 개선에, 사회적 신분의 격차가 심한 나라는 소득불균형 개선에, 중국처럼 오랫동안 자유가 억압되어 있던 나라는 자유화 추진에 진력하고 있다.

---

9 토머스 프리드먼(Thomas L. Friedman)(2003), 『렉서스와 올리브 나무』, 서울 : 창해, pp. 639~642.

특히 유럽 각국은 세계화에 대한 대안으로서 소위 '제3의 길'을 모색하고 있는데, 이것의 배경은 물론 세계화(globalization), 정보통신 기술혁명에 의한 지식경제화, 사회주의의 파탄과 이로 인한 복지국가의 위기, 그리고 시민적 가치관의 변화 등을 제시할 수 있는데, 유럽의 좌파 측에서는 세계화를 인류에 대한 문명사적 위협이라고 간주하여 이를 저지하는 데 총력을 기울이고 있지만, 제3의 길은 세계화를 불가역적인 과정으로 인정하면서 그 터전 위에서 새로운 사회민주주의의 전망을 가진다.

또한 좌파 진영은 지식경제화의 발전을 대량 실업을 가져오는 자본주의의 폐해로 이르는 길로 보는데, 제3의 길은 지식경제화의 진전을 현실로 받아들이며 블루칼라 노동자보다는 숙련노동자를 중시한다. 따라서 기업가 정신의 고취와 노동시장의 유연화 정책이 추진된다. 이는 가치관과 직결되는데, 개인주의의 진전은 사회적 추세로 인정되며 가족과 남녀관계의 민주화는 당연한 귀결이다.

영국이 여타의 유럽국과 함께 보수당 정권의 장기 집권을 통한 신자유주의적 개혁을 이루는 동안, 프랑스는 미테랑 대통령의 1, 2차 14년간의 재임으로 우파 정권은 시라크 집권까지 짧은 기간만이 있었다. 이는 프랑스가 영국이나 독일에 비하여 신자유주의 개혁과는 일정한 거리가 있었던 이유이기도 하다. 그러나 비록 사회당 정권이라고는 하지만 미국과 유럽의 신자유주의적 개혁의 물결 속에서 자유로울 수만은 없었다. 결국 프랑스는 사회당의 주도 아래 신자유주의적 세계화 개혁을 급격히 진전시키지 않으면서 유연하게 대응한 것으로 평가받고 있다.

세계화라는 새로운 도전은 우리에게 있어 이제까지와는 다른 정책 목표와 정책 수단을 제시해 주는 동시에 새로운 전망과 비전을 모색하게 한다. 또한 디지털 기술의 발달과 보급은 새로운 사이버 세계의 도래를 맞이하게 하여 종래의 문화 패러다임으로는 해결할 수 없는 상황에 처하게 되었던 것이다. 결국 우리의 문화적 특수성과 세계적 보편성을 결합한 인류의 보편적 가치를 창출해야 하는 시대가 온 것이다.

또 다른 의미의 '문화의 세계화'는, 각국의 전통적인 문화 가치의 재확인·재인식 위에서 세계시민으로서의 의식과 윤리를 가지고 추진해 나가는 문화의 일류화 작업이라 할 수 있다. 이를 위해 각국의 문화 교류가 진행되며 유네스코 산하의 각종 국제회의에서 거듭 문화의 인류화를 선언하고 있으며, 세계 박물관·도서관 총회의 연례적 개최, 세계문화유산의 지정 등이 활발히 진행 중에 있다.

(2) 한류와 국제정치

경제가 발전한 소위 선진국의 문화는 직접 수출이나 자국의 상품 판매 등을 통해 자연스럽게 다른 선진국이나 후진국으로 전파되어 왔다. 이러한 방향으로 문화가 이전해 가는 것이 역사적으로 새로운 현상은 아니다. 그러나 1950년대 이래 문화 이전이 대대적인 규모로 일어나고 있다는 점은 특기할 만하다. 당시 국제 정치경제의 특징은 자본주의국가들의 경제가 국경선을 넘어 크게 팽창했던 시기이며, 공업 생산양식이 결정적으로 다국적화하였다는 점이다.[10]

서구의 다국적기업들은 국가의 경계선들이 이미 정치, 경제, 문화적으로 퇴화한 것으로 간주하고 있다. 그들은 전 세계가 하나의 시장이고,

---

10 로빈 머레이(Robin Murray)(1975), "The Internationalization of Capital & Nation State", in H. Radice ed., *International Firms and Modern Imperialism*, Baltimore: Penguin, p. 128.

자기 기업의 상품판매를 위해 세계적 차원의 소비자 고객이 요청되며, 그에 알맞은 문화적 동시화[11]가 필요하다는 점을 강조했다. 이와 같은 문화적 동시화를 가져오는 가장 중요한 매체는 문화 산업체이다. 왜냐하면 문화 산업은 지난 수십 년 동안 팽창해 온 다국적기업에 수반하여, 문화상품 및 용역의 생산과 분배를 국내시장에서 국제시장으로까지 확대해 왔기 때문이다.

그런데 문화상품에 내재된 상징적 의미는 상품을 따라 소비자에게 전달되는 성격을 가진다. 특히 문화상품이 지니는 이데올로기적 특징은 특정 국가의 이데올로기를 전파하고 합리화시키는 기능도 할 수 있다는 점에 주목할 필요가 있다. 예컨대 미국의 문화상품 저변에 흐르고 있는 미국적 가치 우위와 공산주의 견제라는 이데올로기는 '자유주의의 수호'라는 기치 아래 동맹국들로 하여금 NATO와 같은 집단적인 군사력을 창출할 수 있었고, 정치적 지지를 얻어 내는 수단으로도 작용하였다.[12] 이것은 문화 산업이 국제정치와 연계되어 있어 국제 경쟁력을 강화시킨 면을 보여 주는 것이다.

이제까지의 산업이 하드웨어라고 할 수 있는 기계와 설비의 변화가 핵심을 이루었다면, 21세기는 디지털 혁명의 시대로 일컬어질 만큼 디

---

11 문화적 동시화(synchronization) 혹은 문화적 균질화란 C. 헤임링크(Cees Hamelink)가 표현한 용어로 "하나의 특정 지배적 문화양식이 다른 문화체계에 유입 또는 침범하거나, 다른 문화체계들이 특정의 지배적 문화양식을 수용하여, 수용·동화·흡수 등에 의해 질적 내용이 유사성을 띠어 가는 과정"을 의미한다. 즉, 어떤 특정 국가 내에서 발전한 문화가 설득력 있게 수용국에게 전달되는 경우, 문화적 산물들의 거래가 한 방향으로만 대대적으로 이루어지고 근본적으로 동시화의 양상을 지니게 된다는 것이다. 그는 문화적 동시화를 문화종속의 핵심 현상으로 파악하고 있다. C. 헤임링크(1988), 『제3세계의 문화종속』, 서울: 성균관대학교 출판부, pp. 27~30.

12 크리스토퍼 체이스(Christopher Chase-Dunn)(1994), "United States Culture and World Culture", *Culture and Development in a New Era and in a Transforming World*, Seoul: IFES Kyungnam Univ., p. 40.

지털 기술이 정치, 경제, 사회 과정은 물론 문화예술에 끼치게 되는 영향력이 지대해졌다. 미디어의 디지털화는 여러 가지 의미를 가지는데, 이는 한 문화 생산품이 여러 미디어를 통해 손쉽게 전환되고 이동할 수 있도록 함으로써 그 문화 생산물이 더 큰 부가가치를 얻을 수 있는 기회를 가지게 하는 것을 의미한다.

또한 미디어의 디지털화는 대부분 사용자의 요구를 즉각적으로 수용할 수 있는 대화형 미디어를 발전시키고 있으며, 이는 종래 완성된 문화예술 생산물을 수동적으로 감상만 할 위치에 있었던 사용자들이 창조자, 생산자적 위치에 개입할 수 있는 새로운 형태의 문화예술의 출현을 의미한다. 따라서 문화예술의 창작자의 개념이나 기능도 많이 달라지게 되며, 엄격히는 창작자와 소비자, 혹은 향유자 사이의 경계가 애매해지는 문화적 상황을 맞게 될 것이다.[13]

나이(Joseph S. Nye)는 국제관계에서 행사되는 힘을 경성적인 힘(command power or hard power)과 연성적인 힘(cooperative power or soft power)의 2가지 측면으로 구분한다. 그는 경성적인 힘은 "자국이 원하는 방향으로 대상국을 행동하게 하는 능력"이며, 연성적인 힘은 "대상국으로 하여금 자국이 원하는 방향으로 태도를 바꾸게 하는 능력"이라고 규정한다.[14] 그는 힘의 자원들을 얼마나 가지고 있느냐도 중요하지만, 이들을 어떻게 동원하느냐에 따라 국제관계에서 벌어지는 게임의 양상을 변화시킬 수 있다고 본다.

켈러허(Catherine M. Kelleher) 역시 세계가 전반적으로 민주화의 흐

---

13 박문석(2002), 『21세기 황금산업·미디어콘텐츠 산업의 미래, 황금 거위를 잡아라』, 서울: 도서출판 신유, pp. 43~76.
14 조지프 나이(Joseph S. Nye)(1990), *Bound to lead: The Changing Nature of American Power*, New York: Basic Books, p. 31.

름 속에 있기 때문에 많은 나라들이 서로 공통된 가치체계를 가질 수 있게 된 점 역시 합의를 형성하는 연성적 힘이 효능을 확대하는 데 기여하고 있다고 한다.

그는 현 세계에서 패권적 지도력을 행사할 만한 연성적 힘을 갖춘 유일한 나라는 미국이라고 한다. 미국은 세계 공동체에서 가장 광범한 지역에 대해 호소력 혹은 설득력을 지닌 자원과 보편적인 문화를 가지고 있으며, 현재 미국이 지도하고 있는 동맹체제와 그간 미국이 구축해 놓은 비공식적인 연합들은 가장 효과적인 세계적 관리체제를 구성하고 있다는 것이다.

위의 주장들을 살펴보면 문화적 요소가 국제정치적 차원에서 힘의 자원으로 새롭게 설정되고 있음을 알 수 있다. 문화적 측면에서 미국의 패권을 설명하는 또 다른 견해는 러셋(Bruce Russett)의 논의에서도 나타난다.[15] 러셋은 미국의 패권적 기반이 예전에 비해 약화되었을지 모르지만, 아직도 국제질서에서 미국이 차지하고 있는 지위는 별로 변함이 없다고 주장한다. 그 근거로서 미국은 현재에도 국제관계의 지배적인 규칙들을 주도적으로 관리하고 있으며, 이러한 규칙들에 의해 생겨나는 결과가 미국에 의해 분배되고 있음을 들고 있다. 특히 미국이 물리적인 권력 기반의 감소에도 불구하고 지속적으로 국제적인 사건과 행위 및 그 결과를 통제할 수 있는 것은 문화적 패권 때문이라는 논리를 펴고 있다.[16]

탈냉전시대에 국가간 갈등의 주요 원인은 문화적 차이에서 연유하게 된다고 주장한 헌팅턴(Samual P. Huntington)도 문화를 정치적 자원으

---

15 브루스 러셋(Bruce Russett)(1985), "The Mysterious Case of Vanishing Hegemony: or Is Mark Twain Dead?", *International Organization 39(2)*, pp. 228~230.

로 인정하고 있다. 그는 현 단계는 서구문명과 비서구문명, 그리고 비서구문명 간의 갈등기로 보고 있다.[17]

그런데 이러한 때 등장하는 한류는 무엇인가? 문화적 패권도 아니며, 갈등을 조장하는 이데올로기의 단초를 만들지도 않는다. 오직 겸허한 자기 표현만이 존재한다. 한류 문화상품이 지니는 이데올로기적 특징은 특정 국가의 이데올로기를 전파하고 합리화시키는 것이 아니라 오히려 이를 통해 아시아 각국이 가지고 있는 문화적 정체성을 확인시켜 주고 있다는 데 있다. 바로 이점이 할리우드 문화상품이나 일본류와 다른 점이다.

통로 6 잠수함의 토끼처럼

필자는 많은 시 중에서 '연비가약'이라는 가명의 시인이 쓴 「잠수함의 토끼처럼」이라는 시를 매우 좋아한다. 먼저 그 시 전문을 보자.

잠수함 속의 토끼처럼

잠수함이 바다 밑으로 들어갈 때는 토끼를 가지고 들어간다.

---

[16] 문화적 패권이론 시각을 통해 미국의 패권적 지도력을 재조명하면서 표면적으로는 미국의 세력이 감퇴한 것처럼 보일지 모르나 구조적으로는 아직도 그 뿌리가 건재하다고 보는 입장. Robert Cox(1983), "Social Forces, States, and World Order: Beyond International Relations Theory", *Journal of International Studies, 12(2)*; G. Arrighi(1982), "A Crisis of Hegemony", in Samir Amin, G. Arrighi A. G. Frank and I. Wallerstein et. al., Dynamics of Global Crisis, N.Y.: N.Y Monthly Review Press; Stephen Gill(1986), "U. S. Hegemony; Its Limits and Prospects in the Reagan Era", *Millennium: Journal of International Studies, 15(3)*.

[17] 새뮤얼 헌팅턴(Samual P. Huntington)(1993), "The Clash of Civilizations?", *Foreign Affairs, 72(3)*, pp. 22~23.

왜냐하면 토끼가 수압에 가장 민감하기 때문이다.
사람이 못 견딜 수압이 되면 토끼가 먼저 소리를 지른다.
게오르규는 정치적으로 억압 상황,
사람이 살 수 없는 환경 등 사람이 살 수 없게 되었을 때
못 살겠다고 가장 먼저 소리를 지르는 사람이 곧 시인이라고 은연중에
말했다.

나는 소리를 지르는 토끼다,
못살겠다고.
그러나 과연 그만큼
수심(水深)이 깊어졌는지,
수심(愁心)이 깊어졌는지
잘 모르는 딱한 토끼다.
더 깊은 곳에서
찍! 소리도 못하고
오래 잠수병을 앓고 싶다.

혹은 탄광 속의 카나리아
검은 슬픔의 결정들이 번득이는
저 갱도 깊숙이 막장까지 내려가
굴착기로 그들과 소통하며
오래 산소부족증에 숨막히고 싶다.

2005년 10월 독일에서는 프랑크푸르트도서전이 개최되었다. 우리나

라가 주빈국(Guest of Honour)으로서 도서전을 주관하고 있었다. 이를 기념하기 위해서 우리의 많은 문화인들이 독일을 방문하여 한쪽에서는 '문학의 밤'을, 한쪽에서는 전시회와 각종 공연을 개최하였다. 그중에서 독일을 미리 다녀온 작가 김영하의 귀국 칼럼[18]은 참 재미있다. 잠깐 살펴보자.

"왜 한국문학이 독일에 소개되어야 하는가?"라는 기자의 질문에, 나는 "여러분을 위해서"라고 답했다. 우리 작가들은 동양의 고전부터 서양의 최신작, 남미문학까지 다 읽는다. 그런데 유럽 작가들과 독자들은 거의 유럽문학만 읽는다. 이래서야 어떻게 유럽문학이 지금의 매너리즘을 뚫고 나갈 수 있겠는가. 우리는 지난 시대 정치적 격변 속에서도 치열하게 써 왔고 현재도 자국의 영화, 인터넷의 광풍과 싸우며 쓰고 있다. 자국영화가 점유율 50%를 오르내리는 나라는 흔치 않다.

따라서 소설가가 자국의 영화와 경쟁해야 하는 나라는 무척 드물다. 뿐만 아니라 휴대전화와 초고속 인터넷 보급률에서도 세계적으로 수위를 달리는 나라에서 책이라는 지극히 전통적인 무겁고 비싼 미디어로 맞서고 있다. 전 세계의 작가들은 한국 작가들이 어떻게 쓰고, 또 어떻게 살아남는지 유심히 볼 필요가 있다. 어쩌면 우리는 전 세계의 문학이 앞으로 겪을 일들을 앞서 감당하는 잠수함의 토끼일지도 모른다고 말하였다.

기자들은 또 물었다. "한국의 통일에 대하여 어떻게 생각하느냐"고, 어떤 작가들은 이렇게 반문했다. "왜 여러분은 한국 작가만 보면 통일에

---

18 중앙일보, 2005년 5월 21일자.

대해 묻느냐"고. 그들에게 우리나라는 휴전선과 북핵, 시위와 정치적 격변으로 기억되어 있다. 그것은 물론 일견 정당하지만 이미 우리나라는 그들이 생각하는 것 이상으로 속속들이 세계화돼 있다. 전 세계 사람들이 고민하는 모든 문제를 우리도 함께 고민하고 있다. 우리 역시 실업과 가난, 소외와 단절, 저출산과 고령화의 문제로 고통 받고 있다. 똑같은 음식을 먹고 똑같은 음악, 똑같은 영화, 똑같은 패션을 소비하고 있다. 우리 작가들은 이런 상황에서 쓰고 있다.

실로 이 짧은 글은 이 책의 주제인 한류와 관련하여 많은 것을 시사하고 있다. 이것은 IT 분야에서 세계적인 브랜드의 제품이 시판되기 전에 제일 먼저 한국에 가서 한국 소비자의 반응을 보면 성공 여부를 바로 알 수 있다는 사실과 흡사하다. 전 세계적으로 가장 까다롭고 가장 민감한 소비성향을 가진 나라, 민주화의 격변을 온몸으로 체현하는 나라, 단 하루도 그냥 평범하게 지나지 못하고 무언가 엄청나게 흥분되는 일이 기다리는 나라(우리나라에 거주하고 있는 외국인들의 일관된 평가), 이러한 나라에서 한류라는 전혀 새로운 형태의 문화가 탄생되는 것은 지극히 당연한 일인 것이다. 그 새로운 문화는 마치 잠수함의 토끼처럼 세계문화, 그것도 세계 대중문화의 코드 변화를 제일 먼저 감지하고, 모두가 공감할 수 있는 공통 언어로 바꾸어 가는 중이다. 지금 그 이야기를 하는 중이다.

그렇기 때문에 한류는 시대의 아름다움뿐만 아니라 시대의 아픔도 노래할 수 있어야 한다. 아시아인과 세계인의 가슴을 어루만질 수 있어야 한다. 국제영화제에서의 우리 영화의 활약은 그런 의미에서 중요하다. 어느 의미에서도 공감할 수 있고 이해될 수 있는 서사구조와 콘텐츠를 가져야 한다. 동시에 부단히 창의성이 발휘되어야 한다. 재탕 삼탕, 그 밥에 그 나물은 곤란하다. 이웃 홍콩과 일본의 실패에서 교훈을 얻어야 한다. 홍콩의 실패는 새로운 콘텐츠의 부족에서 나왔으며, 일본의 실패는 일본 대중문화의 보급을 통한 일본을 중심으로 한 아시아공영권의 확대라는 야심과 오만이 묻어 있었기 때문에 그에 대한 반감이 많이 작용했던 것이다. 우리나라에서도 일본 대중문화 개방에 대하여는 20세기 마지막까지 수구적이었다.

필자는 '경향신문 창간 59주년 특집 한중일 전문가 대담'에서 다음과 같이 밝힌 바 있다.

일시적 붐 아닌, 아시아의 새 문화 코드

이제 아시아를 넘어 전 세계적인 트렌드로 발전하고 있는 한류(韓流)가 가진 문화적 키워드는 무엇인가. 또 한류가 나아갈 방향은 무엇인가. 경향신문은 창간 59주년을 맞아 지난달 16일 본사 회의실에서 강철근 중앙대 한류아카데미 원장, 마쉐(馬雪) 중국 인라이트미디어 한국대표, 후지야마 요시노리(藤山美典) 주한 일본대사관 공보문화원장 3인을 초청, '한·중·일 신(新)한류 대담'을 마련했다.

강 원장: 사실상 여러 학자와 전문가, 현장 사람들이 한류에 대해 많은 이야기를 해 왔다. 따라서 보다 새롭게 한 단계 업그레이드된, 새로운 관점에서 한류

에 대한 이야기를 나눴으면 한다. 우선 중국이나 일본의 입장에서 한류가 가지고 있는 의미를 듣고 싶다.

마 대표: 한류라는 단어는 중국에서 생긴 말이다. 처음에는 주로 대중성 있는 문화제품, 음악, 드라마를 통해 대중이 느꼈던 한국의 문화를 의미했다. 그러나 지금은 이미 보편화돼 특별한 의미는 아니다. 요즘 중국에서는 한류라는 단어를 잘 쓰지 않는다. 지금은 그냥 한국의 무엇무엇이라고 한다.

강: 그것은 한류라는 초기의 대중문화상품이 이제는 국가를 초월한 문화 코드가 되었음을 말한다. 특정 계층이 환호하는 문화에서 보통사람들이 자연스럽게 받아들이는 문화가 됐다는 점은 문화의 자연스러운 흐름이면서 한류가 가야 할 궁극적인 방향이라고 생각한다.

후지야마 원장: 새로운 이야기가 아닐지 몰라도 잠시 한류가 일본에서 왜 큰 흐름인지 언급해야 할 것 같다. 한국에서 만들어진 드라마, 영화 속에는 일본에서 잊혀져 가는 가치관, 예를 들어 사람과 사람 사이의 깊은 정 같은 것이 뿌리 깊이 담겨져 있다. 일본 사회가 점점 개인주의화, 경쟁 중심 사회가 되면서 개인의 소외감이 커지고 있는 상황에서 드라마를 통해 비춰지는 인간관계가 중년여성의 감정을 자극했다.

그러나 그것만으로 끝났다면 일시적인 붐이었을 것이다. 이미 한류는 일시적인 붐이 아니다. 근저에는 일본이 한국을 대하는 시각, 자세에 근본적인 변화를 일으키는 무엇인가 뜨거운 게 생기고 있다고 본다.

강: 정확한 지적이라고 본다. 그러나 '일본 사회에 과거에는 있었지만 지금은 없는 그 무엇을 한류가 일깨워 줬다'는 지적에 대해 전적으로 동감하지 않는다. 한류에는 일본인들에게 과거에도 없었고 지금과 미래에도 없을 수 있는 것이

있다. 그것은 한국의 역동성이다. 한류의 중요한 코드는 첫째 여성, 둘째 청소년이다. 즉, 지금까지 도외시됐던 비주류가 주류에 편입되는 역동성을 가지고 있다.

마: 그것은 상업적인 가치가 반영된 것 아닌가. 연예인의 몸값을 높이기 위한 상업주의적인 전략에서 나온 것이다. 연예인의 지위가 높아진 것이 아니라 한류가 발전하면서 생기는 문제라고 본다. 예를 들어 중국에서 한류스타라고 한다면 배용준, 이병헌 정도로 보고 있다. 그러나 한류 덕택으로 연기력이나 가치가 떨어지는 사람까지 한류스타 대접을 받으려고 한다. 방송 관계자로서 연예인들을 섭외할 때부터 그들의 태도가 많이 달라졌다는 걸 느낀다.

강: 한류스타들의 고자세가 왜 비판받아야 되는지 모르겠다. 삼류까지 일류에 끼어드는 것도 자본주의 관점에서 보면 하나의 홍보 전략이다. 마 대표가 너무 사회주의 관점에서 보는 것은 아닌지 모르겠다.

후지야마: 상업주의나 배용준과 같은 한류스타들이 '구름 위의 존재'처럼 되는 것을 부정적으로 보지 않는다. 좋은 것에 대해서는 그만한 가치가 따라붙는다. 예를 들어 〈외출〉을 따내기 위해 영화배급사는 7억 엔을 들였다. 이는 할리우드에 필적하는 것으로 그만한 가치를 보고 돈을 지불하는 것이다. 최지우가 새로 만드는 영화 〈연리지〉는 제작비가 33억 엔이지만 일본에서 35억 엔을 이미 제의했다. 이처럼 한류스타들의 지위가 올라감으로써 젊은 배우들이 이를 배우려 절차탁마하고, 감독이나 PD들도 열의를 쏟는 것은 좋은 현상이다.

마: 배용준이 출연한 영화는 〈외출〉을 포함, 두 번째지만 출연료는 일본 측의 투자로 보통 연예인의 4~5배인 20억 원을 받았다. 상업적인 효과를 얻기 위해서 (기초라 할 수 있는) 연기력도 검증하지 않는 측면이 있다. 지금 중국에서는

홍콩, 대만의 스타가 한류스타보다 더 대접을 받는다. 중국은 하나의 문화 중심적 현상으로 이해하고 받아들였지만 일본의 경우는 '상업적인 교류'라고 할 수 있다. 언론 매체들의 보도도 누가 얼마를 받았다며 금액 중심으로 이뤄진다.

후지야마: 한류가 일본에 정착된 것은 일본 사람이 이를 자연스럽게 받아들였기 때문이다. 대부분의 문화는 개인의 자유선택에 의해 전파된다. 한류도 작품이 갖는 힘에서 생겨난 현상이다. 상업성으로 받아들이는 방식이 나쁘다고는 보지 않는다. 작품성이 있고 그로 인해 인기를 모으고 있다고 본다.

마: 개인적인 경험이 두 분과는 전혀 다르다. 나는 중국에서 이른바 한류세대이고 현재 양국 문화 교류에 대한 마케팅, 배급, 캐스팅 등 세부적인 문제의 실무자로 일한다. 이론적으로 큰 문제는 아닐 수 있지만 실무적 차원에서 보면 중국에서의 한류나 한·중 교류가 순조롭지만은 않을 것 같다.

한국은 일본과 비슷한 점이 많지만 중국과는 관념적·사회적 시스템 차이가 있다. 한류 초기 그룹 HOT, 안재욱, 김희선 이후 2002년 월드컵 때까지 큰 공백이 있었다. 월드컵 전 중국에서 한류는 죽었다는 말도 나왔다. 그 원인을 보니까 결국은 시스템 문제였다.

아시아를 지배하는 단어가 된 한류를 이야기하기 위해 한·중·일 3국 관계자가 모였다. 왼쪽부터 강철근, 마쉐, 후지야마 요시노리.

강 : 근래 들어 아시아 교류에서도 그 주제는 주로 서양의 것이었다. 그러나 1960년대 이후 일본이 그것을 점점 깨기 시작했다. 이런 측면에서 한류에 일본 대중문화 개방이 가지는 힘은 굉장히 크고, 이를 발전시킨 측면도 있다. 대중문화 개방 이전에는 젊은이들 사이에서 받아들여진 일본 문화를 단순히 베끼기도 했다. 그러나 개방을 통해 새로운 차원의 문화를 창조할 수 있었다. 이 때문에 문화는 개방되고 교류되어야 한다.

후지야마 : 지금처럼 작품을 만들어 내는 능력과 힘이 강화된다면 틀림없이 훌륭한 대중작품, 예술작품을 만들어 낼 것이다. 한·중·일이 그런 흐름을 만들어 낼 것이고 아시아를 넘어 세계적으로 발전시킬 수 있다. 한국은 문화를 발전시킬 수 있는 힘이 있고 그럴 경우 한류가 그 중심이 될 수 있다. 이제 한국이란 국적 자체를 의식하기 바란다.

마 : 작품을 만들 때 한국, 중국, 일본이 공동참여하면 세계적인 요소가 생겨 더 좋은 결과가 있을 것 같다. 중국 장이머우(張藝謨) 감독은 일본의 국민배우 다카쿠라 켄(영화 〈철도원〉의 주연)을 주인공으로 캐스팅함으로써 양국뿐만 아니라 세계적인 주목을 받았다. 그와 같은 합작이 많아지면 현재 한·중 간의 장벽도 자연스럽게 해소되지 않을까.

후지야마 : 일본에서 한국을 찾는 PD들이나 방송 관계자의 공통적인 이야기는 저작권 관리 문제다. 일본의 경우 저작권이 협회를 중심으로 체계적으로 관리된다. 그러나 한국에서는 이를 해결하기 위해 어디를 찾아가야 하는지 몰라 어려움을 겪고 있다. 저작권에 대한 요금까지 지불했는데 실질적인 저작권을 가진 다른 사람이 나타나는 경우도 있다.

마 : 다른 나라와 교류하는 데 자기 것만 수출하려고 하지 말고 그 문화도 받아

들여야 한다. 중국의 작품도 한국에 소개하면서 교류하는 게 한국문화를 잘 소개하는 것이라고 본다. 완성된 작품 교환도 중요하지만 인력자원의 교류도 중요하다. 중국에는 가수가 많지만 녹음은 한국과 일본이 앞서 있다. 이를 잘 융합하면 중국에서 더 인정받는 시스템을 구축할 수 있을 것이다.

경향신문 창간 59주년 특집, 진행·정리=오광수·박재현 기자, 2005년 10월 06일자.

이제 한류는 우리 시대를 앞서 가는 문화척후병으로서 시대를 미리 감지하고 예견하여 새로운 문화 코드를 만들어 가고 있다. 이것은 우리나라 안에서만 통용되는 것이 아니라 세계인들도 공감할 수 있는 것일 때 유효하다.

제2장
한류와 새로운 문화 사상과 코드
―그대들이 꿈꾸는 세상은 어떤 세상인가요?

1. 시민정신과 선비정신

한류는 많은 문화 코드를 새로이 양산하고 있다. 그중에서 가장 인상적이며 결정적인 것은 다름 아닌 여성, 청소년, 제3세계, 그리고 음악과 드라마라는 대중문화예술이다. 이와 관련하여 필자에게는 하나의 추억이 있다. 세계 주요 도시의 대형서점에 가면 언제나 필자를 곤혹스럽게 하는 것이 있는데, 그것은 다름 아닌 그들의 서가 분류 방식이다. 대체 왜 그들은 여성과 청소년과 제3세계를 하나로 묶어 한 서가에 그것들을 전시할까? 그 공통점이 무엇일까? 일본의 대형서점에는 그 서가에 한 가지가 더 있다. 그것은 눈치 빠른 독자라면 바로 알 것이다. 한국, 아니 조선 관련 서적 코너이다. 그곳에는 '재일 조선인' 문제, '조선반도 통일 문제' 등의 제목을 가진 수백 가지 책이 진열되어 있다. 서점 직원에게 그 이유를 물으면 "잘 모르겠다"는 대답이다. 그냥 옛날부터 그렇게 해 왔다는 것이다.

이쯤 되면 알 수 있을 것이다. 무엇인가 그것들은 다소 소외되고 문제시되고 주류에서 멀어진 존재들이며, 골치 아픈 문제들인 것이다. 여성과 청소년, 그리고 제3세계 문제는 워낙 뿌리 깊은 역사성을 갖는 이슈라 하더라도, 대중음악과 드라마는 몇 가지 언급이 필요할 것 같다. 우리나라에서 대중음악과 드라마는 그동안 바로 삼류를 의미했었다. 가수 조용필의 옛날 인터뷰를 보면 학창시절 몰래 기타 연습하다가 아버지에게 죽도록 얻어맞았다는 답변을 웃음으로 얘기한 것이 불과 몇 년 전이었다. 얼마 전까지 대중스타들에 대한 천편일률적인 인터뷰 내용은 예외 없이 "부모님의 반대는 없었나?", "집안의 다른 형제들은 다 공부 잘하는 박사나 교수인데 자신만 '이 짓'을 한다"는 것이었다.

2005년 9월 외교안보연구원에서 신임 외교관들을 대상으로 한류 특강을 한 적이 있었다. 강의 중에 〈겨울연가〉나 〈대장금〉을 본 적이 있는지를 물으니, 그들 대부분은 너무도 '자랑스럽게' 안 보았다고 힘차게 손을 드는 것이었다. 정말 질문하자마자 힘차게였다. 그래서 필자는 바로 "잘~한다, 자랑이다!"라고 면박을 주었다. 그들은 그날 강단에서 말한 것처럼 바로 '시민정신'이 아닌 '선비정신'으로 그렇게 답변한 것이다. 그들의 마음속에는 근대적인 시민정신과 과거의 선비정신이 맞붙었는데 과거의 양반문화인 선비정신이 이긴 것이다. 이는 '한국학'은 되지만 '한류학'은 어렵다고 하는 것과 같은 맥락이다. 클래식은 되지만 대중음악은 안 되는 것이다.

드라마나 대중음악은 점잖은 사람들은 보지 않았던 것이다. 아니, 그래야 하는 것으로 알고 있었던 것이다. 이러한 현상은 비단 이들만이 보이는 것이 아니다. 이 땅의 고위 공무원, 의사, 판검사, 교육자 등이 보이는 동일한 현상이다. 그들은 누구인가? 일반인들이 보기에 그들은 아직도 구시대의 전형적인 인물들이다. 그들의 가치관은 아직도 펄펄 살아 움직이고 있다. 근엄하고 중후장대(重厚長大)한 선비정신, 그러나 그 옛날 우리 조상들이 가졌던 왕 앞에서도 목에 칼이 들어와도 할 말을 하는, "아니 되옵니다"라고 외쳤던 진정한 선비정신이 아니라 그 겉모습만 가지고 있는 것인지 모르겠다. 이제는 중후장대가 아니다. 단소경박(短小輕薄)해야 한다. 공룡의 시대는 갔다. 작고 우스워 보이는 작은 동물만이 살아남는다. 다람쥐나 개미 같은 동물만이 살아갈 수 있다.

필자가 세계일보와의 인터뷰에서 언급하였듯이 한류는 광복 60년의 최대 걸작이며, 이는 소위 딴따라들이 이 세상에 대해 통쾌한 복수를 하는 것이다. '복수'다. 그동안 부모조차 인정하지 않고 우습게 보던, 천대받던 딴따라들의 대반격인 것이다. 바로 그들이 일을 냈다. 아무도 눈여겨보지 않았던 곳에서 아무도 눈치 채지 못하게 그들은 일을 꾸몄고 일을 치렀다. 이를 멋있게 표현하면 "대중문화예술가들의 기획되지 않은 성공"이 되는 것이다.

 동시에 탈근대와 탈식민주의의 현장을 새로이 만들어 내고 있었던 것이다. 점잖은 양복이나 겉모양보다는 찢어진 청바지와 건들거리는 모습으로 자신들이 좋아하는 일을 선택하여 하고 있었다. 주위의 눈치 같은 것은 아예 보지도 않는다. 그들이 어른들은 생각지도 못했던 일을 해치우고 있는 것이다. 기성세대의 의식 속에 식민시대의 잔재가 뿌리 깊이 박힌 척박한 터전 위에서 새롭게 태어나고 있는 이 시대의 젊은이들은 부지불식간에 새로운 문명을 창조해 나가고 있다.

 이는 도무지 전쟁이 무언지, 식민지가 무언지 전혀 인식하지 못하는 새로운 세대의 젊은이들이 "뭐라고? 일본애들이 우리를 먹었었다고?" 하는 인식 부재와 인식 파괴의 기본 위에 세워진 부작위의 작위인 것이다. 다시 말해서, 하지 않음으로써 하는 사실 부재의 부조리적인 새로운 낭만을 창출하는 신낭만주의의 탄생의 순간을 우리는 지금 지켜보고 있는 것이다.

2. 신낭만주의의 탄생

―저급한 것에 숭고한 의미를, 일상적인 것에 비밀스런 외양을, 잘 알려진 것에 잘 알려지지 않은 것의 품위를

낭만주의는 이사야 벌린(Isaiah Berlin)에 따르면, 서구 세계의 삶과 사고를 근본적으로 바꾼 가장 광범위한 근대 운동이었다.[19] 낭만주의는 인류사에 있어서의 관용과 이해를 낳았다고 평가되고 있다. 뿐만 아니라 서구인들의 의식에 일어난 변화로는 가장 거대할 뿐 아니라, 19세기와 20세기에 일어난 다른 변화들은 이 운동에 깊이 영향을 받은 것이다.

서구에서는 플라톤 이후 르네상스를 거쳐 18세기 중반까지 절대적 진리에 대한 믿음이 흔들리지 않았다. 인간은 이성과 신앙을 통해 이런 절대적 진리에 도달할 수 있다는 확신이 있었다. 하지만 19세기 중반부터 마음가짐이나 동기가 결과보다 훨씬 중요하고, 의도가 그 효과보다 더 중요하다는 관점이 나타난다. 마음의 순수함과 고결함, 헌신 등이 더 높이 평가받게 된 것이다. 그것이 바로 낭만주의였다.

낭만주의가 발생한 역사적 조건은 산업혁명과 프랑스대혁명에서 그 전형적인 양상을 찾아볼 수 있다. 산업혁명은 발달한 과학기술을 생산에 이용하여 대량생산을 함으로써 자본주의 사회의 성립을 가능케 한 바 있다. 당시 초기 자본주의 사회는 갑작스러운 생활의 편의, 합리화와 도시적 삶을 특징으로 하는 것으로서 전통적인 삶의 형태를 근본적으로

---

[19] 이사야 벌린(Berlin, Isaiah)(2005), 『낭만주의의 뿌리 The Roots of Romanticism』, 강유원·나현영 옮김, 서울: 이제이북스, pp. 39~77.

해체하는 요인이 되기도 하였다. 한편 프랑스혁명은 구시대의 사회체제를 민주적인 체제로 재구성하고자 하는 격렬한 움직임이었으며 유럽 사회의 진보를 촉진하는 계기가 되었다. 그러나 과격한 진보적인 혁명의 진전 과정에서 여러 가지 부정적인 측면이 노출되기도 하고 예측하지 않은 방향으로 전개되는 양상이 나타나면서 이에 대한 환멸이 낭만주의를 촉진하기도 했다. 즉, 합리화되어 가는 사회, 도식적인 생활, 부르주아적인 생태 등이 종합적으로 작용하여 낭만주의의 배경을 형성했다.

결국 낭만주의란 넓게는 18세기 후반부터 19세기 전체에 걸쳐 서구에 나타난 문예사조를 총칭하며, 좁은 의미로는 18세기 말부터 19세기 초 사이에 고전주의에 대한 반동으로 일어난 주관적·개성적·공상적·상징적·신비적·초자연적 특성을 보이는 문학예술운동을 가리키는 개념인 것이다. 독일의 질풍노도운동에서 시발점을 찾는다. 낭만주의운동이 최초로 일어난 18세기 후반의 독일에서는 전쟁으로 인해 유럽의 2등국으로 전락한 굴욕감과 선진국 프랑스 계몽주의에 대한 반발이 영원불변의 진리와 체제에 대한 부정으로 연결되었다.

낭만주의는 끊임없이 세계를 창조하고 변화시키는 힘으로써 인간의 의지를 우선시한다. 개인의 불굴의 의지를 강조한 낭만주의는 의지 주체를 국가와 민족으로 넓히면서 피히테의 민족주의나 나치즘처럼 극단적으로 왜곡된 형태를 낳기도 했다. 하지만 이런 불행한 역사를 통해 타인의 이상을 인정하지 않으면, 자신의 이상도 인정받을 수 없음을 배우게 된다.

낭만주의가 삶의 불완전함과 타인에 대한 관용의 필요성을 인정함으로써 서로 다른 민족과 종교가 함께 더불어 공존할 수 있는 길을 열었다는 점은 의견이 일치하고 있다. 21세기에 들어선 이후에도 각종의 전쟁과 인종 청소가 여전히 이슈로 떠오르는 야만의 시대에 관용과 이해의 정신을 제시한 낭만주의는 더없이 소중한 자산인 것이다.

이를 독일 낭만주의의 주체의 해체라는 관점에서 해석한 의견을 보면 다음과 같다.[20]

> 현대(혹은 근대)의 시작은 신적인 질서로부터 인간이 해방되는 소위 계몽주의와 함께 한다. 그러나 인간과 세계, 자아와 대상, 주체와 객체를 하나로 묶어 주었던 신적인 질서로부터 벗어나려는 순간부터 인간은 난처한 상황에 처하게 되는데, 그것은 주체와 객체, 자신과 대상을 하나로 묶어 줄 수 있는 '근원/토대'를 어떻게 정립해야 하는가 하는 물음과 관련하여 인간은 '자기 자신'이라고 답변하지만 이에 대한 확실하고도 타당성 있는 논증을 제시할 수 없었기 때문이다. 물론 칸트 이전에 "나는 생각한다, 그러므로 나는 존재한다"는 명제를 통해 데카르트가 '사유하는 인간'의 존재 근거를 확립하려 했지만, 그러나 데카르트의 경우 그 사유하는 인간은 여전히 신적인 질서에 의해 보호받고 있었다. 초기 낭만주의의 성찰 개념을 '자아로부터 자유로운 사유(ichfreies Denken)'로 파악해 냄으로써 벤야민은 객체로서의 대상을 자기중심적으로 점유하는 절대적 자아의 맥락에서 벗어나 예술의 무한한 자기 전개라는 맥락에서 초기 낭만주의의 문학적 의도를 읽어 낸 바 있다.

나아가 논자는 소위 당시 독일의 구체적인 '낭만화 프로그램'에 대하여도 다음과 같이 언급하고 있다.

---

20 최문규(2002), "독일 초기 낭만주의와 주체의 해체", 「독일언어문학」, 14, pp. 253~287.

패러독스로서의 대립은 노발리스의 '낭만화(Romantisierung) 프로그램'에서도 구체화된다. "세계는 낭만화되어야만 한다. 그럼으로써 우리는 근원적인 의미를 다시 발견하게 된다. 낭만화란 질적인 강화 이외에 다름 아니다. 이러한 작동 속에서는 저급한 자아가 더 나은 자아와 동일시된다. 우리 자신이 그와 같은 질적인 잠재력의 연속이듯이. 그러한 작동은 아직도 알려지지 않고 있다. 내가 저급한 것에 숭고한 의미를, 일상적인 것에 비밀스런 외양을, 잘 알려진 것에 잘 알려지지 않은 것의 품위를, 유한한 것에 무한한 가상을 부여함으로써 나는 그것을 낭만화하게 된다."[21]

이를 전체적으로 다시 말하자면, 독일 낭만주의의 출현은 이제까지의 유럽 선진국의 철학적 배경이 되어 온 계몽주의와 인간이성에 대한 하나의 도전이었으며 반란이었다. 그런 의미에서 필자는 노발리스의 다음과 같은 말을 중시한다. "내가 저급한 것에 숭고한 의미를, 일상적인 것에 비밀스런 외양을, 잘 알려진 것에 잘 알려지지 않은 것의 품위를, 유한한 것에 무한한 가상을 부여함으로써 나는 그것을 낭만화하게 된다"라는 관점은 낭만주의의 가장 핵심적인 키워드라고 생각된다.

지금 21세기는 격동의 와중에 있으며, 그중에서도 가장 변화의 속도가 빠른 한국은 낭만주의가 성숙되는 최적의 조건을 구비하고 있다. 모

---

21 N, II, S. 545: "Die Welt muβ romantisirt werden. So findet man den ursprunglichen Sinn wieder. Romantisiren ist nichts, als eine qualitative Potenzirung. Das niedre Selbst wird mit einem besseren Selbst in dieser Operation identificirt. So wie wir selbst eine solche qualitative Potenzenreihe sind. Diese Operation ist noch ganz unbekannt. Indem ich dem Gemeinen einen hohen Sinn, dem Gewohlichen ein geheimniβ volles Ansehn, dem Bekannten die Wurde des Unbekannten, dem Endlichen einen unendlichen Schein gebe so romantisire ich es."

든 사회적 조건이 그러하다. 후기산업사회의 선두주자로서 가장 빠른 시간에 산업화를 이루어 냈고, 시민사회의 자아 획득의 실현을 통한 전 국민의 참여로 식민시대에서 벗어나 정치적 안정과 민주화를 가장 모범적으로 수립했다. 식민시대의 잔재는 아직도 무의식적으로 남아 있긴 하지만 한국민들은 그 정치적 안정과 산업화의 기반 위에서 그동안 내적으로만 잠재되어 있던 문화예술의 꽃을 피워 내고 있다.

언제부터인가 한국은 클래식 음악이 성황리에 공연되고 있어 각국의 오케스트라나 지휘자들이 방문하고 싶어하는 우선순위의 나라가 되었고, 연극이 가장 활성화되고 그 관객 또한 가장 많은 나라가 되었다. 또한 국제 세미나에 가 보면 전통음악(국악)이 한국처럼 국가와 개인에 의해서 지원되고 애호되는 나라가 없다는 것이 중론이다. 이러한 현상은 한국민들에게 생래적으로 내재되어 있는 문화예술의 소양도 물론 작용하지만, 보다 근본적으로는 식민시대의 오랜 질곡과 해방 이후의 정치적·사회적 대변혁, 그리고 해방 전후사의 인식 과정에서 민중의 폭발하는 감성적 에너지, 열등감과 우월감이 교차하는 민족주의적인 사회 분위기 등이 만들어 내는 질풍노도의 사회 조성이 있었기 때문이라고 생각한다. 실로 21세기의 새로운 낭만주의는 한국에서 비롯되고 있었던 것이다. 선진사회였던 미국과 일본과 유럽사회의 지난 50년간과 우리의 50년은 비교할 수 없을 만큼 커다란 변혁의 속도차가 있었던 것이다.

3. 한류는 21세기 신낭만주의의 산물
　　—과도한 격정과 부족한 이성의 시대를 넘어서

　최근 우리 사회에서는 특히 젊은이들 사이에 신화적 이야기나 판타지 문학, 기타 영상문화들이 이제까지의 전통적인 문화예술이나 그 형식에 대신하여 광범위하게 번져 나가 이제는 주류를 차지할 정도로 거대한 현상이 되고 있다. 이는 아날로그 시대의 산업사회의 특징인 인간 이성에 바탕한 합리주의, 위계의식, 객관주의, 대량생산과 대량소비에 의한 몰감성의 비인간화에 대한 회의이며, 말끔한 신사복보다는 찢어진 청바지를 선호하는 규격 파괴의 대변화를 추구하는 정신인 것이다. 이는 현실도피나 일탈로 해석하기보다는 현실과 세계에 대한 새로운 인식과 지평의 확대를 추구하는 것으로 이해하는 것이 보다 정당하다고 본다.
　오늘날 인간의 감성과 상상력은 문화예술은 물론이고 과학과 경영에 이르기까지 그 영향력을 미치고 있음은 주지의 사실이다. 그러나 현실 세계에서 현대문명의 모든 성공은 합리적 이성주의만이 그 원인을 제공한 것으로 인정되고 있으며, 신화나 상상력은 비현실적이며 심지어 불합리한 것으로 간주되고 있는 것이다. 실로 이제야말로 우리의 무한대의 상상력을 북돋우는 신화나 판타지에 대한 새로운 주목과 이해를 통하여 인간 본연의 감성과 상상력을 확대하여 새로운 문명을 창조해 나가야 할 것이다.
　새로운 문명의 창조를 말함에 있어서 우리는 우리 시대의 새로운 풍속도가 되고 있는, 기성세대는 도저히 따라잡을 수 없으며 흉내조차 낼 수 없는 젊은이들의 놀이문화를 말하지 않을 수 없다.

> 골목을 질주하는 아이들이 사라져 가고 있다. 놀이터에서 뛰놀던 아이들의 해맑은 함성도 이제는 더 이상 들리지 않는다. 잃어버린 유년의 풍경들 대신 중세의 폐허화된 골짜기에서 공주를 납치한 괴물들과 싸우거나, 우주선을 타고 파괴된 화성기지를 떠나 안드로메다로 향하는 시뮬라크르의 풍경들. 어쩌면 요즘의 어린이들은 먼 훗날 그 풍경들을 자신의 유년의 풍경으로 기억할 터인데, 이처럼 어린이들의 만화나 애니메이션, 그리고 컴퓨터의 머드게임(MUD game, multi-user dungeon game)이나 롤플레잉 게임에서나 차용되던 신화나 환상의 모티프들, 즉 비현실적이거나 가상현실적인 요소들이 이제는 그것을 금기하고 경원시하던 보수적인 문자매체의 정체성까지 위협하는 지경에 이르렀다.[22]

최근 신화나 판타지에서 문화 콘텐츠 원형을 추구하는 많은 학자들의 논의는 왜 요즈음의 청소년들이 이처럼 비현실적인 신화와 판타지에 몰두하는지에 관심을 기울인다. 미디어이론가인 빌렘 플루서(Vilem Flusser)는 인류가 이미지의 시대에서 텍스트의 시대로, 그리고 이제는 제2차 이미지의 시대로 넘어왔다고 말한다. 이 2차 이미지를 그는 '기술적 형상'이라 부른다. 기술적 형상은 세계의 그림이 아니라 관념의 그림이라 한다. 복제영상에 익숙한 요즘 세대들은 문자적 사유가 아니라 새로운 형상적 사유, 이미지 사유를 한다.

헤럴드 이니스(Harold A. Innis)나 마샬 맥루한(Marshall McLuhan)과

---

22 최현주(2003), 『해체와 역설의 시학』, 서울: 새미.

같은 서구의 미디어학자들은 이미 1950~60년대에 전자매체가 활자매체 시대의 끝을 가져왔다고 단언했다. 즉, 구텐베르크 이후 2차 구술성의 시대가 열리고 있다고 본 것이다. 당시 구텐베르크의 획기적인 인쇄기술을 통해 아무도 예상치 않게 지식이 특권계층의 손에서 민중으로 확산됨으로써 정치와 종교 권력이 약해지고 민중 중심의 근대국가가 형성되었다. 미술에서조차 이전까지는 누드화나 성모마리아 같은 그림의 대상일 뿐이었던 여성이, 르누아르의 '책 읽는 여인'에서는 책을 읽는 모습으로 나타나게 된 것이다.

이러한 과정을 겪은 구술문화는 권력자의 독백이 아닌 서민대중의 대화의 문화이며, 식자층의 글쓰기가 아닌 민중의 말하기 문화로까지 진화된 것이다. 이런 상황이 계속되면 신문과 문학계에서 제기하는 "글쓰기는 계속될 것인가?"라는 본원적인 질문이 제기되는 것이다. 이 문제와 관련해서 우리 시대의 장로들은 다음과 같이 걱정한다.

> 지금 우리 청소년 문화를 휩쓸고 있는 게임, 디지털 영상기기, 컴퓨터, 인터넷 같은 것으로 숙고의 능력과 똑똑한 판단력을 가진 시민, 윤리적 감성의 인간, 접촉과 이해와 연결의 능력이 뛰어난 '사람'을 길러낼 수 있을까? "꿈 깨라"다. 우리 사회는 지금 10년째 디지털 시대의 '환몽'에 잠겨 디지털이 모든 것을 대체할 수 있다는 환상에서 깨어나지 못하고 있다. 디지털과 컴퓨터의 기술적 산업적 유용성은 물론 탁월하다. 그러나 적어도 자라는 세대의 인간적 능력과 시민적 능력 형성에 관한 한 디지털 문화는 극히 위험하고 파괴적이다. 미국 쪽 연구에 따르면 컴퓨터는 깊은 학습의 능력과는 관계없다는 결론들이 나오고 있다. 컴퓨터를 거의 쓰지 않은 학생들이 컴퓨터에 노상 매달려 사는 학생들보다 학습

능력과 성적이 훨씬 더 뛰어나다는 것이다.[23]

그러나 어찌하랴? 이런 현상은 지금 전 세계적인 현상이며, 우리만 그런 것이 아니다. 독서 강국으로 알려진 다른 나라들의 경우에도 독서 인구의 감소 경향은 뚜렷하다. 문제는 이 문제를 어떻게 이해하고 분석하는가이다. 우리나라의 네티즌은 앞에서도 살펴본 바와 같이 다른 나라의 젊은이들보다도 이 시대를 한발 앞서가고 있으며, 그 중세는 더욱 심하다. 여기서 파생되는 문제와 장점은 한류에 대한 그것과 매우 유사하다.

그러나 그리 걱정할 필요는 없다고 본다. 왜냐하면 그들의 감성은 이미 새로운 긍정적인 디지털 문화를 창조하고 있으며, 그 문화는 새로운 문명의 탄생과 함께 자유분방하게 움직여 가고 있으니까. 그리고 그 자유로움은 우리가 전혀 예상하지도 못한 한류를 탄생시켰으니까. 나아가 지난날 한 원로 과학자의 논문 문제에서도 우리의 젊은 과학자들이 익명의 인터넷을 통하여 끊임없이 의문을 제기하지 않았던가.

젊은이들에게는 모든 것이 영상화되고 몽타주가 되었다. 영상이 잘못되면 보기 싫은 정도가 더욱 커진다. 하나의 영상, 하나의 가치가 통용되는 시대는 지나갔다. 잘못된 것은 즉시 시정되어야 하는 것이다. 누구의 눈치 같은 것은 볼 필요가 없다. 그렇기 때문에 그들은 리모콘을 돌려 가며 동시에 여러 개의 프로그램을 보곤 한다. 그들의 컴퓨터에는 여러 개의 창이 열려 있어, 동시다발적으로 숙제를 하고 인터넷 서핑을 하고 메신저로 쪽지를 주고받으며 음악을 듣고 컴퓨터게임을 즐기는 일

---

[23] 도정일, "메마른 디지털 시대 책이 '감성의 가습기'", 중앙일보, 2006년 1월 7일자.

을 거의 동시에 한다. 그들의 자유분방함과 산만함은 멀티 개념으로 바뀌어, 넘쳐나는 정보의 홍수를 요리하고 스스로에 맞도록 조정한다.

문화비평가 진중권은 다음과 같이 말하기까지 한다. "개인을 가리키는 indivisual이라는 영어 단어는 원래 나눌 수 없는 존재라는 뜻이다. 한마디로 정신은 여러 개의 조각으로 나눠질 수 없다는 것이다. 하지만 신세대들의 정신은 컴퓨터에 열린 여러 개의 창처럼, 동시에 여러 개의 일을 하는 데에 익숙하다. 그런 의미에서 그들은 더 이상 indivisual이 아니라 divisual이라 할 수 있다. 이것은 육체와 정신의 진화 문제이다. 우리는 자연적 정신과 육체의 외연 속에 갇혀 있으나, 신세대는 이미 기계와 결합한 사이보그에 가깝다. 그들의 연산 능력은 프로세서에 있고, 그들의 기억 능력은 데이터베이스에 있다."[24] 신세대와 미디어의 결합이 어느 정도인지를 보여 주는 사례는 얼마든지 있다. 그들의 몸은 이미 기계와 일체가 되고 있다고 해도 과언이 아닌 것이다.

그렇기 때문에 문화비평가들은 이 시대를 신화와 환상의 시대라고 부르는 것이다. 신화와 판타지가 가지는 모티프들은 지금 문화예술 전 부문에 걸친 소재가 되고 있다. 단지 게임이나 애니메이션, 영화의 콘텐츠로만 존재하지 않고 그 장르적 경계를 뛰어넘어 연극과 뮤지컬과 같은 본격적인 예술의 소재가 되기도 하고 소설, 시 등의 소재나 표현 방식으로까지 광범위하게 차용되고 있기 때문이다. 신화와 환상이 우리 시대에 던져 주는 이러한 인식과 지평의 확대는 새로운 문화창조의 가능성을 제시해 준다. 신화나 환상이 단순한 현실도피나 놀이문화로서만 기능하는 것이 아니라, 그것이 가지고 있는 모티프와 원형들이 문화예

---

[24] 진중권, 중앙대학교 한류아카데미 한류최고전문가과정 특강, 2005년 9월 27일.

술의 새로운 콘텐츠나 창작 소스로 작용할 수 있을 것이기 때문이다.[25]

이를 다른 각도에서 살펴보면, 문명론적으로 접근이 가능한 이야기가 된다. 동양과 서양의 인식과 해체의 작업이 그것이다. 한국을 위시한 동양의 역사 인식과 그 반동에서 비롯하는 것인데, 에드워드 사이드(Edward W. Said)가 오래 전 『오리엔탈리즘』에서 분명하게 밝힌 바대로 '문명'과 '근대화'는 서양의 전유물이었고, '동양'은 그것을 빌리거나 '훔쳐 쓰는' 하위 주체로 존재해 왔다. '동양'의 근대사는 곧 '서양'의 언어로 스스로의 정체성을 세워 보려고 한 강박적 모방의 역사 과정이었다. 조한혜정 교수의 지적처럼 1980년대 이후 그런 질서가 변할 조짐이 보이고 있다. 본격적인 전지구화 시대의 지각 변동 속에서 '서양'은 자신들이 기획한 '근대'가 실패하고 있음을 느끼며 해체와 재구성을 꾀하는 '탈근대' 논의를 일으키고 있고, '동양'은 뒤늦게나마 그 '근대'의 '하부 주체'가 아닌 당당한 주체로서 참여하려는 '탈식민주의' 논의를 불러일으키고 있다.[26]

이는 아시아 국가 중에서 유독 한국과 중국에서 특히 그러한 작용과 반작용이 격심한 것으로 보인다. 중국은 우리와 비슷하지만 약간 뒤늦은 자각으로 더욱 절실하게 움직이고 있는 것 같다. 이를 중국 현대의 지성을 대표하는 리저허우(李澤厚)와 류짜이푸(劉再復)의 대화[27]에서 보면 여실하게 드러난다. 그들은 통곡하듯이 말한다. 지난 세기 중국의 모든 문제는 과도한 격정과 부족한 이성에서 비롯되었다고. 그러나 지

---

[25] 이정진, '동명왕편의 신화적 원형과 문화콘텐츠 가능성', 중앙대학교 세미나 "글로벌 문화원형 분류 및 창작소스 개발", 2005년 11월 25일.
[26] 조한혜정·황상민·김현미·이동후·이와부치 고이치·유럽문화정보센터(2003), 조한혜정, "글로벌 지각 변동의 징후로 읽는 '한류열풍'", 『한류와 아시아의 대중문화』, 서울: 연세대학교 출판부, p. 2.
[27] 리저허우·류짜이푸(李澤厚·劉再復)(2003), 『고별혁명』, 김태성 옮김, 서울: 북로드, pp. 22~35.

금은 오히려 이로 인하여 오늘의 중국은 지도자들이 정치의 방향을 왜곡된 이데올로기에 기초한 도식적인 계급투쟁에서 민중을 위한 구체적인 삶으로 돌림으로써 거의 1백 년간 집중적으로 지속된 갖가지 역사적 고통이 오히려 하나의 힘으로 작용하고, 이를 바탕으로 모든 분야에서 초고속 성장과 안정을 유지해 나가고 있다고.

한국은 어떠한가? 중국의 이야기는 남의 것이 아닌 것 같다. 오히려 이야기 중에서 '중국'을 '한국'으로 바꿔도 별로 다르지는 않을 것 같다. 다만 역사 발전 단계에서 우리는 이 단계를 약간 지나 이를 바탕으로 한 새로운 시대의 시대사조를 배경으로 또는 이를 만들어 나갔다. 그것이 새로운 낭만주의의 전제가 되는 대량생산과 자본주의의 발달로 인한 전통적인 '삶의 방식'의 대변혁을 불러일으켰던 것이 아닌가 생각한다. 이는 다시 우리가 과거에는 경험해 보지 못한 가진 자와 못 가진 자, 중앙과 지방, 지역 간의 커다란 격차를 불러일으키고 다른 한편으로는 남성과 여성 그리고 세대 간의 문제를 크게 부각시켰다. 이렇게 자본주의 발달 과정에서 나타난 여러 가지 부정적인 측면은 한편으로 자본주의 자체에 대한 염증과 환멸을 불러일으켜 금기시되었던 좌파 이데올로기를 근간으로 하는 새로운 문화사회운동이 일어나게 되었다. 또 한편으로는 이에 대한 반동으로 꿈, 이상, 환상의 세계에 몰입하고자 하는 사상이 나타난 것이다. 즉, 전 시대의 유럽 서구사회에서 근대화·도시화·자본의 축적으로 인한 부르주아 계급의 탄생이 초기 낭만주의를 불러들인 원인이었다고 본다면, 21세기의 우리의 경우는 식민시대의 통절한 경험과 상실감을 바탕으로, 20세기 아날로그 시대의 후발주자였지만 결국 최선두에 올라선 저력과 이에 더해 한국민들에게 선천적으로 내재된 역동성과 문화예술적 DNA로 인하여 새로운 낭만주의를 탄생시키고 있는 것이다.

한류의 탄생은 후기산업사회의 멋대가리 없는 합리적 사고방식과 규격화, 그리고 인간미 사라진 현실을 더 이상 참을 수 없다고 외치면서 나타난 사조이며, 동시에 전 세계에 던지는 한국 사회의 문화 발신, 혹은 도전장인 것이다. 이는 국가나 어느 공식적인 단체의 의도된 조직화된 것도 아니며 또한 혹자가 말하는 것처럼 문화제국주의의 모방은 더군다나 아니다. 수천 년 동안 쌓이고 쌓인 우리나라의 내재된 문화적 응축이, 지난 1970~80년대 개발의 시기의 정치적·경제적 성공을 배경으로 자연적으로 터져 나온 것일 뿐이다.

필자는 이러한 주제를 가지고 중앙대학교와 하와이대학 공동 주체로 열린 '한류 국제세미나'에서 발표를 했고, 언론은 이를 다음과 같이 보도했다.

〈대장금〉 열풍은 잠재한 한국 고유문화 표출

"2천년 동안 보이지 않던 한국의 우수한 '고유문화'가 21세기에 들어서면서 한국의 정치·경제적 안정을 기반으로 '보이는 문화'로 표출되어 현재 아시아 국가를 비롯해 라틴 아메리카, 유럽 등에서 한류 열풍을 일으키고 있다."
16일 하와이 한국일보에 따르면 강철근 중앙대학교 한류아카데미 원장은 지난 11일(현지시간) 하와이대 한국학센터에서 열린 〈대장금〉 열풍을 분석한 학술토론회에서 "조상들로부터 물려받은 고귀한 소프트웨어를 21세기 과학을 이용한 하드웨어에 접목시켜 오늘과 같은 현상이 일어났다"고 주장했다.

> 학술대회는 한국, 일본, 대만 등에서 초청된 교수와 〈대장금〉에서 중종으로 출연한 탤런트 임호 씨, 의상을 담당했던 디자이너가 참가했으며 〈대장금〉에 대한 다양한 학술적 해석들을 놓고 장장 9시간 동안 열띤 토론을 벌였다.
>
> 손호민 하와이대 한국학센터 소장은 "1965년 처음 하와이대학에 왔을 때만 해도 이곳 주민들은 한국이라는 나라에 대해 너무도 생소했다"며 "한류 열풍은 실로 놀라운 혁명"이라고 말했다.
>
> 일본의 유키에 히라타(平田由紀江) 박사는 "일본에서 큰 인기를 끌었던 〈겨울연가〉가 상영됐을 당시 주 시청자가 여성이었지만 〈대장금〉은 상당수의 남성들도 시청했던 것으로 밝혀졌다"며 "〈대장금〉이 일본에서 한국드라마 시청자들의 다양화를 가져왔다"고 평가했다.
>
> 그는 〈대장금〉의 인기비결에 대해 남녀노소가 즐겨 볼 수 있는 사극, 80년대 이후 불고 있는 요리 붐으로 인한 한국 궁중요리에 대한 궁금증, 영화 〈봄날은 간다〉 이후 생긴 이영애 팬, 사극이지만 여성의 성공을 주제로 하는 등 현대적인 내용을 많이 담고 있는 점을 꼽았다.
>
> —연합뉴스, 왕길환 기자, 2005년 11월 16일.

이렇게 한류는 이미 기존의 경계를 넘는 새로운 가치와 문화적 관계를 조성하고 있는 것이다. 다시 말해 한류는 우리가 가지고 있던 기존의 가치체계와 우리와 외국 간에 그동안 형성해 왔던 문화적 소통관계의 정석인 중심부와 주변부의 관계를 다시 새롭게 형성하고 있다는 말이다. 새로운 사조인 신낭만주의(Neo-Romanticism)를 그 근저에 이루어 놓으면서 한류는 계속 이어지고 있는 것이다.

제3장
한류의 형성과 우리 문화

1. 무형문화 시대의 도래와 한류의 형성

(1) 무형문화 시대의 도래

인류 문화유산의 개념이 유형에서 무형으로 넘어가고 있다. 유네스코에서도 1972년 10월 유네스코 세계문화 및 자연유산 보호협약이 체결되고 30년 만인 2003년 10월에 다시 유네스코 인류 무형문화유산 보호협약이 체결되었다.

1972년 세계문화 및 자연유산 보호협약의 대상이 된 유형문화유산은 고정적인 것이며 특정한 시간과 공간에 한정된 것이었으며, 동시에 "보편적이고 우수한 가치"를 지닌 문화유산이 보존의 대상이 되었다. 그렇기 때문에 유형문화유산은 서구 선진 자본주의의 전유물이 될 수밖에 없었다. 반면 무형문화유산이 주류를 이루는 아시아·아프리카·중남미 대륙의 문화를 위한 2003년의 무형문화유산 보호협약은 삶과 직결되어 있는 문화유산, 끝없이 변화하며 특정한 시간이나 공간에 한정되어 있지 않은 문화유산을 보호한다.

우리 시대에 드디어 무형문화유산의 시대가 도래한 것이다. 인류의 자연발생적인 새로운 자각과 새로운 시대로 향한 역사의식은 다양한 변화를 불러일으키고 있다. 유네스코의 대변화는 모두가 인식하는 바와 같이 이러한 변화를 제도적 장치로 뒷받침하고 있는 것이다.

"우리는 무형문화유산 속에서 인류의 미래의 상당 부분을 읽을 수 있다. 무형문화유산은 세상의 기억이며 인간사회의 의식이자, 우리의 말과 제스추어와 움직임의 본원지이다"[28]라고 말한 베자위(Mohamed

Bedjaoui) 씨는 2003년 무형문화유산 보호협약이 탄생하기까지 핵심적인 역할을 한 인물이다. 그를 위시한 이 시대의 문화인류학자, 법학자, 민속학자 등은 유네스코를 통하여 종래의 '비유형문화'라는 개념에서 '무형문화유산'이라는 새로운 개념을 창출하였다.

그래서 나온 것이 2003년 무형문화유산 보호협약인데, 협약 제2조는 "'무형문화유산'이라 함은 공동체, 집단 및 개인들이 그들의 문화유산의 일부분으로 인식하는 관습, 표출, 표현, 지식 및 기술뿐 아니라 이와 관련된 전달 도구, 사물, 공예품 및 문화 공간 모두를 의미한다. 세대를 통해 전해 오는 이 무형문화유산은 공동체와 집단이 그들의 환경, 자연, 역사와의 상호작용에 맞추어 끊임없이 재창조되었으며 이들에게 정체성 및 지속성을 제공하여 문화적 다양성과 인류의 창조성에 대한 존중을 증진시킨다. 동 협약의 목적상 무형문화유산과 관련되는 것은 공동체, 집단, 개인의 상호 존중에 대한 요구 및 지속 가능한 개발, 그리고 인류의 권리와 양립할 수 있어야 한다"라고 규정하고 있다.

밀레니엄의 시작과 함께 전 세계는 이념적 갈등이 심화되고 있으며 경제적, 정치적 긴장도 증폭되고 있다. 뿐만 아니라, 전 지구적 차원에서 세계화가 가속화되면서 인류의 미래에 대한 불안감 또한 커지는 중이다. 우리의 가치 기준과 뿌리, 전통이 흔들리고 있으며, 문화유산 또한 큰 위협을 받고 있는 것이다.

2004년 바글리(W. Bagley)는 "아프리카나 아시아, 라틴아메리카는 서구와는 전혀 다른 문화유산 및 문화적 정체성을 가지고 있으므로, 서

---

28 Mohamed Bedjaoui(2004), "The Convention for the Safeguarding of the Intangible Cultural Heritage; the Legal Framework and universally recognized Principles", *Museum International*, n221/222 UNESCO Paris, May.

구와는 다른 종류의 문제들을 안고 있을 것이며, 문제해결 방식도 다르다"는 것을 천명하였다. 그 배경에는 대부분의 서구의 문화유산은 외부로 나타나는 숱한 기념물과 건물, 과학적 성과물과 서적 등의 유형적인 것으로, 보호할 만한 무형문화유산이 별로 없기 때문이다. 그들이 형성해 온 대부분의 문화유산은 외부로 나타나는 숱한 기념물과 건물, 과학적 성과물과 서적 등의 유형적인 것이다. 반면 제3세계의 문화유산은 대부분 무형의 것이며, 오랫동안 전승되어 온 민속적인 것이다.

학문의 세계에서조차 이러한 논리를 배경으로 "엘리트 문화에 비해 민속문화는 뒤떨어지고 낡은 문화로 대접받았고, 사라져 가는 것이 당연하다고 생각해 왔다. 유형문화유산에 대해 무형문화유산도 상대적으로 그 중요성이 소홀하게 여겨졌다"[29]는 주장을 제기하고 있는 것이다.

유형문화유산과 자연유산의 경우, 1972년 세계문화 및 자연유산 보호협약이 채택된 이래 지난 30여 년간 효율적인 보존의 대상이 된 반면, 무형문화유산의 경우는 특별한 보호 없이 방치되어 온 것이 우리의 안타까운 현실이었다. 사실상 무형문화유산은 세계적으로 볼 때 서구 강대국의 논리에 의해 문화의 '천덕꾸러기'로 취급되어 왔다고 해도 과언이 아니다.

그러나 무형문화유산의 신비는 수많은 민족의 영혼을 매혹시켜 왔으며, 예술가들과 전문가, 학자들은 마침내 조상들로부터 물려받은 이 무형유산의 가치를 깨닫기에 이르렀다. 사실 유네스코에서 무형문화유산 보호협약을 채택하는 일은 간단한 일이 아니었으며, 그 정치경제적 파장이 너무도 막대하여 관광, 교육, 지적재산권 및 문화적 재산권과 관련

---

[29] 임돈희(2004), 서울세계박물관대회 기조강연, '인간문화재와 무형문화유산의 보존 : 경험과 문제점.'

해 기득권이나 기존의 이해관계와 충돌할 위험도 상당히 존재하였다. 아시아, 아프리카, 그리고 중남미 제국에서는 세계화의 여파를 지적했으며, 그것이 미칠 부정적인 면을 강조해 왔다. 그러나 거기에서 진일보하기보다는 현실에 안주하여 이렇다 할 만한 문화적이며 경제적인 성과를 별로 내지 못한 것 또한 사실이었다.

(2) 한류의 탄생

그런데, 아시아의 한국에서 정치적·경제적 성장과 함께, 그 에너지를 문화의 힘으로 결집시켜 새로운 문화를 탄생시킨 것이다. 우리가 이 자리에서 추구하는 문화 콘텐츠 개념 변화의 심층은 여기에서 출발한다. 20세기의 산업자본주의는 하드웨어를 중심으로 한 것이지만 21세기의 지식정보시대에는 눈에 보이지 않는 무형의 소프트웨어를 자본으로 삼는다. 디지털 기술의 발달로 문화의 새로운 개념을 창출하게 된 것이다. 디지털 기술의 특색은 상품의 본질적인 영역을 자유롭게 넘나드는 호환성이다. 영화, 음악, DVD(VCR), 애니메이션 등이 서로 넘나들고 가상세계와 현실의 벽도 무너졌다. 그에 비해 하드웨어는 자기 영역을 고수하며 쉽게 변하지 않는다. 이것이 소프트웨어 상품이 갖는 새로운 21세기의 경쟁력이다.

한류는 여기에서 출발한다. 무형의 시대가 가지는 시대적이며 역사적인 의미, 그리고 하드웨어가 아닌 소프트웨어가 갖는 21세기의 의미, 국가 문화정책이 주도하는 문화적 업적이 아닌 민간이 주도하고 의도하지 않은 결과가 이뤄 낸 무계획의 성과, 국경과 국민의 구분이 아닌 인류의식과 아시아 의식의 공감대 형성이 한류의 진정한 의미인 것이다.

우리에게 내재된 수많은 무의식과 전통들이 살아 숨쉬고 있는 것을 찾아내기 위하여 가장 '본질적인 것'의 모색을 무형문화의 세계 속에서 이어가야 할 것이다. 우리나라의 한글 창제를 위시한 현재의 정보통신(IT), 생명공학(BT), 그리고 대중문화예술과 엔터테인먼트 산업의 커다란 성과는 우리의 상상세계와 감동과 영적 메시지를 표상하는 무형문화유산의 전통 속에서만이 그 해답이 나올 수 있는 것이다. 한류는 무형문화유산의 시대적인 배경과 전통 속에서만이 그 해답이 나오는 이치와 같은 것이다.

사라져 버린, 그러나 여전히 숨쉬고 있는 문화의 맥락에서 새롭게 피어나는 한류의 줄기가 뻗어 나가는 힘의 원천을 찾을 수 있다. 사회의 기억과 의식을 찾아내고 새롭게 이어나가는 힘을 배양시켜 가야 한다. 그것은 대중문화의 정신에서 비롯하며, 우리 사회 전 분야에서 그 꽃이 피어나는 터전을 만들어야 한다. 눈부시게 발전한 뉴미디어와 막강한 커뮤니케이션 능력의 힘을 빌어, 우리는 이러한 질문들에 대한 해답을 찾을 수 있을 것이다. 잿더미에서 다시 태어나는 불사조처럼, 이미 사라지거나 훼손된 문화유산이라도 다양한 방법을 통하여 되살릴 수 있는 사회적인 장치를 복원하여야 한다.

한류는 20세기 말 갑작스러운 IMF체제 속에서, 지난 세월 동안 한국사회가 길러낸 새로운 세대에 의해서 이루어진 일대사건이다. 그것도 국내가 아닌 국외에서 우리의 감성과 콘텐츠를 아시아인들과 함께 공유하면서 아시아적인 감동을 일구어 낸 결과이다. 그 감동은 아시아에서 끝나지 않았다. 시간이 지남에 따라 일시적인 현상으로 멈추어질 줄만 알았던 것이 점차 세계적인 현상이 되어 가고 있었다.

우리 대중문화의 역사는 여러 차례 말한 것처럼 지난 세월 서구나 일본을 통하여 직간접으로 들어온 값싼 대중문화를 대책 없이 카피하고 소비하여 온 문화 수입국이었다. 뒤에 자세히 설명하는 것처럼 우리 문화 수출이 수입을 초과하는 사태가 벌어진 것은 극히 최근의 일이다. 그것은 말할 필요도 없이 한류로 인한 것이다. 다시 말해 우리는 한류를 통해서 사상 처음으로 문화 수출국이 되었던 것이다.

다른 한편으로 미국과 일본에 의해 독점되던 대중문화 영역에서 한국 문화상품이 새롭게 등장하여 무서운 기세로 세계시장을 장악해 들어가고 있는 상황은 그야말로 '국가 이미지의 브랜드화'를 실증하고 있다. 한류는 '한국'이라는 브랜드를 새롭게 구축하고, 한국의 국가 이미지를 고양하며, 새로운 탈식민지적 문화 질서를 구축해 내는 데 중요한 역할을 하고 있다.[30] 또한 경제적으로도 가요, 드라마, 영화 등 대중문화 수출로부터 촉발된 한류 열풍은 미래산업으로서의 문화 산업의 중요성과 문화를 통한 경제의 활성화라는 이미지 측면에서 크게 공헌할 것으로 보인다.

새로운 세상의 도래를 알리는 새로운 미사곡의 출현의 의미와 그 배경을 국가 문화정책의 새로운 변화와 함께 여기에서 살피고자 한다. 국가 문화정책은 그 뿌리부터 새롭게 전개되고 동원되어야 하며, 실제로 그렇게 움직이고 있는 듯이 보인다. 그 변화의 과정과 컨텐츠에 관한 정확한 분석이 선행되어야 할 것이다. 그래야만 한류에 대한 인식과 한류의 문제와 발전에 관한 정확한 진단을 내릴 수 있을 것이다.

---

[30] 김현미(2004), 「외교부 한류 보고서」.

2. 문화의 세기, 혹은 사이버 문명 세상의 출현

한편, 우리는 이제까지 전혀 경험해 보지 못했던 새로운 세상에 진입하고 있다. 혹자는 그것을 문화의 세기라 하고, 혹자는 사이버 문명의 세상이라 한다. 이것은 지나간 20세기를 이데올로기의 시대, 과학기술의 시대, 정치의 시대라고 한 것에 대한 말일 것이다.

문화의 세기라 할 때 우리에게 인식되는 것은 긴장과 대립보다는 상호 이해와 소통이며 인간성 풍부한 세상을 그리게 된다. 또한 사이버 문명의 세상은 광속도로 이어지는 시간과 공간에 대한 공유성을 그 특징으로 하며, 상품가치도 희소성의 원칙과 소유보다는 여러 사람에 의해 많이 사용되면 될수록 가치가 생기는 유통과 나눔의 미덕이 빛나는 진정한 공생의 세상이다.

사이버 공간에서는 희소성을 기반으로 하는 경제원리가 퇴색하고 있으며 오히려 지식, 이해, 표현, 소통 등의 인간 활동이 확장되고 있다는 사실을 확인할 수 있다. 하버마스(J. Harbermas)에 따르면 이러한 활동들은 시장이라는 체계가 아니라 생활 세계나 문화의 영역에 속하는 활동이다. 따라서 사이버 공간에서 시장은 문화적 활동이 확장되는 공간이라 할 수 있다.[31]

"21세기는 문화의 세기이다"라고 할 때 우리는 이제까지의 경제와 정치의 사회적 우선순위에 입각한 통념에서 벗어나, 문화가 사회발전의

---

[31] J. Harbermas(1971), *Theorie des kommunukativen Handelns*, 2Bde. Frankfurt am Main, p. 209.

원동력이 된다는 사회 공통의 합의를 선언한 것으로 볼 수 있다. 그러한 의미에서 오늘처럼 문화에 대한 정의가 새롭게 요구되는 때도 없을 것이다. 문화와 문명은 지식, 신앙, 예술, 도덕, 법률, 관습 등과 인간이 사회의 구성원으로서 획득한 모든 능력과 관습을 포괄하는 전체라고 접근하는 문화인류학적인 정의는 시간이 지날수록 새롭게 다가온다.

그렇기 때문에 문화를 사회 내부에서의 전형적인 생활양식, 가치관념, 행위 방식의 총체로 보고 이에 대한 정책 운영을 통하여 국가는 그 사회의 동질성을 확보한다고 생각한다. 동시에 문화는 그 특수성과 보편성으로 인하여 인류의 공통하는 정신 영역으로 작용하고 있다는 것은 재론의 여지가 없을 것이다.

문화가 인간의 정신적·창조적 활동의 영역으로서 교육, 학문, 예술, 종교 등에 관한 합의라면, 여기에는 일반시민의 생활양식으로서 또는 사회적 공동체에 적합한 현상으로서 그에 대한 수용과 참여가 이루어질 것이다. 그렇기 때문에 그와 관련된 기본권 보장의 문제는 시민의 자율적인 참여와 수용 속에서 국가의 문화정책이 전개되고 이에 따라 문화 각 분야에서의 시민의 기본권이 보장될 수 있는 것이다.

문화와 관련된 제반의 법률과 정책은 개방성을 요구하며, 문화는 사회가 정체성과 개성을 가지며, 그럼으로써 자유의 문화가 일어날 수 있는 조건이 된다. 문화에는 세계 해석, 의미 형성, 가치 정당화, 가치 전승, 가치 판단 등과 그것의 상징적 표현이 포함된다. 또한 문화에는 전통적으로 문화 영역에 속했던 생활 영역 외에도 사회의 관념적 재생산 기능도 포함될 수 있다고 하여 문화의 개방성과 다원성을 확인할 수 있다. 결국 우리의 문화적 특수성과 세계적 보편성을 동시에 획득할 수 있는 방향을 모색해야 한다.

문화의 본질이 자유·다양성·개방성·자발성·개성이라면, 문화국가는 사회 내에서 문화가 제대로 생성·발전될 수 있도록 문화적 자율성을 보장, 문화 발전의 터전을 마련하는 일을 우선적으로 하여야 할 것이다.

이를 위하여, 문화에 대한 수요는 극히 주관적이고 개성적이기 때문에 국가 문화정책을 구현하기 위한 몇 가지 기본 원칙이 있어야 할 것이다. 그 원칙으로서는 첫째, 수요의 원리로서 문화정책은 국민의 문화에 대한 기본 수요를 충족시킬 수 있어야 한다. 둘째, 평등의 원리는 문화 향수권을 평등하게 보장하는 것이다.[32]

셋째, 개성과 창조의 원리로서 문화정책은 다양한 문화가 각각 그 특성에 맞추어 발전되며 개인도 그에 따라 창의성이 발휘될 수 있도록 하는 것이다. 넷째, 문화정책은 국민들이 각각 자유롭게 원하는 수요를 원하는 방법으로 충족할 수 있도록 하여야 한다. 나아가 문화의 공정한 분배는 어떠한 것인가를 생각해 볼 때, 그것은 일단 시민의 문화 참여와 문화의 지방화, 그리고 문화의 생활화를 고려해 볼 수 있을 것이다. 이는 결국 문화민주주의의 문제로 귀착되며, 문화적 자유와 권리의 보장의 문제가 된다.[33]

문화정책의 구현에 가장 앞서 있는 프랑스의 사회당 정부는 문화정책의 우선순위로, 첫째 예술 창작 진흥과 문화의 지방화, 둘째 문화유산의 보존과 확대, 셋째 주요 문화 건설 프로젝트의 추진과 개발 순으로 정립했다. 이는 창작에 있어서 전통적 엘리트 문화를 위시해 일상생활과 관련되는 모든 미적 표현 형태를 복원하고 진흥시킨다는 목표의 수립과 추진이며, 모든 국민들의 문화 향수권을 보장하는 것을 의미한다.

---

32 한국정신문화연구원(1993), 『공공정책과 사회정의』, 서울 : 한국정신문화연구원, pp. 240~241.
33 강철근, 앞의 책, pp. 17~25.

3. 한류는 무엇인가?

(1) 한류의 정의

'한류(韓流, Hallyu, the Korean Wave)'란 중국, 일본, 대만, 필리핀, 베트남 등 아시아 현지인들이 한국의 가요, TV드라마, 영화 등 대중문화에 대한 관심과 선호가 증가하는 사회문화적인 현상이다. 그러나 이제는 단순한 대중문화의 선호 단계를 넘어 한국의 음식, 패션, 스포츠 등 한국인의 생활양식 전반의 선호로 확대되고 있다.

한류는 한국 대중문화 '열풍', '바람' 또는 '붐(boom)'이란 의미로 이 말이 처음 어떻게 쓰였는지에 대해서는 의견이 분분하나, '한풍(韓風)이 지나간 후'라는 사설을 게재한 인민일보[34]에서 한풍이 한류로도 불린다고 한 것과 1999년 문화관광부가 홍보용으로 기획, 제작해서 한국공관을 통해 배포한 한국가요 음반의 제목에서 유래되었다는 설이 가장 유력하다. 원래 이 말은 '한국 가요의 스타일'이란 뜻을 전하고자 해서 '한류'라 붙여진 것이었는데, 후에 중국에서 한국의 H.O.T 같은 가수들이 갑작스런 인기를 얻게 되면서, 중국 신문이 '한류'가 중국을 강타했다'는 기사를 냈으며, 한국 언론이 이를 차용해서 사용하기 시작했다고 한다.[35]

그러나 한류의 진원지라고 알려진 대만에서 처음 이 용어가 사용된 것은 한국드라마 및 음악을 대대적으로 홍보하기 위해 쓴 '여름날에 강

---

[34] 인민일보, 2001년 11월 4일자.
[35] 윤태진(2002). "중국의 한류현상에 대한 한국 미디어의 보도경향 연구", 「한국 방송의 아시아에서의 수용(I): 당대 한국문화와 중국」, 한국방송학회 국제학술세미나 자료집.

추위가 몰려왔다'라는 의미의 '하일한류(夏日寒流)'에서였다. 그만큼 신선한 충격으로 다가온다는 것을 강조하기 위해 쓰였던 말이었는지, 여름날의 한풍은 그리 좋은 의미는 아니라고 하는 해석이 맞는지는 모르나, 어쨌거나 여름이 지나서 '하일(夏日)'을 빼고 한류만 쓰게 된 것이 현재의 '한류(韓流)'라는 말이 되었다고도 한다.[36]

참고로 부언하면, 과거 일본 대중문화나 상품이 중국인들 사이에 유행할 때 사용하던 하러(哈日)라는 말이 있는데, 이는 '일사병에 걸렸다'는 뜻으로도 쓰이며, 외국의 문물에 대한 중국인들의 이중적인 용어의 일종이다.

그 기원이 어떠하든 간에 이 말이 대중적으로 널리 확산된 것은 물론 한국 언론을 통해서이고, 이 말은 다른 나라에서 쓰여질 때의 의미는 다소 상반된 것이긴 하지만 일단 한국에서는 대중들의 취향에 맞아떨어지는 기분 나쁘지 않은 어감을 가지는 말이다. 그러나 한류는 초기의 우려와는 달리 시간이 흘러갈수록 매우 긍정적으로 확산되어 가고 있으며, 이제는 아시아권뿐만 아니라 중남미권과 유럽, 심지어는 중동권에까지 그 영역을 넓혀 가는 중이다.

이제 한류의 가장 중요한 의미는 한류가 아시아인들에게 처음으로 아시아적 가치와 감성을 공유케 하였으며, 그렇기 때문에 이제 한류는 아시아인들에게 일상의 문화로 정착되어 가고 있다는 사실이다.

그렇기 때문에 한류는 한국적 요소와 세계적 요소가 결합된, 한국의 대중문화에서 시작된 한국문화 전반의 세계화라고 정의할 수 있다.

---

[36] 김현미(2003), "대만 속의 한국대중문화", 『한류와 아시아의 대중문화』, 서울: 연세대학교 출판부.

(2) 한류의 의미와 배경

우리 사회에 어느 때부터인가 '한류'라는 말이 일상적으로 쓰이고, 이 말은 점차 그 자생적인 힘을 가지고 살아 움직이고 있다. 한류는 이제 보통명사이자 고유명사화 하여, 보통명사일 때는 우리 사회의 전체 문제로서 당초에는 대중문화에서 비롯되었지만 이제는 우리 문화 일반과 나아가서는 한류경영에 이르는 광범위한 우리 문화체계에 대한 포괄적인 접근과 열광을 지칭한다.

또한 고유명사일 때는 세계화 속에서 우리 문화의 정체성을 든든히 지켜 가는 상징으로 사용되기 때문에, 한류 문제는 어느 한 계층만의 전유물도 아니며, 이제는 한류 현상에 대한 일차적이고 일회성의 분석과 천착보다는 한류 현상의 근본을 추구해야 할 때인 것이다. 다시 말해서 시대와 장소를 넘어서는 누구나가 인정할 수 있는 보편적이며 근본적인 한류정신을 추구하고 모색해야 할 시점이다.

한류를 한국발(發) 대중문화예술의 국제적인 문화 흐름이란 관점에서 바라볼 때, 한류는 지난 세기의 서구 또는 일본의 문화적 독점 영역에 새로운 바람을 일으킨 아시아적인 대중문화상품이다. 미국의 할리우드 영화와 팝 음악이나 일본 가요와 드라마 등의 대중문화가 그 주류를 이루어 왔던 아시아 지역에서, 한국의 드라마와 가요를 중심으로 하는 대중문화예술이 점점 그 영역을 확장하여 이제는 한류패션, 음식, 애니메이션, 나아가 한류경영에 이르기까지 한국의 모든 것에 대한 애호와 열광으로 이어지고 있음은 경이로운 것이다.

한류의 의미는 우선 종래에는 없었던, 즉 서구의 모든 문화가 아시아로 일방적으로 흘러 들어온 역사적 상황에 대하여, 처음으로 아시아 국가들끼리의 적극적인 대중문화 교류라는 새로운 흐름을 만드는 데 주도적인 역할을 하고 있다는 데 있다. 최근 서구의 학자들이나 국제적인 언론도 미국이나 일본의 대중문화에 의해 주도되어 왔던 아시아 지역의 대중문화 시장에서 어떻게 한국의 대중문화가 새로운 문화 자원으로 떠오르게 되었는지 자못 궁금해하는 실정이다.

한류는 우리나라 TV 프로그램 수출액의 85%가 대만, 중국, 일본, 홍콩 등의 아시아 지역에 편중되어 있을 만큼 여전히 '아시아적 현상'이지만, 기타 지역에서도, 예컨대 중남미 제국, 이집트 등 중동 지역, 국제영화제를 통한 유럽 지역 등지에서도 한국 대중문화가 활발하게 유통되기 시작했다.[37]

오늘날 한류에 대하여 한국 정부나 기업에서 각별한 관심을 가지고 이를 지켜보는 이유는 한류가 가지는 문화적인 측면과 경제적 이유에서라고 생각된다. 우리의 드라마, 가요, 영화, 공연, 게임, 애니메이션, 그리고 최근에는 패션과 음식, 한국어에 이르기까지 그 외연의 확대는 무한정 뻗어 가고 있는 중이다. 더욱이 이러한 문화 콘텐츠의 직접적인 수출과 함께 뒤따르는 무형의 소득은 한국이라는 국가 이미지의 개선과 과거 프랑스와 같은 서구의 사례에서 보이듯이 국가 브랜드가 생겨나기 시작했다는 점이다. 한류의 경제적 효과를 다룬 보고서는 이미 많이 존재[38]하기 때문에 이 책에서는 그에 관해서는 다음 기회로 미루고 한류의 본질적인 부분만을 주로 다룬다.

한류가 할리우드와는 다른 문화적 배경을 가지고 출발하였다는 것은 그 개척정신과 장인정신에서는 유사하지만, 태생적 차이와 다른 전개

---

37 이문행(2003), "중앙아시아에서 한류의 생성과 지속을 위한 방송의 역할", 「한국 방송의 아시아에서의 수용(II): 중앙아시아에서의 한국 방송」, 한국방송학회 국제학술세미나 자료집.

방식이 존재한다는 것이다. 할리우드가 영상 산업을 해외에 전파하는 과정에서는 상당한 정치적·경제적 배경이 동원되었으나 한류 전파에는 문화의 힘이 작용하였다고 할 수 있다. 한류음악과 드라마에서는 아시아적 감성을 한국적인 역동성과 감성으로 풀어냈으며, 게임은 '또 다른 세상의 창조'라는 철학으로 만들어 냈다. 할리우드처럼 문화가 경제에 예속되기보다는 아직은 독립적으로 존재함을 뜻한다.

1990년대 이후 인류는 지속적으로, 그동안 의식적·무의식적으로 도외시해 왔던 무형문화유산에 대하여 새롭게 인식하고 다가가기 시작하였다. 무형문화유산의 개념 속에는 이제까지와는 달리 언어, 전통음악과 같은 비유형적 지적재산권이 포함되었다. 1993년 유네스코의 '인간문화재(Living Human Treasures)' 제도의 창설 배경은 이러한 원칙이 배경이 된다. 이는 물론 우리나라의 인간문화재 제도의 도입을 통한 것이다. 무형문화의 본질과 이에 대한 보호, 보존, 전승의 문제는 문화의 본질과 직결되는 것이다. 그것은 영구불변의 인간 정신에 대한 것으로서 인류의 정체성과 문화의 다양성 문제가 제기되기 때문이다.

이러한 인류의 새로운 자각, 새로운 인식 혁명을 배경으로 변방의 문화도 새롭게 부각될 수 있는 터전이 마련되었다. 한국문화 소프트웨어는 메이드 인 코리아로 출발했지만 이젠 아시아인이 함께 웃고 우는 아시아의 문화유산으로 발전하고 있다.

---

38 한국관광공사 용역보고서,「한류마케팅 파급효과 및 향후 발전방향」, 2004. 12. 29.; 한국문화콘텐츠진흥원,「중국 내 한류현상에 대한 소비자의 잠재적 니즈 파악 및 향후 접근전략」, 2004. 1.; 문화관광부,「중국 문화콘텐츠 시장발전과 대 중국진출전략」, 2002. 3.; 문화정책개발원,「한국 대중문화산업의 해외진출을 위한 지원방안 연구」, 2001.; 한국무역협회,「한류에 대한 중국인의 시각」, 2001. 11. 6.; 한국관광공사,「한류를 이용한 관광 마케팅 전략보고서」, 2001. 10. 8.; 문화관광부,「한국문화산업의 해외진출전략 연구」, 2000. 12. 등.

또한 이는 문화 콘텐츠의 개념 변화로 이어지는데, 20세기의 산업화는 하드웨어를 중심으로 한 것이지만 지식정보시대에는 눈에 보이지 않는 무형문화를 자본으로 삼는다. 디지털 기술의 발달로 인간은 소리와 영상을 물건처럼 저장·가공·복제하여 교환할 수 있는 디지털 자산을 창출하게 된 것이다. 디지털 기술의 특색은 상품의 영역을 자유롭게 넘나드는 호환성이다. 독자적이고 배타적인 전통적인 소유권 개념이 아니라 얼마든지 공동으로 소유하고 개방적으로 열어 놓는다. 애니메이션, 영화, 음악, 화상이 서로 넘나들고 가상세계와 현실의 벽도 무너졌다.

지식과 정보를 바탕으로 하는 초국가적 상호 의존의 현 시대에는 문화와 문화의 생산자이며 전달자인 문화 산업이 새로운 힘의 원천이 된다. 과거의 힘은 군사력과 경제력이라는 강제력이었다. 현대에 들어 국력을 평가하는 중요한 요소로 무형의 힘(intangible power)이라는 새로운 개념이 등장하였음은 이미 밝힌 바 있다. 그리고 문화 영역에서의 통상 마찰은 이러한 분야에서 시작되었다.

(3) 한류의 전개

미국이나 일본과는 달리 한국은 이제까지 문화적인 측면에서나 경제적인 측면에서나 국제사회에서 발신국의 입장에 서 있는 경우는 별로 없었다. 한때 '한강의 기적', '아시아의 네 마리 용'이라는 국제경제적인 발전 모델이 된 적은 있었지만 돌이켜 보면 '제법 신통하다'는 정도의 것이었다. 문화적인 측면에서도 우리 것은 스스로 생각할 때도 그다지 대단한 것으로 생각하지 않았던 것이 솔직한 심정이다. 그렇기 때문에 영화나 드라마에 대하여도 우리 것은 지식인층에서 그다지 선호하지 않

왔던 것도 또한 사실이었다.

그러던 것이 국내가 아닌 국외에서 갑작스럽게 우리의 대중문화가 폭발적으로 대중적 인기를 끌고 있다는 소식은 이제까지의 분석 방식이나 인식체계를 다시금 생각하게 한다. 이는 새로운 시대의 시대정신이나 사상체계를 추론해 나가야 할 필요성을 강렬히 느끼게 하는 것이다. 또한 우리 시대의 새로운 주역인 세계의 젊은이들에 대하여도 본격적으로 연구할 필요가 있다.

이들의 문화 선택과 행동 방식은 종래의 그것과는 너무나 다르다. 그 문화가 어느 나라의 것인가는 별로 중요하지 않으며, 오히려 개별적 취향과 기호가 중심이 된다. 이들은 새로운 세계화 시대의 무국적성 혹은 단순히 그들을 사로잡는 재미와 흥미 본위의 이미지와 콘텐츠를 중심으로 하는 새로운 유형의 무국적 소비자층이라는 커다란 세력으로 부상하게 되었다. 일반적으로 한 나라의 문화가 다른 나라로 이동할 때는 그 문화를 발신하는 나라의 이미지가 매우 중요한데, 국제사회 속에서 실제적인 국력이나 위상에 비하여 우리의 대외 이미지나 인지도가 현격히 낮은 상황에서 우리의 대중문화예술이 이렇게 세계인들에게 평가되고 있다는 사실은 역시 새로운 분석 방식을 가져야 할 것으로 본다.

결국 한국 대중문화의 인기는 또한 한국의 대외 이미지와 인지도를 높이고 한국의 대중문화를 선망하는 아시아와 세계의 팬을 만들어 내고 있다는 점에서, 한류는 대중문화 영역에서 하나의 브랜드로 자리 잡아가고 있다는 해석도 가능한 상황이 되었다.

한류는 초기 대중가요로부터 시작해서 드라마나 영화를 거쳐, 더 넓게는 한국문화 전반을 포괄하는 현상으로 다뤄지고 있다. 그러나 무엇보다도 '한류'를 이끈 것은 TV드라마로 평가된다. 한국의 드라마 수출은 2000년도 이후 괄목할 만한 성장을 보여 준다. 일반적으로 아시아 지역에서의 한국드라마의 갑작스런 인기는 드라마의 내용, 세련된 기술과 배우들의 매력 때문인 것으로 분석된다. 드라마의 줄거리나 구성 면에서 진부하지 않고 참신하다든가 변화의 굴곡이 큰 역동성이 있다든가, "일상생활에서 흔히 발견되는 친근한 소재"라든가, 작품 제작 기술이 뛰어나 배경 설정, 세팅, 배경 음악이 좋고, 특히 카메라워크가 좋다든가 하는 점이다. 또한 배우들의 수려한 미모, 돋보이는 개성, 감각적인 패션과 뛰어난 연기력이 수준급이라는 점이 한국드라마를 인기 있게 만드는 요인으로 분석된다.[39]

또한 한류라는 대중문화 상품은 시대를 관통하는 지배이데올로기에 단순 봉사하는 것이 아니라 이를 수용하는 소비자에 의하여 새롭게 그 지배에 도전한다는 특징이 있다. 다시 말해서 한류는 소비 대중이 인식하든 안 하든 소비수용의 즐거움을 통하여 현재 사회의 문제점을 다시 한번 생각하게 한다. 대중의 일상적 삶과 그 경험세계에서 비롯되는 사회문제가 한류를 통하여 여실히 노출되고 다시 이를 논의하고 진지하게 고민하는 계기를 만들어주고 있다는 뜻이다.

그것은 가장 크게는 현재 세계적인 보편적인 과제가 되는 세대간의 갈등, 남녀 성별 갈등 등의 문제를 논의하는 중요한 장이 되고 있다. 특히 한류의 대표주자인 드라마는 한국의 대외 이미지를 높이려는 그 어떤 국가 차원의 노력보다 더 한국에 대한 긍정적이고 부드러운 이미지를 만들고 있다. 즉, 한류드라마와 대중음악, 영화에서 비롯된 한류 열풍은 아시아인들의 마음속에 오랫동안 자리한 갈등과 욕망을 분출시키

---

[39] 신윤환(2002), "동아시아의 '한류' 현상 : 비교 분석과 평가", 「동아연구」, 42, 서울 : 서강대학교 동아연구소.

는 계기가 되고 있으며, 우리 시대의 새로운 차원의 텍스트가 되고 있다. 이는 결과적으로 한국이라는 나라 전반에 대한 관심으로 확장되고 있는 것이다.

문화적인 관점에서 볼 때, 한류는 우리가 받아들인 모든 세계의 문화 흐름들이 우리에 이르러 새롭게 변모하고 또 다시 우리로부터 밖으로 흘러가는 흐름을 말한다. 그리고 우리가 이곳에서 다시 흘러가는 특유의 색을 가지는 물결을 만들어 가고 있다. 이러한 흐름 속에서 다시 변화하고 진화하는 우리 문화, 그리고 그로부터 퍼져나가는 흐름으로서의 한류를 이해할 때, 한류를 이해하는 올바른 시각이 가능해진다.

한류는 기존의 엘리트주의적 문화관에서 탈피하여 대중문화의 산업적 또는 상업적 영역을 살펴볼 수 있다. 이전의 문화의 주요소에서 소외되었던 문화 소비자로서 대중, 능동적 행위자로서의 대중에 대한 인식의 대변혁을 이루고 있다.

일본의 대표적인 문화인류학자인 도쿄대의 이와모토 미치야(巖本通彌) 교수는 〈겨울연가〉가 일본에서 대성공한 원인을 다음과 같이 분석하였다. "한국에 와서 처음으로 알게 된 단어는 '천륜'이다. 일본에서는 '인륜'이라는 단어만이 사용된다. 일본에서는 그러한 절대적인 사회규범이 상실되고 트렌디드라마 같은 데에서는 사회규범이 등장하는 것조차 낯설게 느껴지고 어려워지게 되었다. 정(情)과 이(理) 중 서로의 정(情)에 대한 갈등만으로 전개되는 감정만 다룬 드라마가 많아졌다. 한국 드라마에 자주 등장하는 부모의 반대와 같은 절대적인 천륜은 없으며, 인륜만으로 구성되었다고 할 수 있다. 또한 2차대전 후 법적으로도 '가(家)' 제도가 폐지되어 결혼에 가장의 반대는 효력이 거의 없어졌다. 그런데 〈겨울연가〉는 그러한 정리(情理)의 갈등과 그로 인해 고민하는 인간의 내면, 풍부한 감정 표현의 요인이 포함되어 있었기 때문에 일본에서 인기를 끌었다고 본다. 〈겨울연가〉는 이해하기 쉽다·감정 표현이 일본인의 눈에 과장되게 보이기도 하지만 한국드라마 특유의 감정 표현이 뛰어난 것은 사실이다."[40]

한류가 전개되는 과정에서 최근의 새로운 풍속도는 외국의 한류 팬이 자신이 좋아하는 한국 가수의 공연을 보기 위해, 또는 드라마 촬영지를 답사하거나 한국 배우와의 팬클럽 만남을 위하여 한국을 찾는 것이다. 이처럼 하나의 기획으로서 한류 열풍을 만들어 가는 것이 유행처럼 성행하고 있는데, 이를 기존의 한류와 차별화해서 '신(新)한류'라고 부른다.

아시아 지역에 만연된 복제 문화와 상대적으로 낮은 편당 드라마 판매가나 공연 수익 등을 고려할 때, 한류의 '경제적 효과'는 '신한류'라 불리는 이 지점에서 발생한다고 할 수 있다.[41] 한국 대중문화 붐은 댄스 음악과 드라마에서 시작해서 음반, 공연, 티셔츠, 잡지에서 패션, 게임, 커피숍, 음식, 관광과 성형수술에 이르기까지 광범위하게 번져 가고 있으며, 새롭고 색다른 것을 열망하는 젊은이나 여성들을 매료시키는 복합 문화 현상으로 아시아의 소비 풍경이나 일상을 바꾸어 내고 있다.[42]

한류를 다루는 데 있어 무엇보다 중요한 관점과 시각은 '한류'라 불리는 새로운 문화 흐름을 국가 이미지와 연결시키는 것이다. 국가의 '문화정책'의 범주 안에 체계적으로 자리를 잡기 위해서는 무엇보다도

---

40 이와모토 미치아(巖本通彌)(2005), "한류와 문화산업-민속학·문화인류학 입장에서", 한류 국제세미나 발표.
41 전성홍(2002), "대만에서의 '한류' : 현황과 전망", 「동아연구」, 42, 서울 : 서강대학교 동아연구소, pp. 73~74.
42 조한혜정, 앞의 책, pp. 30~31.

한류의 시대적이며 지역적인 의미를 이해하고 각국에서 일어나는 한류의 특수한 성격에 대한 정확한 현실 분석을 하는 것이 중요하다. 각국이 어떤 분야 및 매체의 대중문화를 받아들이고 있는지에 대한 현황을 파악하는 것이 무엇보다 중요하다.

여기서 문화정책적인 중요한 관점을 피력할 의의가 있을 것 같다. 그것은 문화와 문화 산업 분야에 있어서는 '불황이 기회'라는 대원칙이 과거부터 존재한다는 사실이다. "문화는 야생의 빙벽에서 피어난다"는 문화인류학의 격언처럼 모든 나라의 문화는 가장 어려운 시기에 꽃피었다. 한국 영화 산업의 사례는 그 대표적인 경우이다. 1988년 외국영화 직배 허용 이후 외국영화의 수입은 대폭 증가하였다. 또한 1993년은 연평균 1백여 편을 상회하던 국산영화 제작 수가 급작스럽게 60편 대로 급감하고, 반대로 외국영화는 350편에 이르는 급증세를 보였다. 그래서 1993년은 한국영화의 최악의 시기라고 하며 동시에 외국영화의 전성기라고 할 수 있다. 그런데 그렇게 말하는 더 중요한 이유는 사실상 시장점유율과 관객 수에 있다. 1960년대 한국영화 최전성기의 영화관람객 수와 비교해 보면(당시의 사정상 시장점유율은 이를 산정한 자료가 없음), 현재의 수치는 아직도 요원하지만 계속적으로 증가일로에 있는 한국영화의 관객 수와 시장점유율을 생각할 때, 1993년도의 관객 수와 시장점유율은 실로 최악의 시기였음이 분명하였다. 1993년의 의미는 이 시기가 관객 수에 있어서나 한국영화의 시장점유율에 있어서나 최저 상태에 있었다는 점이다(관람객 수 4천8백만 명, 시장점유율 15%).[43]

그러나 바로 그 직후인 1994년부터 한국영화는 서서히 회복이 되어

---

[43] 영화진흥위원회(2002), 『한국영화연감』, 서울 : 커뮤니케이션북스 ; 문화관광부(1999~2005), 『문화산업백서』, 문화관광부.

1999년에는 그 이전까지의 역사상 최고치인 한국영화 시장점유율 39.7%라는 숫자를 기록하며, 이후 2001년 영화관객 1억, 시장점유율 50%를 정점으로 현재까지 자국영화의 시장점유율에 있어서는 세계적인 수치를 기록하는 중이다. 문화강국 프랑스도 평균 40%를 넘지 못하고 있고, 유럽 대부분의 국가가 약 20%대, 영국·캐나다가 10% 이하 대를 기록하고 있는 상황을 보면 실로 스스로 대견하다 할 만하다.

4. 문화정책적 관점에서 본 한류 현상 분석

(1) 문제의식의 출발

시대를 뛰어넘어 문화와 문화정책에 관한 국민적 합의를 도출해 낼 수 있는 보편타당한 개념을 취하기는 어렵다. 문화선진국 모델이라 할 수 있는 프랑스와 유사한 제도를 가지는 우리로서는 문화적 토양과 전통의 차이를 인정하고 새로운 차원에서 문화의 개념과 범위를 설정해 나가야 할 것이지만, 이것은 현실적으로 매우 험난한 과정이다. 그 이유는 우선 문화의 본질상 이를 정의하기가 어렵고, 둘째, 정책 목표는 광범위하며, 셋째, 투입될 수 있는 자원은 한정된 데다 이를 뒷받침할 수 있는 시스템이 정착되어 있지 않기 때문이다. 또한 예산 과정의 경직성, 국가 정책 우선순위 결정의 정치화, 그리고 사회 일반의 문화 마인드 부재 등은 쉽게 해소되기 어려우며, 문화정책 담당자의 비전문성도 큰 문제로 지적된다.

따라서 국가의 정책 목표의 달성 수준에 대한 평가는 언제나 기대치를 밑돌고, 국가 정책에 대한 다양한 비판과 정책 제안이 공존하는 양상을 만들어 낸다. 그러나 이것이 잘못된 현상이라고는 할 수 없다. 국가의 정책 목표를 구체화하고 이를 실현하는 과정에서 의견이 일치하지 않는 것은 당연한 일이며, 국가의 문화정책에 대한 존재 의미와 지원 방식 등에 관한 적정 수준을 논의하고 선택하는 것 그 자체가 또 하나의 문화정책이기 때문이다. 문화정책의 목표와 범위가 너무 세분화되고 현실적이면 자칫 관제문화로 이끌려 갈 우려가 있으며, 역으로 그것이 과대 포장되어 구호화하게 되면 문화가 정치적인 도구로 악용될 수 있는 것 또한 사실이다.

문화와 문화정책에 관한 문제의식은 이렇게 끝이 없다. 새로운 사이버문명이 도래한 이 시점에, 그리고 종래의 아날로그 정부가 아닌 새로운 디지털 정부가 등장한 지금, 분명한 것은 이제부터는 새로운 패러다임을 가지고 문제에 접근해야 할 시점에 도달하였다는 점이다. 이를 위하여 누구도 명쾌한 답변을 내놓을 수는 없을 것이며, 오히려 이에 대해 더욱 새롭고 다양한 질문을 하여야 할 때이다. 행정 계획적인 제반 문화정책 프로그램은 커다란 의미를 가진다. 관료조직의 특성상 정부의 주요 정책과제로 어떤 문화 분야가 선정되었다는 것은 정치 지도자의 의지와 국민적 역량이 동원됨을 뜻하며, 모든 행정력이 집중됨을 뜻하기 때문이다. 결과적으로는 계획에 따른 상당한 성과도 기대할 수 있기 때문이다.

(2) 한류의 성공 이유

그러나 '한류' 현상에 대하여는 이제까지와는 전혀 다른 새로운 패러다임을 가지고 접근해야 하며, 그 분석도 전통적인 방식으로는 분석틀이 형성되기조차 어렵다. 그렇기 때문에, 한류 현상이 성공적으로 존재하는 이유와 배경을 저자는 다음과 같이 본다.

첫째는 한류의 무국적성과 문화 혼합이라는 특징을 먼저 꼽고 싶다. 한류는 이제까지의 한국학에서 강조한 바와 같은 한국문화와는 많이 다르다. 한국적 사고의 강조나 한국문화 고유의 전통을 강조하기보다는 현대의 한국 여성과 젊은이들에게서 보이는 세계적이며 보편적인 문화 양식이 더 강조된다. 이것은 기성세대 중에서 특히 남성문화가 그동안 쌓아 왔던 견고한 틀에서의 해방을 뜻하기도 하는데, 서구의 자본주의 문화와 첨단의 문화가 그들에게는 그리 특별하지도 대단한 것도 아니라는 점과 전통에 대한 그들의 해석도 남다르기 때문이다. 이러한 것들이 합쳐져서 한류라는 전혀 새로운 문화 혼합이 이루어졌으며, 이것이 아시아인들과 세계인들을 감동시키고 있는 것이라고 본다.

둘째는 문화 할인율의 관점이다. 한 나라의 문화가 다른 나라로 이전해 갈 때는 그 나라의 역사나 문화가 달라서 이전되어 오는 문화를 선호하지 않게 된다. 그러나 두 나라의 문화나 역사, 종교 등이 비슷하면 문화장벽은 그리 높지 않게 된다. 이러한 수용의 정도를 '문화적 할인율'이라 하는데, 아시아 지역에서 한류가 강하게 전달되는 이유는 당연히 문화적 할인율이 매우 낮기 때문이다. 역으로 서구에는 문화적 할인율이 매우 높을 것이다.

이러한 관점에서 볼 때, 한류는 우리나라와 근접하고 있는 대만, 홍콩, 중국, 일본 등의 동아시아 지역과 동남아시아 지역에서 활발하게 살아 움직이는 아시아적 현상이 될 수밖에 없다. 특히 여기서 강조하고 싶은 것은 한류가 아시아인에게 주고 있는 역할이다. 한류는 아시아인에게 처음으로 아시아적 가치를 공유할 수 있게 했으며, 나아가 자긍심을 가질 수 있게 했다. 이는 한국에 파견되어 일하고 있는 아시아 각국의 특파원들의 대체적인 의견인데, 그들은 이제 한류를 통하여 자국민들이 가지는 이와 같은 감정을 굳이 숨기려 들지 않는다.

중국의 세계적인 대학인 칭화(清華)대학교의 페이유 강(飛宇康) 교수(사회교육대학원 부원장)는, 한류는 열풍의 단계를 지나 현재는 중국 젊은이들에게 이미 일상화되어 아침부터 저녁까지 한류 속에서 살고 있다고까지 말한다. 특히 중국이나 대만 등에서 한류로 대표되는 한국드라마가 인기 있는 주요 원인을 '유교적 가치관'이나 '가족주의'로 보고, 이것이 국가의 경계를 넘어 공감대를 형성하는 데 주요한 원인이 된다고 보는 견해도 있다. 즉, 한자 언어권으로서 문화적 동질성도 동아시아 지역에서의 한류의 형성에 기여했다고 보는 것이다.

다음으로는 우리 자신조차 잘 몰랐던 한국 대중문화의 질적 우수성이다. 불과 얼마 전까지도 한국의 드라마는 사실상 식자층에서는 잘 보지 않았다. 오히려 저질이라는 평가가 우세하여 언론과 문화평론에서는 TV드라마를 혹평하기가 다반사였다. 그러나 바로 그 '저질' 드라마와 '애들'의 댄스 음악이 오늘의 한류를 이끄는 견인차가 된 것이다. 한류 드라마의 탁월한 카메라워크는 우리나라의 보통의 정경조차도 동화 속의 고향이나 초현대의 포스트모던한 도회의 아름다움을 표현하여 주고 있다.

그 위에 다른 나라에서는 보기 어려운 시청자까지 적극적으로 참여하는 아름답고 서정적인 이야기 구조, 특히 이것은 한국의 전통적인 옛날이야기로 대변되는 우리의 구비문학에서 도출되는 문화원형으로 자리하고 있다. 한국드라마 50년사에 있어서 설화문학이 그 중심에 자리하고 있는 것이다. 옛날부터 이야기를 전하는 사람이나 듣는 사람들이 다같이 눈물 흘리고 때로는 함께 웃었던 그 옛날이야기가, 지금도 우리들 가슴속에 면면히 살아 움직이고 있다. 그래서 이야기가 이상한 방향으로 흘러가면 바로 청중들이 들고 일어나서 수정해 나갔던 것이다. 여기에 한류드라마의 힘이 도사리고 있는 것이다. 여기에 한류드라마 역동성의 비밀이 있다.

또한 한류배우들은 한국인의 정서를 가슴속에 품고 이를 적절하게 풀어 나가는 힘을 가지고 있다. 일전에 APEC 취재차 한국을 방문한 외국 기자들(시카고 트리뷴지, 싱가포르의 스트레이트 타임즈지 등)과 인터뷰할 때 저자는 아시아나 서방의 배우들도 아름답고 훌륭하지만, 그 위에 한류배우들의 장점을 포스트모던과 모던의 중간지점에 서 있는 것이라고 말한 적이 있다. 다시 말해서 한류배우들은 일본류의 겉멋과는 달리 과거의 할아버지에게서 물려받은 '자세'가 있으며, 할머니에게서 물려받은 '한'의 기질이 있다. 슬픔을 어루만질 수 있는 '어른스러움'이 우리들에게는 존재한다. 이 점이 다른 나라의 배우들과 확연히 다르다. 누가 가르쳐 준 것이 아니다. 스스로 체득한 것이다.

또 다른 한편에서는 한류 성공의 원인을 한국 밖의 외국의 상황에서 찾는 견해가 있다. 중국의 비약적인 경제 발전과 함께 구성된 새로운 중산계층과 그 2세들로 구성된 새로운 소비계층의 등장은 중국에서의 문화적 소비 욕구를 부추겼다. 그러나 경제적으로는 지속적 성장으로 어느 정도 생활수준에 이르렀지만, 그 수준에 어울리는 문화는 존재하지 않는 중국의 상황에서 자국 내 '대체문화'가 없으므로, 그 자리를 한국의 대중문화가 일시적으로 메우고 있는 것이 '한류'라는 설명이 있다.[44] 중국이 아직 자체적으로 다양한 문화를 제작, 생산, 유통시킬 수 있는 인프라를 갖지 못한 상황에서 일본문화와는 달리 정치적 저항감이 상대적으로 적은 한국문화의 유입이 허락되었기 때문에 중국에 한류가 생겨난 것이라고 보는 것이다.

(3) 한류의 지속가능성 논의
― 한류는 진보인가

한국은 IMF 경제 위기 전후로 미디어와 정보 산업을 비롯한 고부가가치의 문화 산업에 대한 정부의 대폭적인 지원과 문화 산업 시장의 비약적인 발전으로 한류 형성 과정에서의 기관차 역할을 수행해 온 미디어 관련 산업이 팽창하였다. 대기업과 금융자본이 영화와 음악을 비롯한 대중문화에 투자하면서, 문화 산업도 경제계에서 차지하는 위상이나 영향력도 상대적으로 상승 중이다. 이러한 과정을 통해 우리의 문화 산업은 대내외 경쟁력을 확보하였고, 한류의 형성이 민간 부문에서 시작될 수 있는 터전이 자연스레 마련되었다. 정부나 대기업이 이루어 낸 것이 아니라 소수의 저돌적인 민간 엔터테이너들이 이룩해 낸 것이다. 그러한 한류에 대하여 현재의 성공이 과연 앞으로도 지속될 것이며, 나아가 아시아를 넘어 세계에까지 한류문화(산업)은 뻗어 나갈 수 있는 것일까에 대한 논의를 하고자 한다.

이를 위해서는 먼저 짚고 넘어가야 할 문제가 몇 가지 있다. 그것은

---

44 신윤환, 앞의 책, pp. 54~55.

한류문화 형성에 있어서 본질적인 핵심 과제이기도 하다.

필자는 한류의 문제를 역사의 문제로 먼저 이해하고 있다. 따라서 한류를 보는 눈은 역사를 보는 눈이어야 한다. 역사를 보는 관점은 역사가 어떤 의미와 목적을 가져야 하는가에 대한 것이며, 동시대인의 가치와 목표를 어떻게 보느냐의 문제이다. 이는 간단히 말해서 한류의 성공을 진보의 가치로 보느냐, 아니면 서방 제국주의의 아류로 보느냐의 문제와도 직결된다.

카(E. H. Carr)가 그의 책45에서 적절히 지적하였듯이 계몽주의 시대의 역사관은 세계의 모든 시대는 인류의 실질적인 부와 행복과 지식을, 그리고 어쩌면 덕성까지도 증대시켜 왔다는 것을 거리낌 없이 기록할 수 있었다. 그리고 진보의 신앙은 영국의 번영과 힘과 자신감이 최고조에 달했던 시기에 그 절정에 달했다고 보았다. 나아가 진보를 "서유럽 문명을 활기차게 만들고 그것을 지배하는 이념"이라고까지 설명한다. 결론적으로 그는 "역사란 획득된 기술이 한 세대에서 다음 세대로 전승되는 것을 통하여 이루어지는 진보"라고 규정하였다.

그렇다면, 19세기 말 유럽의 다른 선진자본주의 국가인 영국이나 프랑스에 비하여 뒤늦게 출발한 후발자본주의 국가이며, 그로 인해 선진국의 계몽주의나 고전주의에 대응한 새로운 낭만주의가 일어났던 독일과 매우 흡사한 상황에 놓여 있는 한국의 경우, 한류의 형성과 발전은 한국의 후발자본주의의 성공과 정치적 안정을 배경으로 아시아적 가치와 자긍심을 높이는 일대 전기가 되는 '문화혁명'으로 보아야 할 것이다. 변방의 변방으로 인식되어 온 이제까지의 한국문화는 새롭게 한류

---

45 Edward Hallet Carr(1961), 『역사란 무엇인가?What Is History?』, 김택현 역, pp. 165~171.

의 탄생과 성장을 통하여 아시아적 현상으로서만이 아니라 전 세계에 보내는 한국의 문화 발신으로서 그 의미와 영역을 확장시켜 나가야 할 것이다.

이렇게 본다면, 한일 간의 뿌리 깊은 역사적 문제를 위시하여, 한일 간의 대표적인 현안인 독도 영유권 문제, 종군 위안부 문제, 교과서 문제도 자연스레 해결될 수 있을 것이다. 한미 간의 여러 가지 문제도 마찬가지다. 세계의 얼마 안 되는 문화 발신국으로서, 그리고 문화 종주국으로서의 입장을 가진다면 해결점은 그리 어렵지 않게 찾을 수 있을 것으로 보인다. 한류의 미래는 그런 것에서 찾을 수 있을 것이다.

이는 세계 인식과 문화 다양성과 같은 현대적인 키워드의 문제 인식 과정에서도 한류 종주국이라는 자의식이 존재하게끔 되었다. "구미와 중국, 일본 편향적인 세계 인식은 한류 종주국의 위상에 걸맞지 않다. 구미와 중일 중심으로 편향된 교육과 언론은 균형 잡힌 세계인식을 방해하는 첫 번째 공적이다. 내 안에 잔존한 서구 중심주의의 폐단을 먼저 털고 서구 중심주의의 치유책으로서의 한류를 말해야 한다. 문화 다양성은 내 문화를 지키는 것이기도 하지만 자발적으로 다양한 외래 문화를 수용하는 것에서 가능한 것이다. 그것이, 멀리는 다양한 인류 문화를 보존·발전시키고, 가까이는 그렇게 수용한 문화 다양성이 결국은 한류의 젖줄이 되어 한류를 존속시킬 것이기 때문이기도 하다."[46]

한편 이와는 다른 관점으로서, 한류에 대하여 지극히 냉소적이며 불안한 시선으로 보는 관점이 있다. 이들은 대체로 좌파 문화를 대변하는 성향의 사람들인데 그들의 견해를 들어보도록 하자.

---

46 이은숙(2005), "항한류의 대안, 쌍방향 문화 교류", 한겨레신문 사이트 차이나21, 12월 7일.

최근 한류의 자장이 일본에까지 강력하게 미치는 사태를 어떻게 보아야 할 것인가. 한류스타들의 일본에서의 약진을 두고, 일본문화는 이미 역동성을 상실했기 때문에 우리가 먹히는 것이라는 해석이 분분하다. 그러나 한류를 가져간 NHK의 막대한 순익에서 확인되듯이 일본 문화자본이 일본색의 탈색과 해당국의 아이돌스타 육성 등 지역의 문화 자원을 이용하여 동아시아를 파고드는 정황을 놓고 보면, 우리 한류스타들이 그 구도 상에 정확하게 편재되고 있음을 확인하기란 그리 어렵지 않다. 게다가 그것이 일본 정부의 신대동아공영권 구상과 교묘히 결탁하면서 패권적으로 지역 전략을 구사해 가고 있다는 데 생각이 미치면 '한류, 일본 점령', '한류 홍보대사 임명' 등 우리 사회가 한류를 둘러싸고 벌이는 야단법석이 참으로 허접한 수준임을 개탄하지 않을 수 없다. 문화의 세계화, 문화자본의 세계 분할 구도에 우리도 명함 한 장 내밀었다는 그 사실 하나만 부여잡고 감지덕지할까.[47]

관점을 명확하게 이해하기 위하여 한 가지 더 보기로 한다.

한류라는 이름으로 진행되고 있는 현재의 움직임은 (……) 자본으로 논점을 이동시켰을 경우 몇 가지 새로운 시사점을 던진다. 한류 열풍을 가장 큰 마케팅 포인트로 삼고 있는 〈내 여자친구를 소개합니다〉(이하 '여친소')는 아시아에 불고 있는 한류 열풍과 초국가적 자본이 만나 만들어진 영화로, 아시아 각국이 가질 수 있는 지역적 특수성을 스타 시스

---

47 백원담(2005), "한류의 정치적, 산업적 함정을 넘어서는 길', '뉴미디어 시대, 아시아 대중문화 교류의 단면을 해부한다', 「씨네21」, 7월호.

템을 통하여 통합시키는 서사적 국제화와 국제금융자본을 투입하는 산업적 국제화, 두 번의 국제화를 노린다. 〈여친소〉는 신자유주의적 시장질서라는 전가의 보도 앞에서는 어떤 규제나 정부의 개입, 하물며 노동까지 개입해서는 안 된다는 것에 충실하게 복무하고 있다. (……) 노동시장의 유연화, 규제철폐 등을 기치로 내걸고 있는 신자유주의 경제체제는 〈여친소〉에서 연출이라는 노동의 유연화를 그 기치로 하고 영화 전면에 개입한다.

부르디외(Bourdieu, Pierre)는 "노동집단들은 예컨대 임금과 근속 기간을 개개인의 능력에 따라 개인별로 결정하는 것 및 그 결과로서 수반되는 노동자의 원자화를 겪고 있다"고 말하며 노동자들이 자신의 권리를 방어하기 위해 만들어 낸 집단체들, 즉 노동조합, 사회운동단체, 협동조합들이 목표물이 되고 있으며 심지어 가족이라는 집단주의적 구조물조차도 연령계층에 따라 시장이 분단적으로 구성되는 것을 통해서, 소비에 대한 자신의 집단주의적 통제권의 일부분을 잃어가고 있다고 주장한다.[48]

이렇게 문화의 문제에까지도 자본과 노동이라는 이분법적 시각과 역사에 대한 편향된 시각을 가지는 것은 어떻게 해석하여야 할까? 이렇게 철저히 노동의 문제에 천착하여 일반 민중의 일반적인 시각과 역사해석을 자신만의 관점과 잣대로 한류문화를 자조할 수 있을까? 누차 말했지만 한류에는 정치와 경제는 없다. 외국의 많은 기자들과 특파원들이 인터뷰 시에 하나같이 "한류로 인하여 한국이 얼마나 벌었느냐?"고 질문

---

[48] 황정현(2005), "한류 타고 역류해 들어오는 초국가적 금융자본", 「씨네21」, 7월호.

할 때마다 저자는 "아직 한류로 인하여 한국이 돈 번 것은 없다"고 잘라 말한다. 그것은 사실이다. 약 5천억 원 정도의 문화 산업 수출액은 우리 경제의 규모로 볼 때 정말로 별볼일 없는 액수이다. 옛날 "밀수는 나라의 경제를 망친다"고 한 때가 있었다. 그러나 지금은 그 정도의 밀수 규모에는 그다지 신경도 안 쓴다. 웬만한 것은 다 넘어간다. 우리 경제 규모가 그 정도의 밀수로는 끄떡도 하지 않기 때문이다.

한류 경제 효과에 대하여는 다음에 상세하게 말할 기회가 있겠지만 지금 현재는 그렇다. 그래서 저자는 언제나 외국 기자들에게 "한류 수출 규모는 나에게 묻지 말고 다른 데 가서 알아보라"고 말한다. 덧붙여서 "한류의 경제적 규모는 너무 작아서 눈에 보이지도 않으며, 오히려 진정한 한류 효과는 무형의 한류 효과인 우리 한국의 이미지와 국가 브랜드 가치를 높여 준 데서 찾을 수 있으며, 이는 여러분 나라와 문화 교류할 때 사용될 것"이라고 말한다. 그리고 문화의 세계화, 문화자본의 세계 분할 구도에 우리도 명함 한 장 내밀었다는 그 사실 하나만 부여잡고 감지덕지하지는 않는다. 문화의 세계화는 앞에서 말한 바대로 각국의 전통적인 문화가치의 재확인·재인식 위에서 세계시민으로서의 의식과 윤리를 가지고 추진해 나가는 우리 자신의 문화의 일류화 작업이라 할 수 있다. 그렇기 때문에 오히려 우리가 나서서 아시아인들에게 무엇을 할 수 있는지 물어보고 그들의 의견을 경청한다.

또한 서사적 국제화와 국제금융자본을 투입하는 산업적 국제화, 두 번의 국제화를 노린다는 말이 의미하는 바는 잘 이해가 되지 않는다. 우리의 이야기를 세계에 전달하고 그들과 공감하는 것이 그런 것이라면, 이를 피하기 위하여 우리는 언제까지나 남의 이야기, 그것도 그들이 언제나 즐겨 인용하는 서양 사람들의 이야기만 일방적으로 들어야만 한다는 것인지, 서구에 대한 지적 탐구 중에서 그 서사구조는 언제나 아시아와 우리에게 있어서 이야기의 전형으로 남아 있고 항상 서구의 그것만이 진짜 사람의 이야기로 가치 매김하라는 뜻인지, '서사적 국제화'라는 기상천외한 낱말의 의미는 무엇인지 묻고 싶다.

산업적 국제화는 자본주의 경제체제에 있어서 어느 나라도 단 한순간도 이를 피할 수 없는 당연한 흐름이다. 이를 두고 두 번의 국제화라고 한다면 그것은 무엇인가? 북한 경제체제처럼 주체사상을 가지고 '우리는 우리끼리 산다'는 북한식 자주경제체제를 고집하라는 뜻인가? 아니면 한류문화 산업을 본질적인 공공재처럼 정부에서 처음부터 끝까지 맡아서 운용하라는 뜻인가? "신자유주의적 시장질서라는 전가의 보도 앞에서는 어떤 규제나 정부의 개입, 하물며 노동까지 개입해서는 안 된다는 것에 충실하게 복무하고 있다"라는 주장 속에 내재된 사회주의적 정부 개입의 정당성과 노동시장 개입과 규제의 철학에 함몰되어 한류를 자본주의의 끝자락인 제국주의의 아류로 인식하여 하루 빨리 타도해야 할 인류의 공적으로 몰고자 하는 것인가?

저자는 불행하게도 이들의 주장에서 어떤 교조주의를 발견하며, 감동 없는 신념만을 느끼게 되며, 결국 한류의 핵심 코드라 할 수 있는 일상의 아름다움을 찾기 힘든 어찌할 수 없는 비인간적인 모습만을 보게 된다. 이는 오래된 우리의 가치체계와 목적과 수단 간의 구분이라는 대명제를 어떻게 달성할 것인가의 문제의식과도 일치한다. 저자는 인간의 자유와 진보의 사상을 믿는다.

하이에크(Friedrich August von Hayek)가 지적한 대로 우리가 걸어온 자유민주주의의 노선에는 아직도 무한한 진보의 가능성이 있다는 사실은 지각 있는 사람이라면 누구나 의심하지 않으며, 진보는 우리가 최대로 이용하지 않으면 안 될 사회적 힘에 대한 더 큰 지적 지배력을 가진 때라야만 얻을 수 있다고 생각한다.[49]

결론적으로 말해, 한류문화가 아시아적 가치를 아시아인들과 공유하고 그들의 자긍심을 높이는 역할을 하여 문화 교류의 핵심 키워드로 존재하고 이제까지처럼 21세기를 살아가는 인간의 감동과 감수성을 정확하게 전달할 수 있다면, 그리고 한류 콘텐츠에 있어서 계속적으로 그 원형을 찾아 나서며 그 영역과 의미를 확장해 나갈 수 있다면, 한류는 오랫동안 지속될 수 있을 것이다.

5. 한류 현상의 문제점

한류 현상에 대한 국내·외 여러 가지 종류의 분석시도는 몇 가지 유형화된 문제점을 양산해 내고 있다. 그것은 첫째 한류 현상에 대한 일방적이며 민족주의적인 우월감 조성이며, 다소 과장되거나, 또한 한국문화의 우수성이란 이름으로 자기만족적인 성격을 띠고 있기 때문에 글로벌 시대의 문화를 통한 '상호 교류'란 취지와는 부합되지 않는 방식으로 설명되고 있다는 점이다. 동시에 정반대로 지나친 자기비하적인 관점도 있다. 한류가 문화적인 착시현상이며 일시적인 바람에 불과한 것이라는 것이다. 예컨대 일본, 홍콩 등 과거 아시아 대중문화 생산기지의 쇠퇴에 따른 문화적 혼돈기에 나타난 일시적 유행 현상에 불과하다는 인식이라

---

[49] 하이에크(Friedrich August von Hayek)(1999), 『노예의 길』, 김영청 옮김, 서울: 동국대학교 출판부, pp. 39~40.

든가, 아시아 일부 10대 위주의 청소년층에 한정된 문화적 틈새시장의 비주류 문화에 불과하다고 평가절하하는 경우가 있다. 그리고 유행성이 강하고 소비지향적인 B급 문화의 진출이라는 비판과 함께, 중국의 중화사상 또는 일본의 대동아공영권과 유사한 문화적 제국주의의 아류 또는 변종이라는 부정적인 시각도 있다.

또한 얼마 전에 개최된 국회 '한류공청회'(2005년 4월 20일, 국회 문화관광위원회)에서 상당히 강하게 제기된 문제점으로서 한류는 대중문화의 중심에 서서 단기적인 수익만을 추구한다는 비판이 비등하고 있다. 한류를 대중음악과 드라마 중심의 국내 문화 산업의 경제적 수익 창출에만 집중, 전반적인 문화예술 교류로 발전시키지 못하였다는 점을 드는 것이다. 아시아 지역의 한국문화 수입 담당자들은 한국의 대중문화 종사자들이 갖고 있는 '조급성'과 '금전제일주의'에 대해 매우 우려하고 있다. [대만 인스레아사(INSREA) 리지젠(Lee Jih-Jyen) 사장, 일본 오리콘 사운드사 고이케 고우(小池恒右) 사장.]

갑작스럽게 한국 스타들의 인기가 높아지면서, 한국의 매니지먼트 회사 등 관련 업체들이 수억대의 광고료를 요구한다든지, 국제적인 유통 시스템에 대한 이해가 전무한 상태에서 "허황된 거래 조건"을 제시한다든지 하는 경우가 이에 해당된다. 대만을 비롯한 동남아시아 국가들은 우리나라와는 달리 대중문화 분야에서 소비 인구가 적고, 중소 연예 산업들끼리의 경쟁이 치열하기 때문에 한국 사회에서처럼 어떤 연예인이 갑작스럽게 인기가 높아지면, '억대'의 몸값을 요구하거나 지불하는 일은 불가능하다.

한편 일본의 문화인류학적인 관점에서 한류 현상의 문제점을 분석한 내용도 있다. 그것은 한국의 국가 정책과 대학, 그리고 민간 부문에 대한 것인데, 그는 "한국은 아무리 그래도 장사를 너무 못한다. 평상시에는 수동적으로 가만히 있다가 한류 바람으로 관광객이 갑자기 몰리자 임시방편으로 서둘러 대응하고 있다. 일본의 대학에서는 지금 문화경제학, 문화정책학, 문화자원학, 문화매니지먼트 학과와 같은 학과나 코스가 활발히 개설·증설되고 있다. 그 영향은 민속학의 영역에도 미쳐 근래에 민속문화를 이용해서 관광화로 지방의 활성화를 도모하는 문화정책이 국가에서도 민간에서도 강력하게 추진되고 있다"라고 우리의 준비 부족을 지적한다. 한걸음 더 나아가 "아무래도 한국의 '문화'라는 개념은 일단 고급스럽게 하지 않으면 설정되지 않는 경향이 있는 것 같다. 민속학에서도 무당마저 인간문화재로 해야 하고 국립민속박물관이 경복궁이라고 하는 고궁에 있는 것은 일본의 민속학자로서는 매우 이상하게 보인다. 민속학은 서민들의 문화를 연구 대상으로 하고 있는데 연구의 가치가 없다는 것일까. 고급스러운 것밖에 문화로 인정하지 않으려는 것은 유교적인 가치관에 따른 것일까, 아마도 한국은 이 부분이 취약하여 일본에서의 장사법을 보고 있으면 일본인의 습관이나 상대방의 문화에 맞추어서 장사를 하지 않고 자신들의 문화를 그대로 밀어붙이는 경향을 느낄 수 있다"라고 하였다.[50]

또한 국가간 상호 이해와 신뢰의 기반이 되는 장기적인 비영리 문화교류 차원의 전통문화나 순수예술, 고급문화의 소개가 미약하고, 일부 인기가수와 탤런트의 활약에 집중함으로써 드라마·방송 이외에 다른 중요한 대중문화인 영화·애니메이션·만화 등 다른 분야의 진출은 아직은 부진하다는 지적도 있다.

---

[50] 이와모토 미치야, 앞의 발표문.

종합적으로 볼 때, 전문가들 모두 한류의 '콘텐츠 부족'과 '전략의 부재'를 우려하고 있다. 지속적으로 양질의 문화 콘텐츠를 제공하는 문제나, 영세 공연기획사가 난립하는 문제를 어떻게 해결할 수 있을지, 다른 나라와의 국제적 협상을 어떻게 전략적으로 해 낼 수 있을지가 문제점으로 지적된다. 이러한 논의들은 문화에 대한 관심에서 비롯되었다기보다는 경제적 관심에서 비롯되었다. 특히 소규모, 영세자본이 난무하는 상황에서 지속적인 성장을 가능하게 하는 시스템을 만들어 낼 수 있는가의 문제나, 정보 및 자료 부족이 갖는 현실 파악 능력의 부족 등은 앞으로 해결해야 할 과제이다. 또한 한류는 위성방송을 위시한 과학기술의 변화와 민감하게 관련되어 있기 때문에 글로벌 방송 네트워크에서의 한국의 협상력도 중요한 관건이 되고 있다.

6. 한류의 지속적 발전과 문화정책의 새로운 변화
―한류 발전을 위한 국가 지원과 개입의 필요성 논의

(1) 한류의 전략적 관리론 대두

최근 대만과 베트남, 캄보디아 등 동남아의 한류 실태를 파악하고 돌아온 국회 문광위원회 소속 여야 국회의원들은 이대로 한류 문제를 방치하면 동남아 한류 열풍은 5년 안에 끝날 수 있다는 결론을 내리고 이에 대한 대책을 논의했다.

2005년 2월 2일부터 8일까지 현지 방송 관계자들을 만나 한국드라마

방송 실태 등을 점검한 국회 문광위원회 소속 여야 국회의원들은 "한류 상품의 지속적인 홍보와 전략적 관리를 소홀히 한다면 짧게는 2~3년 안에 한류 열기가 사라질 것"이라고 경고했다. (열린우리당 민병두, 이광철 의원, 한나라당 이재오 의원 등)

민병두 의원은 방문 결과를 정리한 보고서 「동남아 한류견문기」를 국회 문광위에 제출했다. 민 의원은 "한류가 상승세를 타고 있는 일본과 달리 동남아의 한류 열기는 뚜렷한 하락세를 보이고 있다"고 지적했다. 1980년대의 홍콩문화, 1990년대의 일본문화가 유행한 뒤 침체기에 접어든 전철을 한국이 밟고 있다는 것이다.

그는 자신의 보고서에서 동남아시아에서의 한류 위기의 첫 번째 원인을 "10년 전 일본의 오만을 그대로 반복하는 한탕주의 가격 정책"으로 꼽았다. "한국 방송사들이 장기 전략 없이 단기간에 돈을 벌려고 드라마 공급 가격을 터무니없이 올렸다"는 것이다. 대만의 경우 드라마 1회당 2천 달러였던 것이 2만 달러를 상회한다는 것이다.

그가 현지 방송국인 '비디오랜드'에서 입수한 자료에 따르면 대만 방송사들의 한국드라마 평균 구매 가격은 2001년 1회당 1,743달러였으나 2004년도에는 5,090달러로 급등했다. 이 회사의 한국드라마 담당 제니 류(Jenny Ryu)는 "한국드라마는 경쟁 입찰에서 1회당 1만 달러에서 시작해 2천5백 달러씩 올려 가며 부르는데 2만 달러를 써내야 낙찰받는다." 130개 채널이 있는 대만의 경우 시청률 1%의 경우 광고 수입을 감안할 때 드라마 1회당 7천~1만 달러가 적정 가격인데 이처럼 턱없이 높은 값이 매겨지다 보니 한국드라마의 수입과 방영 시간 자체가 줄어드는 부작용을 낳고 있다. 대만에서 6개 방송 채널을 보유하고 있는 비디오랜드는 2개 채널에서 한국드라마를 방영 중인데, 수입 총액이 2002

년도에 224만 달러, 2003년도에 319만 달러로 증가했다가 2004년도에는 181만 달러로 뚝 떨어졌다. 방영 시간도 지난해의 경우 2002년에 비해 3분의 1 정도로 감소했다.

이런 추세는 일본이 1990년대 초반에 범한 전형적 오류였다는 지적이다. 1991년부터 1996년까지 일본드라마 바람, '하올(哈日)'이 불어 '일류(日流)'가 선풍을 일으켰다. 그러나 일본은 바로 지금 우리가 하는 것처럼 '오만한 가격 정책'을 써서 시장에서 밀려나고 말았다고 한다. 이런 식의 시장질서 교란 때문에 대만 문화계에서 반(反)한류 분위기가 강하게 형성됐다는 게 민 의원의 분석이다. 초기에 한국드라마 배급에 앞장섰던 대행업자들이 반한(反韓)업자로 돌아섰고 대만 연예인들도 집단 반발했다.

한나라당 이재오 의원은 "한국문화의 대만 상륙에 대해 대만 산업계가 부정적인 인식을 드러냈고 그 결과 한국드라마에 대해 20%의 수입 관세를 부과해야 한다는 움직임이 대두되어 결국 2005년 7월부터 부과하기로 결정되고 말았다"고 한다. 민 의원과 이 의원은 "한국에 대한 우호 세력을 키우지 못해 대만 내의 이 같은 한국에 대한 견제 움직임이 그대로 관철되고 말았다"고 한다. 대만은 동남아 지역 한류의 진원지였는데 이곳에서 한류 기운이 꺾이고 있다는 것이다.

한류의 현장을 직접 둘러보고 온 이들 세 의원의 정책 제안은 한류의 전략적 관리를 위한 조직 신설에 관한 것이다. 이는 첫째, 한류의 지속적 확산과 발전을 통합 조절할 '컨트롤 타워'를 만들어야 한다(전체). 둘째, 문화관광부 산하에 해외문화총국을 신설해 한류상품의 기획과 제작에서부터 최종 배급, 제조업과 관광업 등 관련 산업과의 연관까지 통합 조정하도록 해야 한다(이재오 의원). 셋째, 베트남과 캄보디아 등 저

개발 동남아 국가에 문화홍보원을 설치해야 한다(민병두 의원과 이광철 의원)는 내용에 관한 것으로서, 정부(문화관광부) 측에 대한 국회의 정책 선점과 함께 한류 확산에 따른 새로운 문화정책의 제안이 대두되기 시작하였다는 점에서 의의가 있다. 이들은 국회 차원에서의 한류에 관한 종합 대책을 금명간에 추진키로 하였다.

(2) 권력에 문화를 아는 사람이 없다

정부 측 문화정책의 근본적인 문제점을 지적하면서, 한류의 본격적인 추진 체제의 결성을 주장하는 또 다른 국회 측의 한발 앞선 시도가 있었다. 그것은 이제까지 전문가 그룹이 소규모의 모임이나 논문에서 주장하던 논의를 공론화시켰다는 데 의의가 있다. 국회 문광위 열린우리당 간사 우상호 의원의 주장인데, "청와대 수석회의와 국무회의장 풍경을 보세요. 권력의 핵심인 그곳에 문화를 아는 사람이 몇이나 됩니까? 한류를 국가 주요 자원으로 이어가려면 정책 결정권자 그룹에 문화를 아는 사람이 들어가는 게 최우선 과제입니다"라고 주장하면서, 조만간 스타 프로모션과 프로그램 기획사, 방송사 등 한류 관련 인사들과 국회의원이 함께하는 '한류 프로젝트팀'을 결성시키겠다고 발표하였다.

그는 문화예술 현장에서는 한류가 국가 운명을 좌우할 아젠다로 부상했는데 정책은 따로 노는 이유가 정책 결정권자들이 문화를 모르고 관심도 없기 때문이라 하였다. 그렇기 때문에 한류는 문화정책의 가장 중요한 아젠다가 되어야 한다고 지적하였다. 또한 그는 "과거 중화학 공업과 정보기술(IT) 산업 육성을 했듯 한류도 육성해야 한다는 마인드를 가져야 한다. 일본 정부는 이미 오래 전부터 후지산과 가부키, 스시,

기모노, 스모 등 5개 분야를 국가 상징물로 지정해 영화나 드라마 등 문화상품에 적극 활용하도록 해 왔다. 엄청난 홍보비를 쏟아 부은 제주도의 연간 외국인 관광객이 30만 명에 그치고 있지만, 춘천은 '욘사마 효과'로 인해 홍보비 한푼 없이 연 20만 명의 외국인이 찾게 됐다"고 주장하였다.

한류의 확장과 지속을 위해 개선이 시급한 문제점에 대하여는, 우리의 경우 국정홍보처 예산에조차 한류 활성화를 위한 예산은 없다는 사실과, 일본과 대만 등 일부 국가에서 불고 있는 반(反)한류 움직임에 대해서도 별다른 대응을 못하고 있다는 사실을 지적하면서, 민간에서도 한류상품이 제조업 등의 마케팅과 제대로 연결되지 못하고 있다는 점과 한류에 대한 마인드 부족으로 인한 우리 상품 세일즈가 제대로 되지 못한 점을 강하게 비판하였다. 그렇기 때문에 드라마 〈겨울연가〉에서 배용준이 타고 나온 외제차가 일본에서 대히트를 쳤는데, 한류에 대한 마인드가 있었다면 당연히 한국차를 소품으로 활용했을 것이라는 점도 지적하였다.

결국 우리에게 오래전부터 지적되어 온 정치 권력에 있어서의 문화 마인드 부재와 문화정책의 후순위 배치의 문제점을 국회 차원에서 논의한 것인데 그 실효성은 두고보아야 하겠지만 일단은 마음이 놓인다. 최근 국회의 달라진 모습과 함께 그 콘텐츠의 실제성을 확인할 기회이기도 하지만, 동시에 한류는 이제 국정의 우선순위에까지 올라간 것으로 보이기도 하기 때문이다.

(3) 정책적 지원의 필요성

그러나 한류의 열풍이 민간 부문의 준비되지 않고 기획되지 않은 성공이기 때문에 그 내부의 문제점은 매우 많은 것이 사실이다. 무조건 민간이 옳은 것만은 아니기 때문이다. 일선 현장에서 나오는 소리를 들어보면 계약상의 문제에서부터 인적·물적 교류, 가격 책정 문제 등 경험과 정보 부족으로 인한 많은 문제가 속출하고 있는 것이 현실이다. 심지어 교양 부족의 문제도 나온다.

또한 한류를 문화 산업의 입장에서 국가가 정책적으로 지원해야 한다는 입장이 제기되고 있다. 이제부터는 한류를 일시적인 바람몰이가 아닌 지속적이고 고부가가치를 창출하는 한국 문화 산업의 핵심으로서 국가적인 주요 프로젝트화 하자는 입장이다. 이를 위해서는 무엇보다도 문화의 경제성을 인식하고, 문화가 가진 경제 발전의 동력을 이해해야 한다. 문화 산업의 발전은 창의력과 감성을 지닌 전문가나 젊은 세대에 의해 폭발적으로 증가할 수 있다. 그러므로 한류의 확산은 한국의 경제적 위상을 높이고, 또한 한국 사회가 당면하고 있는 경제 침체를 극복할 수 있는 유일한 해결책임을 인지하는 것이 중요하다. 문제는 그 접근 방식과 문제 해결 전략인데, 이야말로 문화정책의 핵심적인 문제가 될 것이다.

한편, 전체적으로 볼 때 하나의 예로서 번역의 문제가 핵심적인 사항이라 할 수 있다. 이야말로 정부 측에서 담당해야 할 가장 급선무의 작업으로 생각된다. 한국문학번역원이 문화관광부 산하에 존재하는데, 한국문학의 번역이 어떤 행사나 하나의 계기만을 목표로 하기보다는 우리 사회 전체의 기본적인 문화 수준을 높이는 기초 중의 기초적인 역할을 해 주기 바란다. 현재 각 지역별로 여러 가지 경로로 한국영화 및 TV드라마의 영어 번역이 이루어지고 있으나 이 역시 아직은 미미한 수준이다. 미주 지역에는 미국 본토 번역자들이 있으며 그들은 대부분 한국방송 드라마 마니아들로서 한국드라마 팬클럽이나 한국드라마에 대한 인터넷 활동에 열심히 참여하면서 한국문화 전파에 큰 역할을 한다.

나아가 음원 녹음 작업도 마찬가지이다. 이는 음원의 문제만이 아닌 영상, 게임, 애니메이션 등 모든 부문에 걸친 작업인데, 현재 중요한 녹음을 일본이나 미국에서 하고 있는 현 상황은 커다란 문제이다. 정부가 민간의 문제를 뒤에서 도와주는 일은 이렇게 눈에 띄지는 않지만 중요하고 기초적인 일일 것이다. 정부가 앞장서서 국가 정책으로 문화예술을 진흥한다는 것은 이제는 감독자나 연출자 같은 역할이 아니라 하나의 숨겨진 기초적인 일로, 정부 정책 지원은 그 목표와 수단이 대폭 수정되어야 할 것이다.

7. 한류정신의 구축과 우리 문화, 그리고 문화정책

문화관광부는 2005년 4월, 2005년 한 해의 문화정책의 기조를 천명하고 이를 확인하는 「대통령업무보고」에서 한류와 관련된 의미 있는 정책 보고를 했다. '"한류" 확산 및 세계화 기반 마련'이라는 장에서, 쌍방향 교류 활성화로 '한류' 부작용을 해소하며, 그 방식은 '민간 주도, 정부 지원' 방식이라 하였다. 그 구체적인 추진 방법으로는 첫째, 매년 5개국, 20편의 아시아 우수 영상물 수입·방영을 추진하며, 둘째, 재외 공관에서 한류 관련 콘텐츠(DVD) 상영·제공을 하고, 셋째, 민간 차원의 한류 비즈니스 협력을 위한 아시아문화산업교류재단 중심으로 아시아 각국의 유관 기관 및 단체와 네트워크 형성·운영, 동아시아 우수 문화예술 인력 등의 국내 연수 및 유학 유치, 즉 예술·문화 산업 인력의 연수·유학을 유치(예술학교, 영화진흥위원회 등 9개국 69명)하는 정책을 수립하였다. 나아가 이에 대한 기반 조성책으로서 문화관광 산업을 선도할 핵심 전문 인력을 양성할 계획을 수립하여, 예컨대, CT 대학원(Culture Technology, 문화기술대학원) 설립 지원, 문화 콘텐츠 MBA 학위과정 운영, 디지털 매직 스페이스, 문화 콘텐츠 콤플렉스 등 기반 시설 조성 등의 정책을 수립하였다.

이러한 문화정책의 새로운 기조는 당연히 한류 열풍을 그 기초에 두고 성립된 것으로서, 이는 문화정책 변화의 기로에서 그 방향을 조정 중에 있는 것으로 평가된다. 계획되지 않은 한류의 성공 신화를 정부와 국회가 주도권을 쥐고서 각종의 정책 툴을 사용하여 정책 목표와 과제를 선점하는 효과는 있겠지만, 요컨대 민간의 자율과 개방성을 저해하는 상황은 절대로 있어서는 안 될 것이다.

이러한 한류에 대한 국가 문화정책의 기조를 보면 우리 정부의 입장과 방향 정립상의 고민을 살펴볼 수가 있다. 쌍방향 교류 활성화는 특히 한류가 일방적이기 때문에 아시아의 일부 국가에서 빚어지고 있는 역류 현상을 막고자 하는 고육책이다. 그런데 문제는 이러한 영화 몇 편 수입이나 일시적인 인적 교류 방식이 얼마나 통할 것인가에 있다. 한류의 본질을 정확히 이해하여 국가 개입의 방식과 목표 그리고 내용을 모색하여야 할 것이다.

일본 요미우리신문 최근호에서는 서울의 청계천 복원사업을 배우자는 칼럼을 실었다. 그 주요 내용은 TV드라마나 영화 같은 한국의 대중 문화 외의 다른 분야의 '한류'에도 주목하자는 제안이었다. 한류의 외연의 확장을 증명하는 중요한 장면이라고 생각한다. 한국은 그동안 민주화와 경제 발전을 문화의 힘으로 결집시키고 전환하는 데 비교적 성공한 나라라고 할 수 있다. 그것은 하나의 빅뱅과도 같은 폭발이며, 문제는 어떻게 이 폭발력을 골고루 퍼뜨려서 일시적인 현상이 아닌 아시아라고 하는 영구적인 문화 지역을 만들 수 있을까 하는 것이다. 이러한 로컬리즘이야말로 우리가 추구하는 진정한 글로벌리즘으로 가는 길이기 때문이다. 그것은 한국 내에서의 문화의 지방화와 세계화의 문제와도 일치한다.

한류의 본거지이며 메카는 서울이 아니다. 저 조그만 소도시의 거리이며, 지방의 작은 섬이며, 그리 화려하지 않은 산골의 스키장인 것이다. 우리들의 '마음의 고향'이 바로 아시아와 세계를 움직이는 한류의 발상지가 되어 버린 것이다. 누가 알았겠는가? 우리가 일상적으로 보고 스쳐 지나가는 그저 그런 작은 것들이 이렇듯 역사의 주인공이 될 줄이야. 그렇다. 유럽의 정신이 바로 지방의 정신이라고 외친 독일의 철학자 헤겔(Hegel, Georg Wilhelm Friedrich)의 말처럼 유럽은 모든 것이 지방에서 비롯된다. 그 지방이 세계를 만들어 왔으며, 세계는 지방을 모델로 하여 인류를 향하여 앞으로 앞으로 뻗어 나갔던 것이다. 유럽의 정신이 지방정신이라면, 그 실체는 마음과 마음이 녹아드는 진정한 교류의 정신이며, 인간 정신이 구현되는 문화정신인 것이다. 오늘날 세계적으로 유명한 독일의 라이프치히도서전은 작가와 독자들이 주인인 정서적 도서전이며, 2005년에 우리나라가 주빈으로 참여한 프랑크푸르트도서전은 출판사와 저작권 에이전시가 주인인 상업적, 국제적 도서전이다.

이 2가지 행사가 합쳐져서 세계적인 도서전은 완결되어 오늘의 독일을 문화강국으로 만든 원천이 되었다. 우리 작가들도 그곳에서 독일 작가들과 문학에 대해 토론하고 우리 작품들을 낭독했다. 그리고 바이에르나 예나, 드레스덴에서도 행사를 하였다. 모여든 독일과 세계의 청중들은 진지했고 행사는 성공적이었다.

지방이 국제화를 이루는 길은 문화를 통해서만이 가능한 일이다. 지역이든 국가이든 문화정신의 바탕 위에서만 국제화는 가능해진다. 문화정신 없이 국제화의 길을 간다는 것은 명목적이고 허울뿐인 결과만을 초래하게 된다. 문화의 저력은 우리 문화를 글로벌 수준으로 표준화해 세계인이 공감할 수 있는 새로운 문화를 창조하는 작업이다. 그것이 '한류정신'이다. 한류정신은 위기의 시기에 나타나기 시작했다. 문화는 사회가 어려운 때에 더욱 힘을 발휘한다. 일본 역시 10년 불황을 메운 것은 문화였다. 그래서 일본은 10년의 불황을 만나면서 경제대국에서 문화대국이 되는 진짜 강국이 되었다고 한다. 불황이 문화와 만나면 경제 혁신을 일으키고, 권력에 이용되면 독재 체제를 불러들인다.

우리의 경우에도 상황은 비슷하였다. 외환위기는 한국의 문화 산업의 체질을 개선해 새로운 성장의 계기를 제공했다. 1990년을 전후해 영화와 케이블 TV 등 영상시장에 진출했던 대기업들은 외환위기 이후 모두 철수했으며, 돈을 대주던 대기업의 공백은 문화 소프트웨어 산업에 큰 시련을 주었다. 그러나 이는 일시적인 현상이었으며 곧 작은 규모의 자본이 소프트웨어 산업에 흘러 들기 시작했다. 2000년대에 들어오면서 벤처 붐과 맞물려 투자할 곳을 찾던 자금들이 문화 산업에 유입되기 시작한 것이다.

1998년 미래창투를 시작으로 영상 전문 투자조합이 결성되면서 금융자본의 영화 투자가 본격적으로 시작됐다. 영화인들은 "당시 위기는 벤처 자금이 영화 산업을 투자 기회로 볼 수 있도록 오히려 도와주었다"고 입을 모은다. 벤처 자금이 영화 산업을 도박판처럼 만들었다는 비판도 있다. 그러나 돈이 몰리면서 한국영화의 파이는 커졌고, 이는 영화 산업 전체의 발전으로 이어졌다.

결국 외환위기가 〈쉬리〉(1999년)의 흥행 신화를 만들었고, 2004년 불황이 〈실미도〉와 〈태극기 휘날리며〉의 1천만 관객 시대를 열었다. 경제난이 한국영화에는 오히려 약이 된 셈이다. 경제 불황은 소비심리 위축으로 이어져 생계와 관계없는 문화 분야의 지출감소로 이어진다는 것이 일반의 상식이다. 이에 따른 문화 산업의 위축을 쉽게 점칠 수 있다. 그러나 한국 소프트웨어 산업은 정반대의 현상을 보였다. 대박 영화 몇 편 나온데 그친 게 아니라 외환위기를 기점으로 수출은 물론 해외 주요 영화제 수상이 급증하며 한국영화는 유례없는 전성기를 누리고 있다. 드라마 경쟁력도 외환위기 이후 중국과 동남아를 거쳐 일본까지 휩쓴 '한류'가 이를 증명하고 있다. 2004년 2월 발표된 '일본무역진흥기구(JETRO)' 보고서는 이런 현상이 우리만의 특수한 경험이 아니라는 걸 보여 준다. '경제 불황이 문화적 혁신을 가져왔다'는 제목의 이 보고서는 경제 불황이 야기한 사상 최악의 실업률 등으로 고전했던 '잃어버린 10년' 동안 일본 소프트웨어 산업이 한 단계 도약했다고 진단했다.

한류가 대만에서 커다란 유행을 보이고 대만의 문화계를 점령하자 대만의 연예인 노조는 2002년 "한국드라마 수입으로 일할 권리를 박탈당하고 있다"며 대규모 시위까지 벌였다. 〈대장금〉이 대만에서 뜨자 아예 한국드라마에 20% 관세를 부과하자는 안이 2004년 말 대만 의회에 상정되기도 했다(아직 계류 중). 이것이 우리에게 시사하는 바는 의미심장하다. 그것은 주고받는 상생의 정신이며 우리 것과 남의 것을 함께 중시하는 국제화의 정신인 것이다. 지방의 문제는 지방만의 것이 아니라 나라 전체의 문제이며, 세계의 문제인 것이다. 우리 문은 꽁꽁 닫고 남의 문만 두드리는 한국 문화 소프트웨어 산업의 일방성과 폐쇄성이 '심리적 통상 마찰'을 일으키고 있다고 하는 세계무역 현장의 소리는 경청해야만 한다.

아시아의 몇몇 지역에서 동시다발적으로 생겨난 한국 대중문화의 폭발적인 인기로서 사용되는 한류는, 그럼에도 불구하고 여러 가지 긍정적이며 다양한 의미를 갖고 있다. 그것은 아시아의 많은 나라들이 대중문화라는 비정치적인 영역을 통해 의사소통을 할 수 있는 계기가 마련되었다는 점에서 의미 있는 일이다.

아시아인들은 한류를 통해서 처음으로 진정한 문화 교류를 시작하게 되었다. 그들은 한류드라마와 영화를 통해서 공통의 감성을 나누며, 댄스 음악을 통해서 아시아적 정서와 동질성을 느끼고 있는 것이다. 그들은 할리우드만이 해결책이던 세련됨과, 보다 높은 정서에의 갈증을 한류 대중문화에서 찾게 되었다. 이는 일시적인 현상도 아니며 과소평가할 일도 아니다. 뿌리 깊은 한국인에 대한 일본인의 편견을 바꾸어 놓은 것은 남과 여의 순수한 애정을 그린, 단 한 편의 TV드라마였다.

한류정신은 대중문화의 정신과 일맥상통한다. 대중문화의 정신은 인류의 보편성과 일상성을 추구하고 모색하는 정신이다. 한류를 통해서 아시아인들이 근현대 최초로 감성적 교류를 시작했다는 사실은 그들이 인류의 보편성 형성과 획득에 주도적으로 참여하게 되었다는 또 다른 역사 의식과 만나게 된다. 아시아인들은 서양 대중문화의 비동질성과 비현실·비일상성에 염증을 느끼고 그 대안을 찾기 시작하였다. 문제 의식의 객체가 아닌 주체로서 아시아인들은 아시아의 대중문화를 공유하기 시작하였다. '한류 열풍'은 이런 시점에서 일고 있는 지각변동이다. 이제 본격적인 전지구화 시대의 지각 변동 속에서 우리를 억눌러 왔던 근대는 새롭게 태어나고 있으며, 이에 따라 제3세계는 그 정체성을 키워 가고 있는 중이다.

한류정신은 사이버 세계와 소프트 파워로 상징되는 21세기의 정신과 맞닿아 있다. 국경과 시간과 공간을 초월하여 사람의 마음을 사로잡는 힘을 가지고 있으며, 그렇기 때문에 한류 문제를 들여다보면 볼수록 우리 시대의 특징인 '소프트 파워'를 느끼게 된다. 한국인의 감성 속에 담긴 정과 역동성, 집단 놀이문화, 수천 년간 쌓인 전통문화 원형, 그리고 IT 인프라 등이 소프트웨어 강국으로 가는 자원이며, 이야말로 현재 한류의 견인차 역할을 해 왔던 〈겨울연가〉와 〈대장금〉의 정신인 것이다.

한류정신은 동시에 전통문화의 정신이다. 전통문화는 현대사회에서도 적합성을 갖고 미래를 약속하는 문화유산이라고 할 수 있다. 과거로부터 이어져 내려오는 전통문화는 과거와 현재, 그리고 미래라는 시간의 연대를 삶의 현실 속에서 가능하게 하는 힘의 원천으로서 그 본질적인 의미를 발현한다. 정신적인 복합체로서의 모형인 전통문화는 미래의 문화창조를 풍요롭게 해 주는 바탕, 즉 "전통 속에 미래가 있다"는 구도를 제공함으로써 새로운 문화를 창조하고 재창조하는 가장 강력한 원동력이다.[51]

현재 우리 정부에서 지속적으로 시도하듯이 한류를 국가 이미지 제고를 위한 중요한 목적이자 수단으로 설정하기 위해서는 문화정책 전반

---

51 전경수(2004), "무형문화재 개념의 적합성과 문화유산론의 검토", 「민속문화」, 11, pp. 25~27.

에 대한 점검이 우선 필요하다. 이제까지 사실상 문화는 늘 정치와 경제의 하위 개념으로 취급되었고, 문화정책의 기조도 국가주의에 기반을 둔 국민 정체성의 형성을 목표로 규제와 규율로 일관하여 왔다. 이렇게 해서는 국제사회에서 아직도 빈약하기만 한 한국의 국가 이미지를 선명하게 그려낼 수 없다. 그러므로 한류를 상업적인 흐름으로 이해하기보다는, 국가 이미지를 고양하고 한국인의 일상성에 대한 '현재적 텍스트'를 세계에 알린다는 우리 사회의 기조를 형성하게 해야 한다. 즉, 한류의 브랜드화는 브랜드로서의 한국이라는 국가 이미지를 구축하는 일과 적극적으로 연계되어 있다는 것을 인지하는 것이 중요하다. 한류가 만들어 낸 한국 사회에 대한 친근감이라는 정서는 매우 소중하게 축적된 자산이다.[52]

이를 지속 가능하게 하기 위해서는 문화정책의 대변혁을 이루어야 한다. 국내적으로 무엇을 만들고 앞장서서 일을 추진한다든지, 국제적으로 우리 것을 알리고 홍보한다는 발상의 대전환을 이루어야 한다. 그것은 국내·외 모두 같은 맥락인데, 우리 문화의 수요자들이 정말 원하는 것, 그들이 가지고 있는 것, 그들이 하고 싶은 것을 역으로 찾아내야 한다. 그리고 이를 적극적으로 받아들이는 것이다. 그것도 제대로 된 비용을 들여서 하여야 한다. 우리의 문턱을 한없이 낮추어야만 한다. 이것이 한류의 나라에서 해야 할 일이다.

한류의 지속 가능성에 대한 논의의 또 다른 측면은 한류를 계기로 보다 수준 높은 아시아 문화공동체를 만들어 나가야 한다는 것이다.[53] 현재의 기회를 아시아권에서 서구나 미국의 문화를 막을 수 있는 문화적

---

52 김현미(2004), 앞의 글.
53 원용진, "한류 뒤집어 보기", 한겨레신문, 2001년 9월 26일자.

블록 형성의 기회로 활용해야 한다는 견해이다. 다른 아시아 지역의 드라마를 보면서 비슷한 근대화 경험을 거친 아시아 주민들은 새로운 연대 의식을 갖기 시작했고, 서구를 선망하던 시선이 변화하고 있는 것이 분명하다는 것이다. 즉, 한류는 아시아 각국이 아시아를 준거집단으로 삼고자 하는 아시아인들을 만들어 내고 있다는 점에서 의미가 있고, 장기적으로는 아시아 문화 블록 형성이라는 높은 단계로 이어져야 한다는 것이다. 한류는 우리 문화 형성과 새로운 문화정책의 수립의 신기원을 이루고 있으며, 이에 대한 정확한 인식과 이해는 한류의 외연을 확장하고 내적 잠재력을 심화하는 동력이 될 것이다.

다시 강조하지만, 한류에 대한 문제 의식은 기존의 국가문화정책의 범주 안에서는 해답이 나오지 않는 것이며, 보다 높은 인류 보편적인 유대감과 철학이 그 기저에 형성되어 있어야 한다. 한류의 시대적인 의미를 정확히 이해하고, 한류가 아시아 지역에서 어떠한 의미로 아시아인들에게 다가가는지 알아야만 한다. 이를 바탕으로 국가 이미지 제고와 글로벌 시대의 동반자적인 문화정책의 비전을 위해 한류와 관련된 기본적인 정책 변화를 이루어 나가야 할 것이다.

그렇기 때문에 우리는 이를 다른 선진 강대국처럼 문화 산업적인 접근으로만 끝내서는 안 될 것이고, 오히려 이를 겸허히 받아들여 문화적인 접근과 상호 교류 협력의 기회로 삼아 우리 사회 전 분야에서 한국 사회 일류화 프로젝트로 승화시켜 나가야 할 것이다.

8. 한류를 보는 눈, 역사를 보는 눈
―한일 우호의 해에 한일관계를 생각함

(1) 한일관계를 생각한다

약 20년 전 필자가 해군 장교 시절, 미 해군 태평양함대의 제7함대에 연락장교로 근무하던 중 그 유명한 미 항공모함 엔터프라이즈 호에 탑승하고 있을 때였다. 그 배에는 커다란 도서관이 있었는데, 자주 찾던 즐거운 곳이었다. 그때 발견한 한 권의 책이 아주 인상적이었다. 일본에서 발간한 작은 시집이었는데 단 세 줄의 시 구절이 필자를 붙잡았다. 시집에는 고즈넉한 오후의 교정이 삽화로 그려져 있고, 질박한 구어체의 일본어로 다음과 같은 시가 쓰여 있었다.

>그네
>그네가 움직입니다.
>내가 움직입니다.
>학교가 움직입니다.

미국 영토인 미 해군의 군함에서 일본의 시를 읽고 혼자서 감동하는 한국의 한 젊은 장교, 이것은 매우 회화적인 장면이다. 그리고 그 시는 아주 일본적인, 그리고 인간과 자연을 섬세하게 묘사한 수작이라고 생각한다.

일본의 한 시가 이렇게 감성을 돋우는 것은 그리 특별한 일은 아닐 것이다. 언제 어디에서나 있을 수 있는 그런 일이다. 그러나 새삼스레 이 이야기하는 이유는 우리와 일본의 특수한 관계를 말하고 싶기 때문이다. 한류를 매개로 한일관계를 다시 보고 싶은 것이다.

 2005년은 '한일 우호의 해'였다. 그런데 1년이 지난 지금 한일관계가 또 다시 심상치 않다. 지금이 언제인지는 전혀 중요치 않다. 왜냐하면 지난 40년간 계속 그래왔듯이 언제라도 "지금 한일관계가 또 다시 심상치 않다"고 말할 수 있으니까. 한동안 교과서 왜곡 문제로 양국관계가 요동치더니, 2005년 들어 한일우호 관계 수립 40주년 기념사업을 펼치고, 한일 우호의 해를 선포하고, 양국 정상이 잘해 보자고 손을 맞잡은 게 불과 얼마 전이었다. 그런데 이번에는 독도 영유권 문제로 현해탄이 소란하다.

 역사란 무엇인가? 역사는 과거와 현재의 끊임없는 대화이며, 현재의 관점에서 항상 새롭게 쓰여지는 것인가? 한국과 일본은 근·현대사의 흐름 속에서 보면, 일본의 어느 역사가의 표현대로 일본이라는 산적이 한국이라는 양반집 규수를 겁탈하는 형국이다. 일본이 한국에 심심하면 저지르는 만행은 역사적으로 백제의 후손인 일본인들이 과거에 그들을 패망시킨 본토 한국인에게 복수하는 것인지도 모른다.

 양국은 지구상에서 가장 가깝게 붙어 있으면서 서로가 가장 만만하며, 또한 가장 껄끄러운 상대이기도 하다. 그래서 그들은 서로를 사모하여 사랑싸움을 하며 지금 추억 만들기에 여념이 없는지도 모른다. 젊은 이들 말대로 서로 사귀고 있는지도 모른다. 일본에서의 '한류'의 근원은 여기서 비롯되었을 것이다. 그렇기 때문에 어제는 한국 춘천의 시장통을 쓸고 닦고 하다가 갑자기 오늘은 이상한 소리를 하여 분위기를 깨기도 한다. 그러나 양 국민 모두 근본적으로는 크게 걱정하지 않는다. 왜냐하면 그런 소리를 하는 부류는 일본에서도 아주 소수인 보수 우익들이기 때문이다. 그래서 보통의 정상적인 시민들은 곧 다시 분위기가 호전되어 언제 그랬느냐고 서로 바쁘게 왕래할 것이기 때문이다. 아니, 이미 대부분의 사람들은 별로 현 상황에 대하여 신경 쓰지 않는다.

   그렇기 때문에 특히 젊은이들에게 하고 싶은 말은, 제발 독도 영유권 문제로, 혹은 교과서 왜곡 문제로 아니, 앞으로 있을 모든 종류의 한일 문제로 손가락을 잘라 애국심을 보일 필요는 없다는 것이다. 앞으로 여러분의 살아생전에 이러한 일들이 수백 수천 번도 더 일어날 것이며, 그러고는 언제 그랬냐는 듯이 사이좋게 지낼 테니까. 그리고 더욱 중요한 점은 뒤에 좀더 상세히 말하겠지만, 한일 관계의 주요 이슈인 독도, 교과서, 종군 위안부 등에 관한 최초 문제 제기는 한국 측이 아니라 일본의 양식 있는 개인과 시민단체였다는 것이다. 이것을 알고 나면 조금 심사가 풀릴 것이다. 정말 마음에 들었다 안 들었다 하는 이웃인 것이다. 그러나 어쩌겠는가. 우리가 국제사회에 나가 일하다 보면 언제나 숙명처럼 마주치고 서로 돕고 또한 경쟁하는 가장 중요한 파트너인 것을. 우리와 그들은 서로를 가장 잘 알고 있으며, 서로의 강점과 약점을 너무 잘 알아 마치 피붙이처럼 느껴진다. 쿨한 서구사회에서 서양 친구들의 동양인 무시에도 같이 화내고, 무슨 일이 있으면 가장 먼저 찾게 되는 이웃도 다른 사람 아닌 서로들이다. 일본은 바꿀 수 없는 지리적·역사적 숙명이다. 그렇기 때문에 한일 문제는 단번에 해결할 수 없는 영원히 풀리지 않는 숙제이다.

(2) 일본에서의 한류

한류는 한국과 일본 간의 전통적인 문화 관계를 고찰하는 데 결정적으로 중요한 역할을 하고 있다. 이것은 일본에서의 한국의 국가 이미지에도 커다란 영향을 미치고 있다. 한국의 이미지는 현재 일본에서 어떻게 변화하고 있는 것일까 하는 것은 중요한 연구 과제이다. 문화를 향유하고 소비하는 층은 이제까지 주로 젊은층이었다고 해도 과언은 아니다. 이러한 젊은층의 문화 편중에 대해 한류의 성공은 특히 일본에서 중장년층 여성들의 존재를 부각시키고 있는 것이 사실이다.

이것은 한류가 단순히 대중문화라는 것에 그치지 않고, 다양한 영역에까지 그 영향력을 행사하고 있다는 사실을 보여 준다. 한류 팬들의 일반적인 행동 방식은 어느 나라나 한국문화 전반에 걸친 관심으로 확장되고 있으며, 그들은 동호회(예컨대 하와이에서의 K-드라마 동호회, 홍콩의 〈대장금〉 연구회 등)를 조직하고, 직접 한국 여행을 하거나, 드라마의 한국어 이해를 위한 한국어 공부 등 그 문화적 활동 범위가 점차 확산되고 있다. 특히 일본에서는 한류로 인해서 일본의 중장년층 여성 팬의 존재가 크게 부각되었다. 한류로 인하여 그들은 매우 적극적으로 한류를 받아들이고 영화와 드라마 감상과 DVD 구매 활동과 같은 행동을 하고 있다.

한국에서 2002년 1월에서 3월 사이에 방영됐던 드라마 〈겨울연가〉를 예로 들자면, 일본에서의 방송은 2003년 4월에 NHK 해외 일본 방송인 BS방송국에서 방송을 시작하였고, BS위성방송 재방송과 DVD 발매, 2004년 4월 3일 배용준 방일, 〈겨울연가〉 붐, 2004년 말 NHK 지상파 방송 등의 순서로 서서히, 그러나 확실하게 일본에 상륙하였다. 시청률은 전체적으로 20%를 상회하여 높은 시청률을 보였다. 이로 인해 NHK 경영에 지대한 기여를 한 것으로 평가되었다. 2003년 대비 매출액 45억 엔 증가, DVD 매출은 2004년 말 기준 약 40만 세트이며, 소설은 122만 부가 팔렸다.

  이러한 통계는 바로 중장년층 여성 팬들의 역할 덕분이다. 그들 대다수는 몇 번씩이나 반복하여 〈겨울연가〉를 보았다. 평균 시청 횟수가 10회 이상이며, 나아가 더빙이 아닌 한국어 원음 방송의 청취를 원한다는 것이다. 그리고 일본 내의 모든 조사를 통한 결과로는 중장년 여성 마니아 팬들은 끝없이 반복 시청하는 패턴을 가진다. 그것이 통상의 드라마 팬들과 〈겨울연가〉 팬들과의 차이인 것이다.[54]

  일본의 일부 매스컴이 〈겨울연가〉의 팬들은 전업주부층뿐만 아니라 직업여성과 이혼녀, 전쟁에서 상처받은 여성들이라는 기사를 발표한 적도 있으나 이는 그야말로 '혐한류' 적인 망발이다. 대다수의 견해는 한류 팬들은 계층 구분 없이 일반적이며 그들은 〈겨울연가〉를 통해서 한국에 친밀감을 갖게 되었다는 것이다. 누구도 부인하지 못한다. 일본 언론에 가끔씩 비치는 이야기 중에서 "〈겨울연가〉 속에 나오는 한국인의 일상생활이 일본인과 거의 다를 게 없다는 사실에 놀랐다"는 보도는 정말 우리를 놀라게 하는 말이다. 아니, 재미있기까지 하다. 또 IT 산업이 선진국 수준임을 보고 놀랐다는 말도 마찬가지이다. 그만큼 일본인들이 평소 한국에 대한 수준 이하의 인식을 가지고 있었다는 말이기도 하다.

  그들은 '욘사마'가 한국의 그러한 인상을 바꿔 놓았다고 말한다. 〈겨울연가〉를 통해서 한국에 대한 것을 알게 되었고, 좋은 이미지를 가지게 되었다는 것이다. 그러나 실제로는 이미 오래 전부터 조용필이나 계은숙, 그리고 서태지와 아이들 등의 대중음악 스타들에 대한 동호인 모임이 일본에 존재했으며, 그들의 콘서트를 보기 위하여 한국을 방문한 팬

---

[54] 유키에 히라타(2004), "일본에서의 한류의 소비", 『일식한류』, pp. 87~93.

들도 적지 않았다. 이러한 한국 대중문화의 주된 수용자는 일본 여성들이었다.

그러나 21세기의 한류는 이러한 일본의 흐름을 바꾸어 놓았다. 〈겨울연가〉에서 시작한 한류는 〈대장금〉에 이르러 일본의 남성 팬들을 확보하기에 이르렀다. 보다 보편적인 한국의 문화에 대한 이해의 폭이 넓어지고 이것이 다른 분야에까지 확산되어 양국의 민간 차원의 교류는 그 어느 때보다 활발해졌다.

드라마 〈겨울연가〉는 남녀간의 사랑 이야기이지만 극 중에 단 한 번의 흔한 섹스 장면도, 보기 민망한 육체적 접촉 장면도 없었다. 그리고 드라마의 배경인 강원도의 설경도 아름답게 영상 처리하여 보는 이들로 하여금 꼭 한번 가 보고 싶게 만들었다. 그들의 이야기는 모두가 가슴 속에 한번쯤은 생각했던 순애보였다. 보는 이들의 가슴 아린 추억을 떠올리게 하였으며, 이 정도 수준의 드라마를 만든 한국을 동경하게 만들었다.

(3) 한류정신으로 한일 문제를 해결한다

한류의 문제와 진정한 한일관계의 모색은 현재의 전후세대와 건전한 역사관과 역사 의식을 가진 계층간의 문제이다. 그들끼리 진실을 밝혀야 한다. 한류는 보통의 일본인과 아시아인들에게 우리 이야기를 듣게 하는 채널이 된다. 한류 붐을 살리는 것이 한일관계의 진정한 상호 이해의 장을 만드는 길이다. 한류정신은 나눔의 정신이며, 상호 이해와 교류의 정신이다. 우리를 나타내고 홍보하고 과시하기보다는 상대국에게 정말 필요한 것이 무엇인지, 그들의 훌륭한 점이 무엇인지 우리가 배울 것은 무엇인지, 우리가 줄 것이 무엇인지 먼저 살펴야 한다.

'한류'를 생각하면 참 고맙고 안타깝다. 우리가 아시아인들에게 무언가 한 것 같아서 고맙고, 더 잘하고 싶어서 안타깝다. 그렇기 때문에 우리는 이를 다른 선진 강대국처럼 문화산업적인 접근으로만 끝내지는 않을 것이고, 오히려 이를 겸허히 받아들여 문화적인 접근과 상호 교류 협력의 기회로 삼아 우리 사회 내부에서 한국 사회 일류화 프로젝트로 승화시켜야 한다.

일본의 경우도 마찬가지일 것이다. 극우(역사 왜곡) 교과서를 채택한 학교는 일본 내의 0.04%로서, 실제로는 없다는 뜻이 된다. 일본 내의 건전한 시민사회는 역사 왜곡을 선택하지 않았다. 현재 일본에서 역사 왜곡을 주도하는 이들은 과거의 침략 전쟁과 식민지 지배를 부정하는 것은 물론 1945년 이후 진행된 민주주의까지 하찮게 여기는 사람들이다. 이들을 자유·평등·평화와 같은 민주주의 가치를 공유하지 않는다고 지적하고, 이들과 침략·식민지 지배에 관한 역사 인식을 공유하기는 불가능하다고 정확한 지적을 하는 양심 세력도 많은 것 또한 사실이다.

짚고 넘어가야 할 중요한 사실이 또 있다. 역사의 아이러니랄까, 역사의 해학이랄까. 한일관계에 있어서 과거부터 현재까지 의미 있는 역사적 사실에 대한 문제 제기는 우리 측보다는 저쪽에서 먼저 시작한 것이 많다. 사실상 명성황후 시해 사건 규명은 일본의 여류 소설가였으며, 위안부 문제 쟁점화는 일본의 양심적인 한 시민단체였으며, 독도에 관한 중요한 자료를 제공하여 독도 문제에 주의를 환기한 인물도 일본의 교토대 교수였다. 또한 교과서 왜곡 문제는 다름 아닌 일본의 한 역사학자가 국가를 상대로 낸 소송이 발단이 되었다. 그가 쓴 역사 교과서에 대하여 일본 문부성이 항상 문제되고 있는 난징대학살이나 종군위안부에 관련된 부분을 삭제토록 지시하고 나아가 용어에 대하여도 간섭하였던 것이다. 이에 대해 그는 국가의 검정에 대한 소송을 제기하였고, 이 문제가 비화하면서 한국 정부와 중국 정부가 일본 정부를 비난한 것이 교과서 왜곡 문제의 발단이 되었다. 이 교과서 파동은 우리나라와 중국 전역을 들끓게 하였고, 결국 1986년 국민의 성금으로 독립기념관이 세워지게 되었다. 저 멀리 임진왜란 때에도 우리의 기록과 더불어 동족의 만행을 고발한 인물도 일본의 승려였다.

과거사 문제를 해결하는 길은 일본 극우세력의 움직임에도 불구하고 이러한 일본의 보통 시민들의 보편적 가치와 인식과는 다르다는 점을 이해하고 그들과 진정한 교류를 갖는 것이다. 양 국민 사이에 한류정신을 대입시키고 살아나게 하여야 하는 것이다. 춘천 거리를 쓸었던 일본인들의 그 마음을 우리는 알아주어야 하며, 드라마 속 욘사마의 순수함을 그리는 그 마음도 이해해야 하는 것이다. 〈겨울연가〉를 보고 마음이 고와지고, 병이 나았고, 이웃과 친해졌다는 일본의 보통 사람들의 정서를 가슴에 안아야 하는 것이다. 지금도 스산한 남이섬의 구석구석을 거니는 그들의 마음을 헤아려야 하는 것이다.

제4장
한류학 이야기
―질풍노도의 시간들

한류에 관한 전문 교육·연구 기관이 2005년 초에 세계적으로 유일하게 우리나라에서 문을 열었다. 한류가 대학에서 정식 학문으로 대접받고 자리 잡게 되었다는 뜻이다. 한류를 이제부터 정색을 하고 대하게 되었다는 의미이기도 하다.

이 장에서는 대학 사회에 한류아카데미를 개설한 지난 1년 동안 있어 왔던 질풍노도와도 같았던 시간들과 수많은 이야기를 재정리해 보고자 한다. 이는 다름 아닌 우리나라에 한류학을 정착시키기 위한 여러 가지 모색과 시도를 말하는 것인데, 이 모든 것을 현장 중심으로 그리고 생생한 체험을 바탕으로 '이야기' 해 보고자 하는 것이다.

1. 첫 번째 정경

2005년 2월 중앙대학교는 한류아카데미를 출범시키고, 그 첫 번째 공식 행사로 '한·중·일 한류 국제세미나'를 마련하였다. 서울 타워호텔 그랜드볼룸에서 열린 이번 세미나에는 일본 문화 산업계의 대부로 불리는 키타모토 마사타케(北本正孟)를 비롯, 에이미 첸 홍콩 전(前) 관광청장, 이와모토 미치야 도쿄대학 문화인류학과 교수, 그리고 우리나라의 이어령 전(前) 문화부장관 등이 참가하였다.

이는 한류에 관한 본격적인 첫 번째 학술 세미나이며 국제행사인 만큼 많은 사회적인 관심을 받았다. 세미나에서는 우선 한류에 관한 기본 방향과 발제를 일본에서 한류를 현장에서 직접 목격하고 체험한 이어령 전 장관이 맡았다. 그리고 홍콩의 전 관광청장이며, 홍콩 내 배용준 팬클럽 회장을 맡고 있는 홍콩 관광업계의 대표적인 인물인 에이미 첸 여사가 홍콩의 국가 이미지 메이킹을 통한 '관광대국-홍콩' 성공 사례를 들려 주기로 하였다.

일본에서는 도쿄대 교수이며 일본 인류학계의 중심적인 학자인 이와모토 선생이 문화인류학적 입장에서 한류를 설명키로 하였으며, 특별히 언급할 필요가 있는 칠십 노령의 키타모토 마사타케 선생이 문화경영과 문화 산업적인 입장에서 한류의 미래를 강연해 주기로 하였다.

(1) 일본의 '문화대통령' 키타모토 마사타케 선생

일본의 '문화대통령'으로 불리는 세계적 이벤트 전문가 키타모토 선생은 35년 동안 일본만국박람회, 세계음식박람회 등 일본의 초대형 국제 행사를 기획하고 1990년대 초에는 우리나라의 세계박람회를 지원한 인물로서, 고(故) 손기정 옹의 마라톤 코치였던 일본인 키타모토 마사미치(北本正路, 작고) 씨의 아들이기도 해 화제가 된 분이다. 키타모토 씨는 언제나 한국을 "위대한 손기정 선수의 나라"라고 말하며, "손기정 선수가 베를린 올림픽 마라톤에서 금메달을 땄을 때 저는 두 살이었지만, 제 아버지는 그때부터 돌아가시기 직전까지 50년이 넘도록 늘 손기정 선수 자랑만 하셨습니다. 그는 저희 키타모토 부자의 영웅이었습니다"라고 말한다.

키타모토 선생은 1995년 1월에 발생한 일본 고베(神戸)-한신(阪神) 대지진으로 손 옹에 관한 사진과 아버지의 일기 등 귀중한 자료들을 잃어버린 게 큰 한이 됐다고도 하였다. 키타모토 선생은 "한·일 국가 현실은 서로 달랐지만, 스포츠맨이었던 아버지는 손 선수와 함께 땀 흘리며 합숙 훈련했던 사실을 평생 감사해했다. 이제 한일관계도 함께 땀 흘리고 노력해서 양국 모두 발전하는 쪽으로 가야 하지 않겠느냐"고 하였다. 그는 "손 옹을 지도했던 아버지가 스포츠 친선대사였다면, 나는 문화 친선대사가 되고 싶다"고 말한다.

또한 그는 "한류 열풍에서 볼 수 있듯, 〈겨울연가〉라는 일개 '드라마'가 기존의 양국의 외교력을 능가하는 '드라마틱(dramatic)'한 상황을 연출했다. 나는 한국 학생들이 이런 '한국 브랜드'를 세계화할 수 있도록 최선을 다해 돕겠다"라고 하였다.

(2) 이어령 전 장관 이야기

그는 아직도 놀라운 이야기 실력으로 우리를 감동시켰다. 한류를 설명하기 위하여 그는 그리스 사람들의 3가지 인식 개념을 사용하였다. 피시스(physis), 세미오시스(semiosis), 노모스(nomos)가 그것이다. 피시스라고 하는 것은 자연, 물질계, 땅 덩어리 등 주어진 자연조건을 말하며, 세미오시스는 자연 속에서 음식도 만들어 먹고 옷도 입고, 언어도 만드는 모든 문화 상징체계를 말한다.

그 다음 노모스인 제도가 있는데, 봉건제도라든지 민주주의라든지 여러 제도들, 그리고 법률 등을 말한다. 그러니까 한국인으로서 3가지 조건을 가지고 있는데 자연계로서의 한국인, 문화와 기호체계로서의 한국인, 법률이나 국가체계의 노모스로서의 한국인, 이렇게 3가지로 한류를 설명하였다.

특히 이 전 장관은 〈겨울연가〉를 예로 들어서 한류가 무엇이며 붐이 어떻게 불었는가를 피시스, 세미오시스, 노모스로 설명하였다. 우선 욘사마의 얼굴을 한국인의 얼굴로 보고 외국인에게는 없는 것으로서, 하려고 해서 되는 게 아닌 피시스로 보았다. 처음으로 배용준이 일본을 방문해 2004년 11월 31일, 공항에 내렸을 때 엄청난 인파가 모여 '욘사마'를 외친, 대부분이 학식 있는 30~40대 여성들의 인식을 분석한다. 그들에게 왜 한류 붐이 불었느냐 물어보면, 한국 배우들이 멋있다는 것이다. 내용이니 뭐 이런 게 아니다. 중국 사람들은 중국에서 볼 수 없는, 일본 사람들은 일본에서 볼 수 없는 선남선녀들을 그리는 꿈의 얼굴이 되었다는 것이다. 즉, 코리안 판타지가 벌어졌다는 것이다. 바로 문화(culture)라는 게 그런 것이라 하였다.

즉, 피시스 단계가 픽션으로 올라가고, 신화로 올라가고 마음속에서

투영되어서 상징체계, 기호체계로 넘어가면 이미 한국이라는 이 피시스의 조건, 이것이 문화로 넘어가는데 그것이 세미오시스다. 또 한국인이라고 하는 유전자, 활 잘 쏘고 가무에 능하며 옛날부터 동이족의 특징으로 내려온 한국의 유전자가 한류의 상품이 되고 한류문화를 형성하는 것이라고도 하였다. 또한 한국음식은 생성되는 것이지 존재하는 게 아니며 퓨전(fusion)의 섞이는 문화라면서, 한국의 대표적인 비빔밥이라는 것은 다 집어넣고 비비는 것이다, 외국 어디에 비빔밥 같은 것이 있는가, 그들은 이 음식하고 저 음식하고 섞일까 봐 디쉬 나오면 포크, 나이프가 다 하나씩 따라 나오지 않는가라고 하였다.

"일본인들이 〈겨울연가〉를 보기 시작했는데 배용준이 얼굴을 보니까 첫사랑이 생각난다, 저런 남자하고 연애하고 싶었지 하면서, 거기에서 꿈을 보는 거예요. 배용준이만 보면 가슴이 울렁거린다, 16살 때 울렁거림을 누가 나에게 주었느냐? 30~40대의 여성이, 자신이 여성이라는 것, 첫사랑이라는 것 다 잊고 살았는데, 배용준이가 내 소녀 시절의 사랑의 감정, 아직도 식지 않은 내 사랑의 감정을 다시 일으켰다, 그러니 이 여성들이 화를 내면서 꿈이라도 좋다, 깨지만 마라, 이렇게 얘기하면서 '노코멘트, 더 이상 깨지만 말게 해 다오'라고 말하는 것이에요. 배용준 신에서 가장 아름다운 것은 스노우건이 눈을 막 뿌리면서 사랑의 노래가 나오는 데 이것이 큰 인상을 주었던 것입니다. 이런 것들은 하나의 문화 피시스의 요건인데, 그걸 드라마로 만들었을 때 세미오시스가 되는 것입니다."

다음으로 콘텐츠의 문제인데, 배용준의 아세안 툴(tool)은 주로 사랑 이야기지만, 베드신이 한 장면도 나오지 않았다. 포옹하는 게 고작인데 그나마 육감적인 포옹이 아니다. 한 여자가 끝까지 한 남자의 이미지를 버리지 못한다. 이런 것들이 한국에 아직도 남아 있고 한국적 정서로 자리한다. 할리우드에서는 절대 안 먹히지만 일본 사람의 가슴을, 중국 사람의 가슴을 울리는 순정물들은 아직도 아시안이 좌우하고 있다. 서구화되고 탈아시안으로 잃어버렸던 동양인 전체가 가지고 있는 은은한 수묵화와도 같은 그 사랑의 세계, 육체의 육감적인 세계가 아닌 것, 그것이 세미오시스다.

마지막으로 노모스에 대해서는, 지금 한류 붐이 부는데 이것을 어떻게 지속시켜야 하느냐 하는 문제를 연계시켜서 말한다. "한류라는 말은 특별한 흐름이란 뜻이지요. 류(流)자는 '흐를 류' 자예요. 신데렐라가 자정 지나면 마차가 호박이 되는 건 기정사실인 것입니다. 대중문화라는 건 꺼지는 겁니다, 거품입니다. 그래서 류라고 그러지 않느냐, 유행이라 하지 않습니까? 한류에서 더 심한 건 열풍(熱風)인데 열이라고 하는 것이 식게 마련이고 풍이라고 하는 것은 바뀌게 마련인 것입니다. 한류 열풍이라는 건 애당초부터 짧고 화려하게 활활 타오르는 것이다, 꺼지는 것이에요. 그러니까 한류가 안 꺼지게 해 보자 하는 얘기 자체가 우스운 거예요. 막 불타서 없어지는 거예요. 이게 한류예요. 그런데 노모스로 이걸 만든다, 제도화한다 한다면 법률적인 문제, 제도적인 문제, 한류를 키워 내는 문제들은, 계속 한류를 지속시키는 것은 세미오시스도, 피시스도 아닌 노모스다, 그것이 정책이다 하는 것입니다"라며 제도적인 보완책을 요구하였다.

(3) 홍콩인 에이미 첸 이야기

그녀는 너무도 홍콩인스러웠다. 60세를 넘긴 나이에도 정갈하며 도회적이다. 절대로 남에게 폐 끼치지 않고, 국제적인 매너를 갖추었다. 대표적인 홍콩 관광업계 사람으로서 홍콩관광청장 재임 중 많은 업적을 쌓았다. 우리나라에도 지인이 많은 것으로 알려지고 있다. 그리고 중요한 사실은 홍콩 내 '배용준 팬클럽' 회장을 맡고 있다는 것이다. 그는 배용준은 성룡보다도 더 많은 인기 요소와 능력을 갖추었다고 칭찬한다.

그는 먼저 한국인들의 자국 문화 사랑이 부족한 점과 한류 팬들의 한국문화 이해 부족을 지적했다. 나아가 한류 지속화 방안을 제시했으며, 홍콩의 발전 경험과 프랑스의 성공 사례를 들어 보충 설명을 하였다.

"한류 팬들이 한국의 문화를 깊이 이해하는 데 그리 많은 시간을 할애하지 않습니다. 따라서 한류가 과연 지속될 수 있을까, 또 한류를 유지하거나 촉진시킬 수 있는 세계적 전략이 가능할까 하는 의문이 여전히 존재해 왔습니다. 낙관론자이자 한국의 열성팬으로서 저는 적절한 마케팅만 따른다면 한류는 지속될 것이며 그 효과 또한 세계적일 수 있다고 확신합니다. 저는 여러분들이 한국에 대한 이러한 관심의 증대를 하나의 흐름이나 현상으로 다루어서는 안 되며 한국을 사랑하는 방향으로 발전시켜 나가실 것을 제안하는 바입니다. 한류는 한국 고유의 혼이 보다 명확하게 정의될 때 유지될 수 있습니다. 여러분들이 판매하고자 하는 것이 무엇입니까? 방문객들에게 여러분들이 제공할 수 있는 개성, 가치, 정서적 이득, 구체적인 이득이 무엇입니까?"

그는 관광 전문가답게 홍콩과 프랑스 관광 성공 사례를 문화와 연계시켜서 분석했다.

"우리는 국익을 위해서 홍콩을 고품질, 고부가가치의 상품으로 만들었습니다. 그러한 전략들 가운데 하나는 홍콩을 아시아 최고의 행사장으로 만들어 기존의 고객과 잠재적 고객들의 마음속에 홍콩은 꼭 들러

보아야 할 곳이라는 욕망을 심어 주는 것이었습니다. 우리는 사계절 각각 다른 이유로 우리의 고객들이 홍콩을 방문해야 할 많은 이유를 제공해 주었습니다. 여러분들은 또한 여러분들이 지닌 자원들을 배분하고자 하는 지리적 시장과 부분적 대상이 될 시장을 고심하여 선정하지 않으면 안 됩니다. 현재 한류는 주로 아시아 여성들, 특히 일본 여성들에게 호소하고 있습니다. (최근 〈겨울연가〉가 이집트에서 방송되면서 많은 중동지역의 여성들이 배용준에게 빠져들고 있다는 소식을 들었습니다!)"

또한 그는 우리가 꼭 인식해야 하는 중요한 이야기를 하였는데, 그것은 대중문화를 바라보는 시각이다. 대중문화야말로 세계인들이 가장 친밀하게 다가갈 수 있도록 하며, 한 나라의 이미지를 결정지워 준다는 사실이다. 클래식 전통문화는 그 나름대로의 큰 의미가 있지만 직접적이고 마음에 와 닿는 것은 역시 대중문화이다. 우리의 한류가 바로 그런 것이리라. 그의 이야기는 계속된다.

"제가 홍콩에서 경험한 바에 따르면 아시아 지역에서 방문객들을 끌어들이는 것은 언제나 보다 수월했습니다. 거리상으로 근접해 있고 문화적으로 밀접하기 때문입니다. 따라서 한류를 전 세계적으로 확대할 수 있는가 하는 문제는 여러분들이 해결해야 할 진정한 도전입니다. 저는 여러분들이 해 내실 수 있다고 믿습니다.

매년 프랑스 예술축제는 회화, 조각, 사진전에서부터 콘서트(고전, 모던, 락, 재즈, 전자음악)와 공연예술(고전발레, 현대무용, 실외공연, 마임), 그리고 영화와 문학 등에 이르기까지 세계적 기준의 최상의 이벤트들을 보여 주고 있습니다. 프랑스인들은 단순히 그들의 멋진 포도주와 음식만이 아니라 자신들의 문화와 삶의 방식들을 판매하고 있는 것입니다. 따라서 프랑스 문화는 잘 알려져 있고 아주 오랫동안 우리의 이웃들에게로 파고들고 있습니다. 이것이 여러분들에게 좋은 본보기가 될 것입니다."

2. 두 번째 정경

한류를 대학 현장에서 직접 연구하고 사람들을 만나 보면 많은 것이 보인다. 그중에서도 '한류란 무엇인가', '한류를 어떻게 할 것인가'를 놓고서 여러 가지의 토론을 벌이는데 백가쟁명의 다양한 의견이 나온다. 물론 실현 불가능한 것도 있으며 좋은 아이디어도 있다. 특히 경희대학교의 국제교육원장 김중섭 교수와의 토론은 유익한 것이었다. 그 역시 국제사회의 한국어 교육을 위해서 맨발로 뛰면서 많은 성과를 이룩했고, 한류에 관하여는 '한국어 교육'이 최우선 과제라는 소신을 가진 분이다. 그와 이야기하면서 '한국어 교육을 통해서 본 한류'라는 과제를 만들었고 이를 우리나라에서 한국어 교육에 전념해 온 분들을 모시고 한국어와 한류에 관한 세미나를 해 보기로 하였다.

   세미나를 여는 우리의 문제의식은 다음과 같은 것이다. 한류는 현재 우리나라에 경제적·문화적으로 폭넓게 영향을 미치고 있으나 실제로 한국어 교육 현장에서 느끼는 영향은 더 크다고 할 수 있으며, 한류가 일시적인 현상이 아니라 지속적인 문화 전파의 역할을 하기 위해서는 한국어 교육과 깊게 연관성을 가져야 할 것이라는 것이다. 언어와 문화, 그리고 경제의 연관성은 매우 밀접하며 이는 한국의 경제 성장, 서울올림픽·ASEM·APEC·2002 한일월드컵 등 국제행사의 성공적 유치 등과 맞물려 한국의 문화, 그리고 한국어가 상품성을 획득하게 된 것을 보면 알 수 있는 일이다.

그럼에도 불구하고 그동안의 한국어 교육은 한국어 전달 교육 위주의 커리큘럼으로 운영되어 왔다는 문제점을 부인하기 어렵다. 한국어는 그 자체가 한류의 핵심 내용이며 한국어 교육을 통해 한국의 문화와 역사가 자연스레 전달될 수 있다. 한국어는 한류의 원조라고도 할 수 있다. 지금 이 시간에도 세계 각지에서 한국어를 교육하고 있는 한국어 교사들은 보다 폭넓은 한국문화에 관한 자료와 한류 관련 소스를 원한다. 한류에 열광하는 각국의 한국 팬들은 한국어를 배우기 시작하고 있는 것이다.

세미나 구성은 '한국어 교육을 통해서 본 한류의 문제점과 발전 방향'이라는 주제를 놓고 먼저 박범훈 중앙대 총장과 국제연극연맹 회장인 최치림 중앙대 사회교육본부장, 그리고 후지야마 요시노리 주한일본문화원장이 이 세미나를 축하하는 축사를 맡고, 초청 특강으로 '한국어의 현주소와 의의'라는 주제로 박영순 한국어세계화재단 이사장(고려대 교수)과 백봉자 교수(전 연세대 한국어학당 교수, 전 국제한국어교육학회장)가 강연을 했다. 여기에서는 현재 국제사회에서 이루어지는 한국어 교육의 현황과 그 의의를 밝혀 주었다.

주제 발표에서는 강철근 중앙대 한류아카데미 주임교수가 '한류의 형성과 발전'이라는 주제로 강연하고, 강승혜 연세대학교 한국어학당 교수와 사카와 야스히로(酒勾康裕) 경희대학교 국제교육원 교수가 '한국어 교육 현장에서 본 한류'라는 주제 강연을 하였다.

주제 토론으로는 한국어 교육에 있어서 대표적인 사례가 되고 있는

'한국어 교육과 일본의 한류'를 주제로 이해영 이화여대 국문과 교수 사회로 김중섭 경희대학교 국제교육원장, 최정순 배재대학교 한국어교육원장, 최주열 선문대학교 한국어교육원장, 그리고 김정숙 고려대학교 한국어문화교육센터 교육부장 등이 토론자로서 참여하였다.

그리고 특히 이 세미나는 국내 최초로 한류에 관한 다양한 학사과정과 연구 방향을 설정한 중앙대학교에서 주최한 것으로, 한국어 교육을 통해 본 한류의 문제점을 진단해 보고 앞으로의 발전 방향을 토론해 보는 것은 매우 시의적절하며 가치 있는 일이라는 데 의견이 일치하였다.

신록이 우거지기 시작하는 2005년도의 6월 어느 날 아침부터 많은 관심 있는 사람들과 함께 세미나를 시작하였다. 먼저 박영순 한국어세계화재단 이사장(고려대 교수)의 '한국어의 현주소와 의의'라는 이야기가 있었다.

그는 한국어의 현주소를 다음과 같이 말했다. "전 세계적으로 보면 한국어의 위상이 9~11위권에 진입해 있다. 이것의 근거는 첫째 한국어를 모국어로 하는 인구 수가 약 7천만여 명으로 10위권이고, 둘째 대학 수준에서 한국어 및 한국학을 개설한 대학의 수가 55개국 6백 개 이상이며, 셋째, 1997년부터 미국의 수학 능력 시험인 SAT II에 9번째로 한국어가 포함되었는데, 한국어를 선택한 학생의 수로 보면 이보다는 훨씬 앞선다는 사실이다. 호주의 경우도 대학 입시에 36개어 중에서 선택하도록 하고 있는데, 지원 학생 수 기준으로 2003년 현재 한국어는 11위를 기록하고 있으나 2005년에는 더욱 높아질 것으로 전망된다. 또한 해외 동포가 6백만 명인데, 이들의 자녀들이 최근 들어 한국어 교육에 적극 참여하고 있다. 미국의 경우는 현재 57개교 178개 반의 중·고등학교에서 한국어 교육을 하고 있고, 중국·일본·호주·우즈베키스탄·카자

흐스탄 등에도 초·중등학교가 다수 있으며, 최근에는 남아시아 쪽에도 외국인 고용허가제 도입을 계기로 한국어에 대한 관심이 급격하게 늘고 있다."55

또한 그는 학문으로서의 한국어교육학과 교육적인 차원에서의 한국어 교육 전반이 한 단계 도약하기 위해서 해결되어야 할 과제들을 한류와 연계하여 다음과 같이 이야기하였다.

"한국 제품의 수출도 중요하지만, 한국어의 수출은 눈에 보이지 않는 이득까지 있음을 상기할 필요가 있다. 더구나 지금은 한국어 교육계로서는 여러 가지로 좋은 여건에 있다고 할 수 있다. 동남아에서는 소위 한류 열풍이 일고 있고, 한국 제품이 세계에서 이름을 떨치고 있으며 올림픽, 월드컵, 엑스포, ASEM과 APEC의 개최, 국제영화제, 국제 비엔날레, 국제도자기전 등 크고 작은 국제 행사도 수없이 열리고 있어 한국의 인지도도 매우 높아졌다. 또한 외국인 고용허가제에 의해 연 10만 명 가까이씩 외국인 근로자가 취업차 한국으로 들어오게 되어 있어서 우선 6개국(인도네시아, 필리핀, 베트남, 타이, 몽골, 스리랑카)에서는 어느 정도 한국어 붐이 일어날 것이다. 이러한 호기를 맞이하여 공교육과 사교육에서 모두 한국어 교육이 착실하게 뿌리를 내릴 수 있도록 이론과 실제에서 모두 배전의 노력이 필요하다."

다음은 백봉자 교수의 이야기이다. 그는 한국어 교육에서의 문화 교육의 의미를 다음과 같이 말한다. "말과 문화는 한 민족이 오랫동안 살

---

55 특히 호주의 경우는 1994년부터 NALSAS(The National Asian Languages and Studies in Australian Schools) 정책을 수립하여 아시아 언어를 진흥하고 있는데, 핵심은 아시아의 4대 언어인 중국어, 일본어, 한국어, 인도네시아어를 적극적으로 학교 교육에 확충하는 것을 포함하고 있다.

아오면서 만들어 낸 산물이다. 이들은 서로 유기적인 관계를 가지면서 영향을 주고받는다. 따라서 언어 교육에서 문화는 교육 내용으로서 또는 언어 교육의 도구로서 마땅히 활용되어야 한다. 언어를 배우는 과정을 보면, 언어와 문화가 상관관계에 있음을 쉽게 알 수 있다."

나아가 그는 교수법의 변천과 문화 교육이라는 관점에서 "한국어 교육에서 문화 교육은 교수법의 변천과 관계가 깊다. 구조주의에 바탕을 둔 청각 구두 교수법에서 언어 교육은 문화를 배제한 언어적 능력에만 관심을 두었다. 그러나 근래 의사소통 중심 교수법에서, 문화는 사회공동체의 산물이며 사고의 기반은 이 공동체들 사이의 상호작용으로 얻어지는 것으로 파악되고 있다. 즉, 문화적 측면에서의 언어 능력은 단순히 기호체계를 이해하고 표현하는 것이 아니라 그 언어가 사용되는 문화 공동체 안에서 대화 요인들을 이해하고 그를 활용하는 능력을 말하는 것으로 본다"고 하였다.

그는 마지막으로 한류라는 물결은 한국어 교육계로 보면 전혀 상상하지 못했던 흐름이라고 하며, 이 한류는 한국어의 입지를 확고하게 하고, 한국어 교육의 영역을 넓힐 수 있는 절호의 기회를 우리에게 제공할 가능성을 지니고 있다고 하였다. 그러나 지금까지 한국어 교육계에서는 한류를 한국어 교육과 연결시키는 데 적극적이지 못했고, 외부에서도 연계해서 생각해 주지도 않았음은 안타까운 일이기 때문에, 한류가 거품이 되어 일시적인 시대적 흐름으로 흘러가지 않게 하기 위해서는 이 한류가 한국어 교육에 기초를 두고 뿌리 내릴 수 있도록 노력을 하지 않으면 안 될 것이라고 결론지었다.

마지막으로 경희대 국제교육원의 일본인 사카와 야스히로 교수의

'한국어 교육 현장에서 본 한류' 이야기는 흥미롭다. 외국인의 눈으로 본 한류와 한국어 교육에 관한 향후 연구 자료로서 가치가 있을 것이다.

그는 먼저 한류와 맞물려 일본을 비롯한 각국에서 한국어를 공부하는 이들이 상당수 증가했다고 한다. 외국인들이 한국의 문화와 접한 것을 계기로 한국에 대한 관심이 한국어 공부와 연결되는 것은 매우 바람직하다고 하였다. 이러한 한류 열풍이 실제 한국어 교육 현장에 얼마나 영향을 미쳤는가라는 스스로의 질문에 대해서는, 최근 들어 일본인 한국어 학습자가 늘었다고는 하지만, 현재 장기 유학으로 한국에 와서 한국어를 공부하고 있는 일본 학생들 중에는 한류를 계기로 한국어 공부를 시작했다는 학생이 그다지 많지 않은 것 같다고 대답했다. 오히려 단기 유학으로 온 학생들이 한류 영향이 더 큰 것 같다는 것이다.

그는 이 발표에서 일본 유학생을 중심으로 유학 유형별로 유학 동기를 살피면서 그 차이점에 대하여 알아보고, 또한 '한류'가 한국어 교육 현장에 미친 영향과 향후 한국어 교육 현장에서 해결해야 할 과제에 대하여 고찰하였다.

먼저 유형별 유학 동기의 차이를 분석한 결과를 보면, 단기 유학을 며칠에서 한 달 정도로 보았을 경우 유학 동기는, "한국인 친구가 있어서 그 친구와 한국어로 이야기하고 싶었다", "한국 여행을 갔다 온 이후, 한국에 대하여 더 알고 싶어졌다", "한국영화를 보고 한국에 대한 관심을 갖게 되어 한국어 공부를 시작했다", "일본어로 노래하는 한국인 가수를 보고 한국어로는 어떻게 부르는지 알고 싶었다", "한국음식을 통해 요리에 대하여 관심을 가졌고, 한국어에도 관심을 갖게 되었다" 등으로 분류했다.

또한 4개월에서 1년 정도의 장기 유학인 경우에는 유학 동기로, "한국인 친구가 있어서 그 친구와 한국어로 이야기하고 싶었다", "학교에서 제2외국어로 한국어를 선택한 후 한국어에 대한 관심이 많아져 현지에서 더 많이 공부하고 싶었다", "전공 학습시 한국어로 된 정보가 필요해서 공부하게 되었다", "여행시 언어가 통하지 않아 제대로 배워서 한국을 구석구석까지 다니고 싶었다", "한국영화나 드라마를 자막 없이 보고 싶었다" 등으로 분류한다.

위와 같은 결과를 살펴보면, 유학 기간과 상관없이 "한국인 친구가 있어서 그 친구와 한국어로 이야기하고 싶었다"는 동기가 공통적으로 나타났음을 알 수 있다. 그러나 다른 이유들은 유학 기간에 따라 약간씩 차이가 있다는 것을 알 수 있다. 단기 유학생의 경우 한국영화, 드라마, 노래 등을 통해 한국을 알게 되었고 거기에서 더 나아가 한국어를 알고 싶어서 한국어 공부를 시작했다는 것이 특징적이다.

그러나 장기 유학생의 경우에는 한국어라는 언어에 관심이 있어서 한국어 공부를 시작하였다는 것이다. 물론 최근에 들어 장기 유학생 중에서도 한국영화, 드라마 등이 한국어 공부의 동기가 되었다고도 하지만, 그 비율은 단기 유학에 비해 높은 편이 아니다.

이러한 특징을 다시 정리하면 단기 유학생은 한류라고 불리는 문화적인 면에서 출발점으로 하여 한국어 공부를 시작하였다는 것과 장기 유학생은 한국어라는 언어의 관심을 가지고 공부를 시작하였다는 차이점이 나타났다는 분석이 가능하다고 한다. 나아가 이러한 사실이 교육 현장에 어떤 영향을 미쳤는지 발표자의 경험을 중심으로 정리하여 다음과 같은 사실을 분석하였다.

우선, 단기 유학생의 경우 한국어 수준이 초급인 경우가 많은데 개별적으로 자신이 관심을 가지고 있는 분야에 대해서는 많은 지식을 가지고 있는 경향이 있다. 따라서 한국어 공부를 하는 과정에서도 예문 작성, 이야기하기 등의 장면에서는 한국 배우나 가수들의 이름이 등장하는 경우가 많다. 그리고 단기 유학생은 유학 시작 초기에는 한국에 대한 지식이 많지만 대부분 문화면에 한정된 지식이어서 장기 유학생에 비해 한국에 대한 지식의 깊이가 얕다는 점도 지적할 수 있다.

반면 장기 유학생의 경우, 한국에 오기 전부터 한국어를 공부해 한국어를 어느 정도 알고 오고, 학습 동기가 한국어라는 언어를 습득하기 위해서인만큼 언어 자체에 대한 관심이 많은 경향이 있다. 그리고 장기 유학생은 한국에서 오랜 기간 동안 생활하면서 한국어를 공부하기 때문에 한국의 다양한 문화에 대해 자연스럽게 접하게 되고, 본인이 관심을 갖게 되는 분야가 생기면 그 분야에 대한 한국어 학습이 더 능동적으로 이루어진다는 것이다.

유형별로는 단기 유학생의 경우 한국 체재가 지속적인 한국어 학습 동기가 되었다면, 일본에 돌아간 이후에도 계속해서 한국어를 공부할 수 있는 기회를 제공해 주어야 한다. 이를 위해서는 드라마나 영화, 노래를 활용한 한국어 수업 CD 개발이 이루어져야 할 것이다. 또한 장기 유학생의 경우에 대해서는 다양한 요구에 대한 정확한 답과 알고 싶어 하는 정보에 대한 접근 방법 등을 항상 제공해 줄 수 있는 인터넷 공간이 마련되어야 할 것이다. 또한 장기 유학생의 경우에도 일본에 돌아간 이후에도 한국 및 한국어에 대한 정보를 접할 수 있는 기회를 마련해 주어야 한다. 이러한 학습자와의 지속적인 유대관계가 한국문화를 널리 알리는 역할을 할 것이라 하였다.

3. 세 번째 정경

미국 하와이의 마노아대학은 외국대학 중에서 가장 규모가 큰 최고의 한국학센터를 소유하고 있다. 하와이 마노아대학 한국학센터(CKS, The Center for Korean Studies)는 1972년에 개설되었으며, 교수 수에 있어서도 30여 명 규모이고, 교육 분야도 한국과 관련된 경제·역사·언어·문학·음악·정치 등 다양한 프로그램을 운영하고 있다. 경복궁 근정전과 같은 전통적인 건축 양식으로 구성되어 있는 멋진 곳이다(사진 참조). 건물 내부는 사무실, 강의실, 강당, 도서관 등으로 구성되어 있다.

하와이 마노아대와 중앙대는 한류에 관한 공동 국제회의를 개최한 것을 계기로 향후 학술 교류를 위한 자매결연을 맺기로 하였다. 국제회의 시기는 2005년 11월 10일에서 13일까지였고, 비용은 우리 측이 참석자의 항공요금을 부담하고, 하와이 현지 체재비는 하와이 대학 측에서 부담하는 것으로 하였다. 그리고 가장 중요한 주제에 관하여는 한류 중에서 〈대장금〉 드라마가 한국 이외의 지역에서 특히 사랑받는 이유가 무엇인가, 한류는 미래에도 통용될 수 있는 하나의 큰 경향인가, 혹은 일시적인 대중문화 현상인가, 그리고 결론적으로 한 국가의 문화가 다

하와이 마노아대학 한국학센터 건물 외부 모습.

른 국가에 어떻게 영향을 미칠 수 있는가 등으로 정하였다.

이러한 주제를 맡아서 발표한 연구자는 우리 측에서 교수 한 사람(필자)과 미국의 문화 산업 전문가, 일본, 대만의 연구자 각 1명이 맡았다. 또한 이와 별도로 〈대장금〉에 출연한 주연배우 중 1명인 탤런트 임호 씨가 〈대장금〉의 뒷이야기를 하였으며, MBC 의상팀은 대장금에서 사용한 의상(20~25벌)을 마네킹을 이용하여 전시했다. 그리고 〈대장금〉 주제음악 및 한국음악 공연은 중앙대 공연팀이 맡았다.

이 국제회의 내용을 구체적으로 살펴보면, 중앙대 첨단영상대학원의 장성갑 교수가 〈대장금〉 영상을 30분간 보여 주었으며, 필자가 '〈대장금〉을 통해서 본 한류와 한국문화'라는 주제의 발제를 하였다. 다음으로 일본인 한류 연구자인 유키에 히라타(由紀江平田) 씨가 '일본에서의 〈대장금〉 방영과 한류'라는 주제 발표를 하였으며, 대만의 한류연구자인 필리스 차오(Phyllis Chiao) 씨가 '대만에서의 〈대장금〉 방영과 한류'에 대하여 발표하였다. 홍콩의 연구자 리사 룽(Lisa Lung)은 '홍콩과 중국에서의 〈대장금〉 방영과 한류'에 관하여 이야기하였다.

특기할 만한 이야기는 미국의 문화 산업 비즈니스맨인 톰 라슨(Tom Larsen)이라는 젊은 사람의 이야기였는데, 미국의 서부지역에서 우리나라의 문화 콘텐츠를 수입하는 업자로서 지난 몇 년 동안 적지 않은 돈을 벌었다고 자랑하였다. 우리나라의 드라마와 영화를 DVD 한 편에 1백 달러 이상씩 파는데, 한국교포는 오히려 10% 이하이고 주 고객이 미국 현지인들로 60% 이상을 차지한다는 한류의 숨은 공로자였다. 그는 앞으로도 자기 사업이 번창할 것이라며, 자기를 한국으로 초청만 해 주면 세미나든 일이든 최선을 다해서 역할을 하고 싶다고 필자에게 부탁을 해 오기까지 했다.

필자의 이야기는 이 책의 다른 장에서 이미 하였고, 일본과 대만, 그리고 홍콩의 한류 연구자들은 한결같이 〈대장금〉이야말로 한류를 반석 위에 올려놓은 제1의 공로자라고 평가하였다. 특히 일본 연구자인 유키에 히라타 씨는 〈겨울연가〉는 주로 여성 시청자들이 감상하였지만, 〈대장금〉은 일본에서 남성들을 TV 앞에 끌어들인 결정적인 공로자라고 분석하였다. 즉, 한류가 일본에서 여성층을 주 대상으로 하다가 〈대장금〉덕분에 이제는 남성층도 한류를 공유하게 되었다는 평가를 한 것이다.

아침 9시에 시작한 세미나는 저녁 늦게까지 진행되었는데, 참석자 질의, 응답 및 토론이 예정된 시간보다 상당히 늦게까지 이어졌기 때문이었다. 휴식 시간에도 자리를 가득 메운 청중들은 대부분이 대학교수, 중등학교 교사, 문화 산업 종사자, 개인 연구가 등 한류 전문가들이었으며, 국적은 대부분이 미국이었지만 원래는 한국인, 일본인, 중국인 등 2세들이 많았다. 그들의 언어는 물론 영어였으며, 한국인 2세조차도 우리말은 한류 바람 덕분에 최근 들어 배우기 시작하였기 때문에 그리 잘 하지는 못하였다.

그들은 필자와 주제 발표자들을 가만 놓아두지 않았다. 한국인 2세들은 한결같이 "하와이 이민 1백 년 만에 처음으로 교포들이 기를 펴고 살게 되었다", "우리의 한류는 너무도 좋다", "한국드라마 보는 재미로 산다"는 식으로 매우 감성적인 발언을 했다. 그 반면 일본이나 중국인 2세들은 조금은 달리 콘텐츠에 관한 이야기를 많이 했다. 그들은 "한류의 콘텐츠가 어쩌면 그리 잘 만들어졌느냐", "미국 할리우드나 일본의 영화나 드라마보다 내용도 영상도 배우들도 훨씬 낫다", "〈겨울연가〉를 보며 이런 드라마를 만든 한국이 존경스러웠다", "〈대장금〉은 동양인 모두의 자랑이다" 등등 끝없는 찬사를 보내 주었다.

또한 하와이의 지식인들로 구성된 '하와이 케이 드라마(K-Drama)연구회' 소속원들은 한국드라마(케이 드라마) 연구 회원답게 한국과 한국 대중문화에 대한 해박한 지식을 과시하기도 하였다. 그들은 주로 하와이 대학교수와 학교 교사들로 구성된 중년들로서 일본인이 대다수이다. 일본인 2, 3세들은 일본에 대하여 매우 비판적이었다. 그들과 여러 가지 이야기를 하고 질의 응답하는 가운데 특이한 내용은, 일본의 보수 우익에 대한 비판과 일본이 이렇게 가면 희망이 없다는 것이었다. 그렇기 때문에 일본의 대중문화도 별볼일 없어져서 만날 폭력 아니면 선정성으로 흐른다는 혹독한 비판을 하였다.
　이러한 비판은 우리에게도 절실한 부분으로서 자칫하면 우리도 언제든지 이러한 비판을 받게 될 수 있는 소지가 있는 것이다. 불과 얼마 전까지만 해도 한국드라마나 영화, 대중음악도 저질, 삼류라는 혹독한 비판을 받았던 기억이 새롭다. 이러한 이야기는 특히 대중문화 종사자들이 경청하여야 할 것이다.

4. 네 번째 정경─꿈

　하와이에서 돌아오자마자 오래 전부터 청와대 산하기관인 민주평화통일자문회의 측과 공동으로 준비한 토론회를 개최하였다. 우선 주제로 한류와 평화의 문제를 다루기로 하였다. 그것은 한류가 단순히 대중문화의 연장선상에서만 이야기되는 것이 아니라 이를 통해 우리 문화의 힘을 정확히 인식하고 나아가 문화 발전과 문화 보급, 그리고 국제문화 교류에 이르는 문화 전반에 걸친 영역 확대를 추구하자는 필자의 인식이 저변에 깔려 있었다.

또한 문화 산업적인 관점에서의 경제의 문제와 한류의 국내·외적 확산을 계기로 한 우리나라 일류화 프로젝트로 발전시키겠다는 희망도 있으며, 이는 필연적으로 정치의 문제로 연결되는 것이기도 하다. 따라서 한류의 과제는 종국적으로 한류정신을 토대로 한 우리 문화의 확산과 동북아 평화의 과제를 이룰 수는 없을까라는 염원의 발로인 것이다.

필자는 언제나 백일몽을 꾼다. 우리의 한류가 확산되고 중국과 일본이 이를 진정 이해하여 모두가 함께 평화롭게 살 수 있는 길이 나올 수는 없을까? 나눔과 교류라는 한류정신이 모두에게 통하여 북한 당국도 참여하는 동북아 평화공동체가 형성될 수는 없을까? 문화를 통한 상호이해가 이루어지고 한류를 가지고 아시아인들이 같이 즐기고 자국 내에서 문화 콘텐츠 비즈니스를 잘하여 모두가 잘살게 되는 그런 날이 올 수 있지 않을까? 한일 정상회담에서 양국 정상이 한류드라마에 관해서 같이 이야기하고 주인공을 살릴 수는 없을까 걱정하고 주인공을 보고 싶다고 하지 않았는가? 중국의 후진타오 주석이 한류드라마를 잘 알고 있다고 하지 않았는가? 중국의 인민일보가 한류정신을 배우자고 하지 않았는가?

2005년 11월 22일 프레스센터 국제회의장에서 민주평화통일자문회의와 중앙대학교 한류아카데미 공동주최로 '한류, 동아시아 평화에 어떻게 기여할 수 있는가?'라는 주제를 가지고 토론회를 열었다. 우리는 토론회의 컨셉트를 '한류, 문화에서 평화로!'로 하고 부제로서 '한류문화를 동아시아 국가들간의 평화 네트워크로 연계시킬 수 있는 방안을 모색하게 될 토론회에 시민 여러분을 초대합니다'라고 하였다.

  기조 강연은 박범훈 중앙대 총장이 맡았고, 사회는 필자가, 발제는 신윤환 서강대 교수가 맡았다. 토론자는 김보근 한겨레통일문화재단 사무총장, 김양래 아시아문화산업교류재단 사무처장, 신우철 한국영화인협회 이사장, 가수이며 중앙대 한류아카데미 원우인 이안, 정경란 평화를 만드는 여성회 한반도평화센터 소장 등이었다.

  박범훈 총장의 기조 강연 내용은 매우 자신에 찬 것으로서 한류에 대한 대학의 선택(한국 최초의 대학 사회에서의 한류아카데미와 한류학 강좌 개설을 지칭함)은 한국의 미래를 결정할 수 있는 중요한 선택의 의미가 있으며, 그것은 문화의 문제에서 출발하여 오늘날에는 한국 사회 문화 전반과 경제 문제에 이르는 광범위한 과제를 함축하는 문제라고 하였다. 나아가 한류는 서구 중심의 가치관과 문화 위주의 획일적인 세계화, 소위 '글로벌 스탠더드'에 대응하는, 아시아인들이 아시아의 문화 정체성을 인식하고, 아시아 각국간의 문화적 유대감과 동질성을 강화하여 궁극적으로 아시아 문화공동체 형성을 향해 나가는 것이라 하였다.

  신윤환 교수는 발제를 통해 베네딕트 앤더슨(Benedict Anderson)의 '상상의 공동체(Imagined Communities)'를 인용하여 "민족이란 상상 속에 형성된 정치적 공동체"라는 전제 하에 동아시아인들이 동아시아 지역의 곳곳에서 한국의 대중문화를 함께 접하고 향유한다는 인식이 지역적 정체성 형성에 도움을 줄 수 있다는 주장은 앤더슨의 민족 개념에 그 근거를 두고 있다고 하였다. 그리고 우리 동아시아인들은 동일한 문화 항목들을 함께, 그리고 동시대에 즐기고 있다는 공동의 상상이 동아시아 국민들 사이에 존재하는 거리감을 좁혀 줄 수 있다고 하였다.

그러나 그렇다고 해서 한류라는 문화가 그 콘텐츠나 메시지와 무관하게 그러한 역할을 담당할 수 있을 것이라고 생각할 수는 없다. 그것이 동아시아인 나아가 지구상의 모든 사람들에게 감동을 주고 공감을 얻을 수 있는 인류 보편의 가치와 정서에 호소할 때만 일체감이나 정체성을 높이는 데 기여할 수 있을 것이다. 한류가 '동아류'나 '아시아류', 나아가 '세계류'로 승화하여야 하는 이유가 바로 여기에 있다고 하면서, 한류를 통해 한국인의 우수성을 알리겠다는 자민족 중심주의나 한국의 국익만을 챙기겠다는 국가 내지 민족이기주의를 드러낸다면, 평화체제 구축을 위한 신뢰 형성은 고사하고 오히려 반한(反韓) 감정을 불러일으키는 결과를 초래하고 말 것이라고 경고하기도 했다.

토론에서 한겨레통일문화재단 김보근 사무총장은 '한류는 소통의 언어인가 지배의 언어인가'라는 주제로 '지배적 문화'를 꾀한 미국·일본의 문화는 문화상품을 통해 자국의 가치를 실어 나르는 상품을 통한 지배적 문화 수출이라는 공통성을 가지며, 그들은 다른 나라의 심한 저항을 야기하였다고 지적하였다. 한류가 소통의 문화가 되기 위해서는 한류가 동아시아 여러 나라의 문화적 소통의 틀이 되고, 동아시아의 평화를 선도할 수 있는 개념적 도구가 되어야 한다고 하였다.

5. 다섯 번째 정경 : 한류아카데미 최고전문가(CEO) 과정 이야기
― 한류와 한류의 현장을 찾아서

대학에서 한류를 본격적으로 연구하기 위해 대학원 석·박사학위 과정 개설은 물론이고 다른 한편으로 문화 산업 분야의 현장에서 직접 뛰고 있는 분들을 대상으로 '한류 최고전문가(CEO) 과정'을 만들었다. 이 프로그램은 2가지 목적을 가진다. 한류의 최전선에서 뛰고 있는 현장의 CEO들은 다양한 이야기를 보고 듣기를 원한다. 그리고 세상의 무엇이 어떻게 돌아가는지 정확한 이해가 있어야 한다. 그들은 분야별 전문가이면서 다른 분야에 대한 정보 욕구와 지식 욕구 또한 왕성하다. 무엇보다도 각 분야의 최고급 전문가들이 이야기하는 것을 직접 듣고, 문화 현장에 직접 가서 보고 이해하기를 원한다.

또 하나는 기왕이면 학교에 와서 자기와 비슷하지만 다른 훌륭한 사람들을 만나서 인적 네트워크를 가질 수 있다면 금상첨화일 것이다. 다양한 인적 구성과 국내·외, 실내·외 프로그램을 통해서 한 학기 정도이긴 하지만 공식·비공식 프로그램 약 40여 회의 만남의 시간을 가지게 되면 생각보다 훨씬 돈독한 관계가 유지되는 이 과정은 매우 유익한 것이다.

한류의 본질이 소프트 파워에서 출발하는 것이라면, 가장 중요한 요소는 문화적 감성(culture touch)과 예술적 감각(arts feeling)을 가지는 것이다. 결국 우리 사회 각 분야에서 나름대로 성취를 이룩한 분들이 한데 모여서 '한류'를 생각하고, 한걸음 더 나아가 나라의 미래를 의논하는 공동의 장을 만들고자 하는 것이다. 그러나 문화를 논의하는 방식은 이제까지와는 달리 소프트하고 재미있어야 한다. 그래서 이 과정의 슬로건을 '그리움, 기다림, 그리고 만남의 미학을 찾아서'로 하였다.

　이제부터 2005년 9월부터 2006년 2월까지의 '제1기 한류 최고전문가 과정'에 관한 이야기를 하겠다. 이야기 방식은 우리나라의 분야별 최고의 전문가들이 나름대로 강조한 이야기를 각 시간대별로 키워드 중심으로 해 나간다. 그분들 나름대로의 한류에 대한 이해와 접근, 그리고 현대 문화의 흐름을 이해할 수 있는 좋은 기회라고 생각한다.

(1) 디지털문화론과 한류란 무엇인가?

과정의 첫 회는 예술의 전당에서 입학식과 기조 강연, 첫 번째 강의로 시작하였다. 박범훈 총장은 88올림픽과 2002월드컵의 음악감독, 그리고 베세토(베이징, 서울, 도쿄 연합체) 오케스트라를 지휘한 경험과 최근 학교 발전기금 모금을 위한 모 회사 CF모델로 나서 '생각을 바꾸면 미래가 바뀐다'는 주제로, 국악으로 베토벤 교향곡을 지휘할 정도로 미래감각이 탁월한 음악가이다. 그는 기조 강연에서 한류의 과제는 정부나 업계에서만 나설 문제가 아니라 이제야말로 대학에서 나설 때가 되었다고 하며, '한류'라는 한국문화와 아시아 문화의 대변혁의 주제 아래서는 정부와 대학은 새로운 패러다임으로 대응해야 할 당위성이 주어지는 것이라는 선언을 하였다.

　다음으로 문화비평가이며 중앙대 겸임교수인 진중권 교수가 '디지털문화론'이라는 주제로 평소의 그답게 톡톡 튀는 언변으로 신세대 네티즌의 특성을 예리하게 분석하고, 새로운 문화 코드를 디지털 문화에서 찾아내며 다음과 같은 요지의 이야기를 하였다. "우리는 자연적 정신과 육체의 외연 속에 갇혀 있으나, 신세대는 이미 기계와 결합한 사이보그에 가깝다. 그들의 연산 능력은 프로세서에 있고, 그들의 기억 능력은 데이터베이스에 있다. 얼마 전에 있었던 핸드폰을 이용한 수능 부정행위는 신세대와 미디어의 결합이 어느 정도인지를 보여 준다. 그들의 몸은 이미 기계와 일체가 되고 있다"고 지적하였으며, 미래에 대한 전망도 다음과 같이 하였다. "미래는 기술적 상상력의 시대이다. 일본은 영화 마징가제트에 나오는 집을 지어 주는 테마파크 건축 회사까지 있을 정도다. 레드오션은 이미 있는 것을 효율적으로 만족시키는 것이고, 블루오션은 없는 것을 창조해서 만족시키는 것이다. 미래의 핵심 코드는 디자인, 판타지 이런 것이다. 공상과학이 현실 그 자체다. 현재 기술개발 특허의 5%만이 활용된다고 한다. 문제는 그런 기술을 가지고 스토리를 짜는 게 디자인이고, 없는 것을 실현해 내는 것이 기술적 상상력인 것이다."

두 번째 강의는 우리나라의 민속학계와 국문학계에서 탁월한 시각과 논리로 한국학 전반에 걸쳐 독보적인 영역을 개척한 것으로 평가받고 있는 원로학자 김열규 선생의 '한류란 무엇인가?'라는 주제 강의가 있었다. 선생은 한류에 대한 정의를 독특하게 내렸다. 그는 한류를 한국의 '글로컬리즘(glocalism)' 또는 '글로컬리즘화'라고 정의하며, "글로벌리즘이 공통, 등질, 보편 등을 의미한다면 로컬리즘은 편차, 차이, 개성 등을 의미할 것이지만, 이들 두 개념을 절충한 글로컬리즘은 2가지 그 자체의 의미를 가진 것으로 보고 싶다"고 하였다. 이를 구체적으로 보면 하나는 보편화, 공통의 추세 속에서 배타적이 아니면서도 의연히 지켜지고 있는 지역적 개성을 의미할 것이고, 다른 하나는 보편화된 어느 지역의 개성을 의미할 수도 있을 것이라고 하였다. 그리하여 "전자가 소극적인 의미의 글로컬리즘이라면 후자는 보다 더 적극적인 의미를 지닌 것이 될 것이다. 물론 이 양자의 글로컬리즘이 하나로 어울리는 경우도 예상할 수 있을 것이다"라고 분석하여 한류를 세계화의 맥락 속에서 거시적으로 보았다.

또한 선생은 한류를 문화 교류의 무한한 지평을 여는 방향타로 규정했다. 그는 "오늘날 사회와 국가와 세계의 조직이며 구조는, 이런 뿌리에서 유추될 '리좀'으로 비유된다. 모든 조직은 그리고 구조는 수평의 선상에 위치한다. 얽히고설킨 뿌리처럼, 횡적인 유대가 곧 조직이고 구조라야 한다. 그게 다름 아닌 '리좀'이다. 이 같은 리좀의 세계에서는 문화의 흐름이 일방적으로 위에서 아래로가 아니다. 문화 전파 또는 교류를 말할 때 으레 문화며 경제력, 그리고 국가 세력의 고저(高低)가 전파와 교류의 방향을 정하는 것으로 되어 있었다. 하지만 이젠 문화 전파의 흐름은 고저를 일방적으로 타지 않는다. 리좀의 고리를 타고 오고 가고 한다. 수평의 끝없는 광야가 그리고 무한의 지평이 열려 있다. 한류가 무엇보다 그것을 말해 주고 있다"고 하였다.

동시에 한류의 본질에 대하여는 매우 긍정적인 것으로 다음과 같이 평가했다. "한류는 포스트콜로니얼리즘 시대의 글로컬리즘의 전형이고 포스트모더니즘 시대의 리좀 조직의 본보기다. 아니, 단순한 본보기의 하나가 아니다. 그런 경향의 전위(前衛)부대고 선구자다. 이것은 결코 자화자찬이 아니다." 선생은 그러한 대표적인 예로서 한류드라마 〈겨울연가〉와 〈대장금〉을 들었다.

"두 작품의 주인공이 마치 미리 묵계라도 있었던 듯이, 똑같이 소외된 제3지대 출신이다. 사회적으로 버려진, 제도에 의해서 받아들여지기 어려운 존재로서 탄생하고 또 성장했다는 것은 두 작품에서 다를 바 없다. 그런데도 주인공들은 이른바 사회적 출세를 성취한다. 주어진 기성사회의 중심에 접근하고 고층에 다가선다. 그러니까 국가적·민족적 성공담과 두 작품에서 나타난 개인적 성공담이 근접해서는 밀착된 평행선을 긋고 있는 것이 지적되어도 좋을 것이다. 이 두 작품은 깊으나 깊은 웅덩이 속에 처박힌 지렁이가 마침내 용이 되어서 승천하는 것에 견주어도 좋을 성공담이다.

　오늘날 시민 사회에서 이 같은 메가톤급의 성공담은 환상이고 꿈이다. 아니, 일반 서민들에게는 그들 환상에도 또 꿈에도 담을 수 없는 초메가톤급의 성공담이다. 구름 잡는 이야기가 스크린에서 실현되는 것을 보고 대중들은 환호한 것이다. 마치 한류의 두 가닥의 본 줄기처럼 이 두 작품이 큰 자리를 차지한 이유는 이런 데서 찾을 수 있지 않을까 한다. 또 한편 그 같은 성공담이 페미니즘의 이념을 살려내고 있다는 점도 오늘날, 포스트모더니즘 시대에서는 간과하지 말아야 한다."

(2) 문화 산업 이야기—스킨십 문화 교류와 함께 잘살기
다음으로는 문화 산업에 관한 이야기를 할 차례이다. 세계무역기구(WTO)가 탄생한 1995년 이래 세계 각국이 서비스 부문의 자유화와 문화 부문을 교역의 대상으로 삼아, 미국이 선봉에 서는 한쪽은 문화도 교역 대상인 만큼 자유로운 교역이 보장되어야 한다며 밀어붙이고 있으며, 우리나라와 프랑스 등 유럽을 위시한 다른 진영에서는 문화 부문만큼은 문화 다양성 확보를 위해서 절대로 양보할 수 없다는 결의를 다지고 있는 와중이다. 특히 우리는 '스크린쿼터(국산영화의무상영제)'를 가

지고 2006년 1월 현재도 미국 등과의 대외신인도 확보를 위해서 국산영화 의무상영일수를 현재의 연간 146일에서 73일로 절반으로 줄이겠다는 정부 측과 절대로 양보할 수 없다는 영화계 측과의 갈등이 계속되고 있는 상황이다.

  문화 산업에 관한 또 다른 관점은 문화의 현장 인식의 문제와 통한다. 문화를 가지고 산업적인 관점에서 장사를 하고 돈을 벌어들인다는 인식은 그리 오래된 것은 아니다. 그렇다고 문화는 언제나 적자라야 하고 정부나 대기업에서 지원만을 기대한다는 것은 더욱 아니다. 또한 문화를 다른 나라에 수출한다는 것은 단순히 장사 이상의 의미가 있다. 멀리 갈 것 없이 우리 영화나 드라마를 다른 나라에 수출해서 돈도 벌고 우리나라의 이미지까지 상승시키는 이중 효과를 내고 있는 한류는 그 대표적인 사례가 될 것이다.

  한류의 원조라고 할 수 있는 가수 조용필이 1980년대 일본에서 일으킨 한류는 실로 대단한 것이었다. 당시 일본에 유학한 경험이 있는 필자에게는 일본에서 불고 있는 조용필 신드롬에 적잖이 놀란 기억이 있다. 가는 곳마다 조용필 노래이고 심지어 대학의 각종 모임에서조차 시작과 끝은 언제나 조용필의 '돌아와요 부산항'이었다. 그리고 필자 등 한국 유학생에게 날아오는 질문은 조용필에 관한 것뿐이었다. 그래서 필자도 조용필 노래 한 곡 정도는 외워 두어야 했다. 그리고 그러한 경험으로 알게 된 것은 그들이 조용필을 통해서 한국을 느낀다는 사실이었다.

  그리고 한류를 본격적으로 일으킨 1990년대의 드라마 〈사랑이 뭐길래〉는 우리 드라마의 값을 크게 올림과 동시에 중국과 대만을 위시한 중화권에서 우리나라의 존재를 크게 부각시켰고, 특히 우리와 중국의 외교관계까지 부드럽게 만든 숨은 공로자이다. 그들은 우리 드라마를 통해서 현대 드라마의 맛과 멋을 알게 되었고 한국이라는 나라를 체험한 것이다. 이제까지 한국은 중국인들에게 '새마을운동'으로 잘살게 된 나라로서만 인식되었다가 현대와 전통이 잘 어우러진 멋있는 나라로 각인되게 되었다.

〈겨울연가〉는 지금 두말할 나위 없이 일본의 한국 인식을 송두리째 뒤바꾼 일대 사건이었다. 지금은 일본뿐 아니라 동남아는 물론 중동과 남미지역에 이르는 광범위한 마니아층을 형성하고 있다. 이 드라마가 TV, DVD, 애니메이션, 사진, 팬시상품, 관광상품 등을 제작하여 많은 돈을 벌어들이고 있는 사실은 '하나의 원본으로 10가지를 만든다(one source multi-use)'는 문화 산업의 슬로건을 실현시키는 대표적인 사례가 되고 있다. 이러한 한류는 더 나아가 외국의 한류 마니아들이 한국을 직접 방문하고 싶다는 욕구로 인하여 결과적으로 우리나라 관광산업에까지 지대한 영향을 끼쳐 관광흑자의 주역을 담당하고 있다.

또 하나의 한류드라마 〈대장금〉에 대하여는 할 말이 많지만, 이것이 갖는 가장 큰 의미는 우리 드라마의 지평을 넓혔다는 점이다. 모두에게 재미있고 유익하고 아름답다. 우리가 이런 드라마를 만들 수 있다는 것은 짧게는 한국드라마 50년 역사와 수천 년 역사의 내공의 힘이다. 이 드라마는 그동안 한류에 대해서 냉담하던 국내·외 보수 남성들과 혐(嫌)한류 족들에게까지 작은 파장을 던졌다. 국내에서는 우리 사극에 대한 인식을 달리하게 되었고, 일본에서는 중년 남성들을 TV 앞에 불러앉혔으며, 대만에서는 한국과의 국교 단절 이후 소원했던 양국관계가 부드러워졌으며, 홍콩에서는 〈대장금〉 신드롬을 일으켜 한국음식에 대한 홍콩인들의 열광이 시작되었다. 시청률 50%를 넘나드는 드라마는 전무후무할 것이라는 홍콩 리포터의 목소리가 지금도 생생하다.

또한 방송 콘텐츠의 수출이 이루어지기 시작한 1990년대 초반의 전체 방송 콘텐츠 수출액이 연간 몇 십만 달러를 넘기기 어려운 정도로 수입 대비 수출 비율이 10분의 1 정도밖에 되지 않았다가, 드라마 수출 역사 10여 년 만에 한류의 막강한 영향으로 2002년에는 드디어 수출이 수입을 넘는 일대 사건이 벌어지게 되었다. 방송 콘텐츠의 연도별 수출입 현황을 살펴보자. 문화관광부의 2005년도 『문화산업백서』에 의하면 1995년도에는 수출 553만 달러에 수입 4,220만 달러, 1996년도에 수출 599만 달러에 수입 6,390만 달러 선으로 유지되다가, 1998년도에 수출 1천만 달러에 수입 2천7백만 달러로 수출은 급성장하고 수입은 급감하는 추세로 돌아선다. 이러한 추세는 2001년도에 더욱 확장되어 수출 1,892만 달러에 수입 2,044만 달러가 되고, 2002년도에는 드디어 수출 2,880만 달러에 수입 2,511만 달러로 수출이 수입을 초과하는 사태가 벌어지게 된다.

최근의 수치로는 2004년도 말 현재 7,140만 달러의 수출과 3천1백만 달러의 수입으로, 1억 달러 수출이 곧 실현될 것으로 보고 있다. 물론 전체 무역액이 수출입 합쳐 5천억 달러를 상회하는 세계 10대 경제대국의 입장에서 이 수치는 별볼일 없는 것으로 생각할 수도 있겠지만 꼭 그렇지도 않다.

그 이유를 2가지의 관점에서 말해 보기로 한다. 한 가지 관점은 순수 경제학적인 입장에서인데, 할리우드의 영화산업이 막강하다는 점은 수억 달러를 들인 블록버스터 영화도 미국 내의 소비자 층이 워낙 두터워서 자국민 2억 명 이상의 관람객을 대상으로 우선 국내에서 투자금액을 회수하고 해외에서는 '대량으로 값싸게' 수익을 창출하는 구조이기 때문에 다른 나라의 영화가 도저히 이를 따라잡을 수 없는 것이다.

방송 콘텐츠도 영화와 마찬가지의 구조로 운용된다. 방송 콘텐츠 역시 국내에서 본전 다 뽑고서 해외 수출에서 수익을 창출한다. 필름값 정도의 재료비만 들이고는 나머지는 순수익이 되는 것이다. 일반상품 수출의 평균 수익률이 1∼2%라고 할 때 방송 콘텐츠 1억 달러 수출은 일반상품 수출 1백억 달러에 해당한다고 해도 과언은 아닐 것이다. 이와 더불어 관광 파급 효과는 2005년 한국관광공사의 연구보고서 「한류관광 마케팅 파급효과분석 및 발전방향」을 보면 알 수 있다. 이 보고서에 따르면 일본, 중국 등 아시아 관광객의 27%인 71만여 명이 한류 관광객이며, 관광수입은 7억8천만 달러에 이르는 것으로 나타났다. 이들은 주로 드라마〈겨울연가〉의 촬영지인 용평과 남이섬을 찾으며, 특히 일본에서는〈겨울연가〉기념우표가 나오기까지 하여 더욱 한국 관광에 대한 일본인들의 욕구를 높였다.

두 번째로 방송은 다른 매체와는 달리 각 가정의 안방에까지 직접 전달된다. 우리의 이야기와 문화가 방송 콘텐츠, 즉 드라마를 통해서 외국의 안방에 들어가 그들과 함께 울고 웃고 하는 사이에 우리와 그들은 자연스레 하나가 된다. 일방적이고 정색하는 문화 전파가 아니라 재미있는 이야기를 통해서 함께 뒹구는 혼연일체의 스킨십 교류인 것이다.

어디 그뿐인가. 그들은 우리의 문화 콘텐츠를 가지고 자국 내에서 비즈니스를 하여 어떤 의미에서는 우리보다 더 잘살게 되었다. 그들에게는 별로 없는 재미와 아름다움을 자국민들에게 선사하면서 동시에 우리 문화를 판매하여 많은 수입을 올리는 것이다. 그들은 한결같이 우리 방송 제작자에게 "잘만 만들어 주면 얼마든지 소비해 주겠다"고 메시지를 보내온다. 다름 아닌 바로 그들을 위해서다. 일본은 물론이고 미국, 중국, 대만의 문화 콘텐츠 업자들은 우리 것으로 얼마든지 "장사를 잘할 자신이 있다"고 장담한다. 우리 문화는 이제 세계인 모두가 함께 잘살게 해 주고 있는 것이다.

광복 60년이 지난 이제까지 문화 부문에서는 일방적인 무차별 수입 국가였던 우리가 문화 수출로 무역의 날 수출탑을 줄 정도가 되었다는 사실은 우리를 감동시키기에 충분한 일이었다. 도대체 어떻게 된 일인지 알고 싶었다. 사실상 문화 산업 부문은 필자의 다음 관심사이기도 한데, 이를 현장에서 성공적으로 수행하고 있는 전문가는 그리 흔치 않다.

그런 이유로 세 번째 강의는 MBC 프로덕션의 박재복 부장이 맡았다. 그는 '한류 문화 콘텐츠 수출 현황과 비전'이라는 주제로 강의를 하였다. 특이하게도 문화로 무역의 날에 수출탑을 수상한 사람이다. 다시 말하면 방송 콘텐츠 해외 수출 유공으로 상을 받은 것이다. 참으로 '격세지감'이란 말은 이런 때 쓰는 말일 것이다. 우리가 문화 수출을 시작하고 그래서 한류를 일으키고, 다시 한류는 문화 수출을 확대시킨다. 이것은 과거 수많은 '할리우드 키드'를 양산할 수밖에 없었던 대중문화 부재의 우리의 역사를 돌아볼 때 감회가 새로운 사건인 것이다.

이제 문화 수출에 관한 이야기를 그를 통해서, 그리고 이런 저런 자료를 통해서 알아보고자 한다. 그는 방송 콘텐츠 수출에 관해 해외에서 대성공을 보장할 수 있는 대형 드라마를 지칭하여 '킬러 콘텐츠'라는 용어를 사용했다. 이는 영화에서의 블록버스터 개념과 같은 의미이다. 그것은 다름 아닌 〈사랑이 뭐길래〉, 〈별은 내 가슴에〉, 〈이브의 모든 것〉, 〈불꽃〉, 〈올인〉, 〈겨울연가〉, 〈인어아가씨〉, 〈대장금〉 등으로서 이러한 작품들은 드라마 한 편의 수출액이 최소 1백만 달러에서 최대 1천만 달러 이상 가능하다는 가능성을 보여 준다는 것이다. 이 액수는 과거 우리 드라마 수출액으로서는 상상하기 어려웠던 수치였다.

이를 정확히 이해하기 위해서 그가 제시한 킬러 콘텐츠의 해외 진출 성공 사례를 구체적으로 보면 다음과 같다. 한류드라마 수출의 선도자는 누가 뭐래도 초창기인 1990년대 말에 중국으로 진출한 〈사랑이 뭐길래〉이다. 이 드라마는 우리 방송 콘텐츠 해외 진출 초기에 중국 내에서, 아니 아시아에서 한류를 일으킨 선구자 역할을 하였다. 중국 CCTV에서 방송을 타자마자 중국 내 시청률 4.3%를 기록한 것으로 유명하다. 중국에서 시청률 4% 대라는 것은 엄청난 일이다. 보통의 드라마는 중국에서 1%는 고사하고 보이지도 않는다. 수많은(전국 약 60여 개) 방송국과 넘쳐나는 프로그램의 홍수 속에서 0.5%라도 시청률을 가진다는 것은 하늘의 별따기이다. 덧붙이면 이 드라마는 우스갯소리로 한국 남성의 기백을 중국에 알려 그들을 매우 부럽게 만든 것이기도 하다.

드라마 〈별은 내 가슴에〉는 중국과 아시아를 거쳐 스페인어와 포르투갈어를 사용하는 중남미에까지 진출하여 우리 대통령이 이 지역을 순방하였을 때 우리 스타를 보내 달라고 시위를 하게 만든 것이기도 하다. 이러한 초기의 드라마들은 후에 〈겨울연가〉나 〈대장금〉 같은 한류드라마의 성공을 만든 초석이 되었다. 경제적인 관점에서, 초창기 우리 드라마 가격이 대만과 중국에서 시간당 4~5백 달러였던 것이 불과 4~5년 사이에 시간당 1~2만 달러를 넘어서고 있다. 이 가격은 국제적으로 통용되는 가격의 두 배를 상회하는 것이다.

일본에서도 초창기에 시간당 5천 달러도 힘들던 것이 최근에는 한 에피소드 당 최소 3~10만 달러와 함께 러닝 로열티까지 받게끔 되었다. 베트남은 한류의 또 다른 진앙지인데, 여기에서 할리우드 작품 가격이 보통 시간당 5백 달러인데 비하여 우리 작품가는 1천 달러를 상회하고 있다. 이외에도 동남아의 여러 나라들과 러시아, 우즈베키스탄, 몽골 등에도 우리 드라마의 수출이 본격화되어 수출 가격도 수직상승하고 있는 중이다.

이러한 문화 수출에 있어서의 마케팅 전략은 매우 중요한데, 박재복 선생은 2가지 측면에서 이를 분석한다. 하나는 일선에서 일하는 마케팅 담당자의 전문가적 역량의 중요성이다. 마케팅 전문가는 콘텐츠의 상품 가치와 매출을 극대화하기 위해 제작자나 연출가 못지않게 정확하게 작품성을 분석하여 시장의 잠재 수요를 찾아 거래를 성사시켜야 한다. 시장의 흐름을 예측하고 상품의 가치를 부여하는 마케팅 전문가는 당장의 이익보다는 장기적인 이익을 도모하는 자세를 가져야 하는 것이다.

다른 하나는 콘텐츠의 품질 경쟁력이다. 품질 경쟁력의 기본은 스토리의 우수성이며, 연기자와 연출가의 탁월한 능력이다. 다시 말하면 우수한 시나리오를 창작해 내는 역량 있는 작가와 모든 것을 두루 갖춘 연기자, 그리고 현대적인 감각과 영상언어를 적절히 표현해 내는 연출자를 만들어 나가야 한다. 적당한 선에서 마무리하는 2류가 아닌 처음부터 끝까지 기획하고 준비하는, 소위 글로벌 스탠더드를 만들어 나가야 한다. 이와 더불어 세계적인 미디어 그룹인 홍콩의 '스타 TV'가 한류드라마를 공식적으로 방영키로 한 사례처럼, 외국의 유수한 미디어가 성공적으로 국제무대에 진출한 것과 이들이 행동하는 방식을 잘 연구하여야 한다. 앞으로는 이들과 진검으로 경쟁을 벌여야 하기 때문이다.

(3) 연극 이야기

2005년의 노벨문학상은 영국의 극작가 해럴드 핀터(Harold Pinter)가 수상하게 되었다. 스웨덴 한림원은 10월 13일 오후 8시(한국 시각) 올해의 노벨문학상 수상자로 영국의 유대계 극작가 해럴드 핀터(75)를 호명했다. 한림원은 "일상의 잡담을 통해 현대인의 위기를 들추어내고 '닫힌 방'과 같은 억압 속으로 헤쳐 들어가려 했다"며 제2차 세계대전 이후 영국 드라마를 대표하는 작가라고 평했다. 또 "핀터는 사람들이 서로서로에, 그리고 가식의 편린에 취약할 수밖에 없는 폐쇄된 공간과 예측할 수 없는 대화라는 연극의 기본을 되살려 놓았다"고 설명했다. 그렇기 때문에 비평가들은 작가 핀터의 작품 세계를 "뒤틀린 삶에 해학의 꽃을 심다"라는 헌사를 보내 왔다. 이야말로 현대를 사는 우리가 평소에 느껴오던 문제이자 주제인 것이다.

우리에게는 『티타임의 정사 The Lover』로 잘 알려진 해럴드 핀터는 현대 부조리극의 대표적인 작가 사무엘 베케트(Samuel Beckett, 1906~89, 1969년 노벨문학상 수상)의 영향을 가장 많이 받은 작가로 알려져 있다. 20세기 연극의 전·후기 분수령으로 꼽히는 베케트 이후, 즉 20세기 후반부 영·미 연극의 흐름을 주도하며 가장 많이 연구되고 가장 많이 공연되는 작가라는 의미다. 사무엘 베케트가 누구인가. 종래의 소설 형식을 탈피하여 일체의 시간적, 공간적 제약에서 벗어나려는 의도를 가진 문예사조 누보로망의 기수로서, 하나의 순수 상황으로 되돌려진 인간의 내적 존재와 의식을 집요하게 파고들고 있다고 평가되고 있는 작가이다.

베케트의 대표작 『고도를 기다리며』는 발표 이후 어떤 극적인 짜임새나 복선이 깔려 있는 것도 아니며 어떠한 극적인 행위도 전개되지 않은 안티 테아트르적인 요소로 인해 평론가들로부터 반연극, 부조리극, 엘리어트(Thomas S. Eliot) 이후의 진정한 시극 등의 갖가지 평가를 받았다. 그러나 이러한 베케트의 반연극적인 경향은 너무나 설명적인 사실극의 연극, 안이한 심리묘사에 얽매인 부르주아 연극에 대하여 반기를 든 것이다.

핀터는 베케트 생전에 많은 시나리오 각색 원고를 보내고 의견을 구했다고 한다. 핀터가 베케트의 말년 어느 날 파리의 베케트 집을 방문했을 때, 베케트는 병석에 누워 있었다. 그때 핀터는 베케트의 기분 전환을 위해 카프카의 『심판』 시나리오를 보여 주며 위로했었다고 한다. 독일의 유대인 카프카, 파리의 아일랜드 작가 베케트, 그리고 영국의 유대인 작가 핀터는 시대적이고 개인적인 상황의 유사성으로 인한 정신적 혈연관계를 맺었다고 할 정도로 작가적 성향이나 철학이 매우 유사한 것으로 지적된다.

이러한 정신적 유산을 바탕으로 유럽의 부조리한 현실 상황에 대해 부조리한 웃음으로 맞섰던 핀터에 대해 스웨덴 한림원은 뒤늦게 노벨상을 수여했던 것이다. 그는 극작가, 배우, 연출가로 여전히 현역이기는 하지만 핀터는 20~30대인 1957~65년에 작가적 전성기를 누렸다. 그는 런던에서 유대인 재단사의 아들로 태어나 셰익스피어와 같은 전통적인 극을 레퍼토리로 삼는 극단 배우로 연극계에 발을 내디뎠다. 젊은 시절 종교적인 이유로 징병을 거부해 감옥에 갈 뻔한 적도 있었다. 나치의 런던 폭격과 유럽의 반유대주의는 소년의 내면에 깊은 상처를 냈을 것이다. 2차대전은 당시의 누구에게나 그러하였듯이 그의 전 인생에 영향을 미치는 강열한 것으로서, 작품 속에서 난데없이 들이닥치는 외부의 위협에 속수무책인 핀터 초기 연극의 주인공들은 이런 경험 속에서 자라난 인물들이다. 핀터는 반유대주의와 전쟁의 공포가 자신을 극작가로 만들었노라고도 술회하고 있다.

핀터는 1980년대 이후에는 작품 속에서 정치적 풍자와 공격의 강도를 높였다. 최근 그는 미국의 중동 정책과 블레어의 이라크 참전을 비판한 적도 있다. 핀터의 극에서 늘 문제되는 것은 부조리한 인간관계와 권력의 불균형이다.[56] 극 평론가들에 의하면 평화와 안정이 아닌 불균형과 금방이라도 파국이 찾아올 듯한 권력의 불평등이 핀터의 세계를 구성한다. 핀터 작품 가운데 한국에서 인기를 끈 작품으로는 『티타임의 정사』가 있으며, 대표작이자 현대극의 고전으로 꼽히는 『관리인The Caretaker』, 『귀향Homecoming』, 『음식승강기Dumb Waiter』나 최근작 『재에서 재로Ashes to Ashes』 등이 있다.

핀터의 세계에서는 극중 인물 모두가 뒤틀리고 의심하고 배신한다. 그러나 이것은 암울한 현실의 반영이 아니라 그 현실에 대한 날카로운 환기이며 억압적이고 폭력적인 현실에 대한 거부라고 할 수 있다. 징병거부와 반유대주의에 대한 증오, 그리고 전쟁이 안겨다 준 폭력에 대한 염증이 그의 작품 구석구석에 스며들어 있다. 그는 1980년대 후반부터 줄기차게 정치극과 비판적인 발언을 해 왔다. 1960년대 초기 작품 속에 파묻혀 있던 저항의 목소리가 그 이후 돌출하기 시작한 것이다. 그런 점에서 그의 작품은 베케트나 이오네스코(Eugene Ionesco)의 작품과 다르다. 핀터의 극은 보다 통속적이며 그렇기 때문에 다른 부조리극보다 구체적이며 대사는 일상적인 구어체이다.

그런데 이러한 서구의 극작가들이 노벨상을 받고 현대의 부조리를 고발할 때, 줄기차게 현대 부조리와 여성 연극에 천착하여 20여 년을 고집스럽게 매달려 온 우리나라의 연출가가 우리의 관심을 끌었다. 연출가 임영웅 선생이다. 임영웅 선생을 우리 한류아카데미의 연극 강사로

---

[56] 이동도, 「씨네 21」, 2005년 11월호.

모시면서 그의 연출 작품을 보았다. 그의 강의는 30분 정도의 짧은 것이었지만 많은 중요한 이야기를 하였다. 다음은 소설가 이상락이 정리한 내용을 발췌한 것이다.

임영웅과 극단 산울림, 그리고 사무엘 베케트 원작 『고도를 기다리며』를 뺀다면 이야기가 안 된다. 그는 세계 각국에서 공연된 그 작품을 한국식(임영웅식)으로 해석하여 20년 이상을 지금까지 고집스럽게 매달려 왔다. 88올림픽 직전 방한했던 부조리극 연구의 세계적 권위자 마틴 에슬린(Martin Esslin)이 임 씨의 작품을 보고 이런 평을 남겼다. "산울림의 무대는 부드러움과 무용적인 움직임, 그리고 고도로 양식화된 동작으로 베케트가 갖가지 상징을 얼마나 효과적으로 이용했는지를 깨닫게 해 주었다. 이러한 연출 방식은 혹시 한국의 전통 공연예술이 지닌 추상적인 표현에서 유래된 게 아닌가 생각된다. 매우 아름다운 이미지로 승화시킨 마지막 장면은 이 작품에 새로운 차원을 부여한 것이다."

그는 이 작품을 들고 1989년 프랑스 아비뇽페스티벌과 1990년 더블린연극제에 참가하여 큰 호평을 받는다. "초청을 받고 더블린에 한국말을 알아들을 수 있는 사람이 있느냐고 물었더니, 베케트의 『고도를 기다리며』는 더블린에서라면 언어 때문에 문제가 되지는 않을 거라고 해요. 듣고 보니 그럴듯해요. 만약 서양 사람이 우리 〈춘향전〉을 서울에서 공연한다고 할 때 영어로 하든 불어로 하든 다 통할 수 있는 것과 같은 이치지요. 그런데 날짜가 다가오고 마무리 연습을 진행하면서 불안해지기 시작하더라고요. 사무엘 베케트의 고향에서 벌어지는 연극제 아닙니까. 외국인들이 서울에 와서 〈춘향전〉을 공연한다면 아무래도 어색하듯이 그 짝이 나지나 않을까 생각하니 식은땀이 다 납디다."

우리의 자주성에 대하여는 "자주성 운운하면서 외국 작품을 들고 나가는 것을 비판하는 시각도 있겠지요. 그러나 그건 이해력이 부족한 사람의 얘깁니다. 정경화나 김영욱이 우리 작곡가 작품으로 연주를 시작했나요? 교류 첫 단계에는 그들도 하는 것을 들고 나가서 당당하게 겨뤄 보는 것입니다. 셰익스피어나 브레히트를 들고 나가서 우리 역량을 내 보인 다음에, 우리만의 것을 내밀어야 정당한 평가를 받는다고 생각해요. 그러지 않으면 그들에게 그저 민속적인 호기심 이상을 줄 수가 없지요."

연극이 무엇인가에 대하여는 "연극이란 인간을 그리는 예술이라는 것이 저의 기본적인 생각입니다. 베케트는 『고도를 기다리며』에서 복잡한 현대인을 무대에 올려놓고 '과연 인간이란 무엇인가?', '인생이란 무엇인가?', '산다는 것의 의미는 뭐냐?'는 질문을 던집니다. 36년 동안 그의 작품을 16번이나 연출해 오면서도 항상 새롭게 느껴지고 긴장이 되곤 하죠."

그는 한류 무형문화유산이다. 우리 전통도 중요하지만 이렇듯 세계의 연극을 20년 이상 연출하면서 '독립운동 한다는 각오'로 연극을 하면서 여러 위기를 넘어 현재에 이른 것은 평가해야 마땅하다. 6·25 전쟁 중 피난 갔을 때도, IMF 때도, 경제가 불황이고 사회가 뒤숭숭할 때도 연극운동에 천착해 온 것이다. 그렇기 때문에 오늘의 한국연극은 질적으로 보나 관객 수로 보나 세계적이라는 평가를 받고 있는 것이다. 바로 그러한 예술정신이 한류를 형성하는 모태가 되어 온 것이라 믿는다.

(4) 장나라·주호성의 중국 진출 이야기

장나라는 중국에서 가장 성공한 한류 가수다. 그의 뒤에는 오늘의 장나라를 만든 아버지이자 연극인인 주호성 선생이 있다. 그들의 이야기는 설득력이 있다. 왜냐하면 실제로 맨발로 뛰면서 온몸으로 부딪치면서 한류를 느끼고 전파한 내공이 있기 때문이다. 아버지 주호성과 장나라의 재미있는 이야기를 들어 본다.

아버지 주호성 선생 이야기

장나라의 성공은 어느 정도인가. 중국 수도 체육관, 공인 체육관에서 공연하는 중국 가수는 최소 15년 경력의 인기가수이다. 체육관 공연하면 보통 2만5천~5만 명을 수용하는 규모인데, 5년 경력도 안 되는 가수가 중국에서 5만 명을 동원하는 것은 정말 대단한 일이라 생각한다. 중국은 프로그램 제작시 타깃층이 우리와는 많이 다르다. 우리는 주로 10~20대 대상으로 미국에서 들여온 음악을 주로 하는데, 중국은 10~80대에 이르는 폭넓은 타깃층을 대상으로 제작한다. 예를 들면 장만옥의 노래가 나오다가 경극도 나오다가 하는 식이다. 장나라는 팬층이 상당히 넓은 편이다. 중국에서도 그렇게 어느 한 세대가 아닌 모든 세대를 대상으로 런칭하였다.

중국인이 제일 두려워하는 것은 무엇인가. 장나라가 출연하는 공연이 펑크난 적이 있었다. 항주 공연이었는데 갑자기 장만옥이 교통사고가 난 것이 그 이유였다. 모든 미디어가 떠들어 댔고 공연 전날 밤 12시에 공연 취소 결정이 내려졌다. 이유는 장만옥이 출연한다고 홍보했는데 장만옥이 안 나오면 약속 위반이므로 공연을 못한다는 것이다. 공안이 결정하면 그것으로 끝이다. 더 신기한 것은 공연 관람하러 온 사람이 단

몇 줄 안내문만 보고 그냥 돌아간다는 것이다. 그중에는 12시간 기차 타고 온 사람도 있었을 것인데, 그 정도로 원칙과 권한을 중시하는 나라이다.

작년 9월 〈은색연화〉라는 드라마를 하기로 하고 중국에 갔다. 장나라가 한국 시청률이 떨어져서 중국으로 도피한 것이라는 보도가 있었지만 그것이 아니다. 원래 2년 전부터 일본 진출을 계획하고 준비하고 있었다. 그런 와중에 보아가 갑자기 인기를 얻으면서 SM엔터테인먼트에서 이를 대대적으로 홍보하였고 장나라가 진출할 여지가 없게 되었다. 예를 들면 누구는 1백만 장 팔았는데 우리가 30만 장 팔았다고 하면 언론에서 시큰둥하게 반응할 것이 뻔한 일 아닌가. 그런저런 이유로 중국 쪽으로 진출 방향을 잡았다. 처음에는 중국대사관, 문화원 찾아다니며 사진을 사용해도 좋다, 출연료도 낮추어 진출할 방법을 찾으러 노력했다. 그러한 노력과 정성으로 중국문화 홍보대사도 되었고 우호적인 대접을 받기 시작했다. 중국 언론에서도 사랑을 많이 해 주었고 현지 연예인들에게서도 호평을 받았다. 무대 뒤에서도 선배나 유명 배우를 만나면 찾아가 예의를 갖추었다.

실제로 현장에서 활동한 연예 전문가가 중국에서 연예계 생활을 하고 경험한 것이 어떠한지 제대로 발표된 것이 없다. 아버지인 나 자신이 연예계에 경험이 많아 자신감을 가지고 중국에 진출했지만 중국의 진짜 모습은 달랐다. 그들은 직업에 귀천이 없다. 우리는 파티를 하면 보통 헤드테이블이 있고 고위직이 앉는다. 하지만 중국은 다르다. 국장급도 운전사도 자기 원하는 곳에 앉는다. 운전사가 연예인에게 다가와서 건배를 제의할 정도다. 중국에선 나를 장빠라고 부른다. 아무리 장빠도 표 없으면 공연장 입장 불가다. 우리가 도착하면 팬들로 인해 야단법석이지만 검표원에게 표를 안 내면 못 들어간다. 한번은 표를 분실하여 방송사 고위간부가 보증하고 들여보내려 해도 못 들어갔다. 검표원 입장에선 표가 없으면 안 되는 것이다.

중국희곡학원은 매우 유명한 학교다. 무대에 필요 없다고 생각되는 물건을 하나 치우라고 했는데 그것을 담당하는 직원이 안 된다고 하니 그것으로 끝이다. 교장이 나서서 치워 달라고 해도 들어 주지 않는다. 그만큼 직업 귀천이 없고 직업 정신 및 권리를 존중하는 나라이다. 그런 문화를 이해해야 한다.

일본은 키무라 타쿠야(木村拓哉) 이후 스타가 없다. 망해 가던 NHK가 한국드라마로 일어섰다. 우린 일본을 향한 일본 기준에 맞는 것을 제작하고 팔아야 한다. 일본 여성에겐 한국은 군대 가는 나라들의 남자, 그런 남자들에 대한 일정한 이미지가 있다. 주 베트남 한국대사와 함께 국방장관을 만났는데 다음 날 현지 언론에 톱으로 나오더라. 대사님이 국위선양 했다고 기뻐하면서 개미와 베짱이 이야기를 하였다. 베짱이 엔딩이 바뀌어야 한다는 것이다. 요즘 베짱이는 음반을 통해 부자 된다는 것으로.

우리는 대중문화로 이기는 나라다. 잘못하면 변방으로 전락한다. 되도록 우리의 정신, 우리의 것을 제대로 갖고 접촉해야 한다는 생각이다. 중국엔 상하가 없다. 한국드라마에서 딸이 아버지의 허락을 받아 결혼한다는 것을 이해 못하면서도 재미있어 한다. 뭔가 아랫사람이 윗사람을 존경한다는 것에 대한 향수가 있다. 이것이 우리가 주는 영향이다. 이런 것이 가치 있다고 생각한다. 대중문화를 존중해 달라. 젊은 아이들이 무슨 춤 경연대회 나간다고 하면 불량학생 취급하는 것이 현실이다. 격려와 칭찬은 못해도 바짓가랑이를 잡지는 말자.

미디어의 이해가 필요하다. 연예인 엑스파일 나오니 바로 중국에 번역되어 나오더라. 한국에서 발표되면 바로 중국에 전달된다. CF 촬영하고 3억 받았는데도 8억 받았다고 발표되는 현실이다. 그것을 받아들이는 중국인에게는 얼마나 기분 나쁠 것인가. 바로 중국에서 비판이 나온다. 8억이나 가져갔다고. 그것은 누구에게도 도움이 되지 않는다. 대체적으로 중국을 낭만적으로 열등하다고 보는 시각을 거부한다. 30살짜리 회장을 만났는데 부자가 된 이유를 물어보니 7살에 바나나장사를 시작하여 14살에 회사를 만들고 24살에 회장이 되었다고 한다. 그 사람 머리는 오통 장사뿐이다. 부모가 7살에 장사하도록 만드는 나라, 그것이 중국의 무서운 모습이다.

중국 초기 진출시 한국 노래 4곡을 중국어로 번역하여 시작하려 했으나 중국 노래를 2곡, 2곡 하다 보니 완전 중국어 노래로 된 앨범이 나왔다. 중국 최초로 중국 가수 음반 코너에 앨범이 전시되었다. 그로부터 중국 최초라는 말이 따라다녔다. 연기/노래/CF 다 잘해서 천왕/천후라는 칭호도 미디어에서 나왔다. 처음부터 순수한 중국어 음반을 내고자 했던 것은 아니다. 중국인에게 비춰진 장나라의 이미지는 해맑은 웃음, 호감, 전통적인 여인상 이런 것들이다. 이런 것들이 긍정적인 이미지를 만들었다. 중국인들은 외래문화에 대해 적응이 무척 빠르다. 쉽게 받아들인다. 대중문화도 마찬가지이다.

정부에 만약 한류 예산이 있다면 올바르게 사용할 방법을 모색해야 한다. 김대중 정부 시절 구민회관을 많이 지었다. 짓기 전에 실제로 사용할 연극인들과 상의라도 했어야 했다. 만들어진 무대를 보라. 전시 효과만 노리지 말고 제대로 해야 한다는 뜻이다. 늦기 전에 중국의 드라마를 사서 한국 방송사에서 방영하도록 도와 달라. 중국 연예인도 출연시켜

쌍방향이 되어야 할 것이다.

한국의 기획사라면 중국을 무시하지 말고 친구가 된다는 마음으로 접근해야 한다. 한국 엔터테인먼트사가 중국에 30억 원 호가하는 빌딩을 마련하고 중국 사업을 런칭하는 것을 보았다. 중국에서 음반장사는 여러 가지 이유에서 어렵다. 음반장사가 되지 않는 나라에서 수입은 행사, 공연에서 나오는 것이므로 이에 대한 계산을 잘해야 실패하지 않는다.

마지막으로 당부는 국민 모두가 한류를 긍정적인 시각으로 바라보면서 현장에서 활동하는 분들과 연예인 활동에 격려를 바란다는 것이다.

장나라 이야기

사실 중국이라 해서 크게 다르게 느낀 점도 어려운 점도 없었다, 언어 문제 외엔. 그러나 스태프들이나 아빠를 보면 한국과 중국에 차이점이 있는 것 같다. 중국인이 좀더 순박하고 가족적이라고 생각한다. 일하기도 편했고. 서로 맘에 안 들어도 이해하고 문화적, 언어적 차이가 오히려 도움이 되었다. 〈따이만공주〉 촬영이 끝나 갈 무렵 그 주간 내내 울었다. 그 정도로 우정이 쌓였다. 보통 촬영장과 집이 너무 멀어 관계자들이 모두 모여 숙식하며 생활한다. 그러다 보니 정이 들어 헤어질 때는 많이 울었다.

현장에서 느낀 한류에 대해서는 스타 본인은 잘 모른다. 본인은 연기와 노래만 할 뿐이다. 평소엔 한류 하면 한국배우가 인기가 있나 보다 했는데 실제는 그 이상이다. 한국 연예인은 세련되고 뭔가 월등하다고 느끼는 것 같다. 그것이 이점이었지만 지금은 좀 다르다. 일본에선 한국 가수, 배우 사진, 드라마를 볼 수 있지만 한국에선 다르다. 양방향 교류가 필요하다. 내보내기만 하고 받지 않아서는 안 된다.

배우는 보여 줄 수 있는 것은 모두 보여 주고 싶은 욕심이지만 일본에서는 중국처럼 본격적으로 하고 싶지는 않다. 본인의 연기와 노래의 비중에 대해서는, 어렸을 땐 연극이, 스무 살 땐 가수가, 지금은 연기가 재미있다. 연기하다 가수하다 하고 싶지만 선배님들이 보면 우스울 수도……. 비밀이다.

중국에서 성공한 이유는 주변 분들의 엄청난 노력이 있었기 때문이다. 또 다른 일면은 현지화 전략이다. 일단 가서 땅에 발을 붙였다. 중국인들이 내가 중국인 같다고 많이 말한다. 부담 없다고도 한다. 후진타오 총리는 한국드라마가 오는 만큼 중국드라마도 많이 가야 한다고 말했다. 상호 교역이 교역인 것이다. 양적으로라도 모양은 갖추어져야 한다. 요즘 방송되는 〈칭기즈칸〉이 너무 고맙다. 장나라의 〈따이만공주〉의 역수입도 가능하지 않나. 제발 중국을 깔보지 말라. 그런 생각하면 한류는 끝이다. 중국인 몇 천 명 모아 놓고 공연했다고 인기 있다고 생각하면 오산이다. 중국 오지에서도 인기를 얻는 그런 연예인이 되어야 한다. 중국에서 활동하려면 중국 것으로 해야 한다. 우리 노래를 가사만 바꿔서 되는 것이 아니다.

(5) 한국음악, 그리고 올포원(All 4 One)

한류의 근원 중의 하나는 전통문화다. 그중에서도 국악은 가장 본원적이다. 세종대왕께서 일찍이 우리 음악으로 나라의 근본을 세우려 한 정책은 참으로 지당하다. 그는 오늘의 한국음악, 즉 국악의 기틀을 만들고 중국과는 다른 아악을 창조하고 집대성하였다. 한글 창제와 같은 맥락이다. 이러한 조상 덕분에 오늘에 이르기까지 우리는 우리 음악에 대한 자부심으로 무장하여 음악은 물론 댄스 장르까지 세계를 누비는 성과를 가지게끔 되었다. 내공이란 그런 것이다. 현재의 유명가수들은 한결같이 우리 국악을 연마하였거나 깊은 관심을 가지고 바라보고 있다. 그들의 필요에 의해서. 진정한 스타 뮤지션들은 세종 조의 아악 〈수제천〉에서 영감을 얻는다. 판소리를 연마해서 영혼의 소리를 만든다.

국악 자체도 커다란 진화를 하여 오늘날 우리 앞에 다가서는 한국음악은 이제까지의 '국악'과는 많이 다르다. 오늘의 젊은 한국 음악가들은 국악도 현대음악의 한 장르인 것처럼 생각하며 전통 음악에 대한 특별한 감상은 별로 없다. 과거의 국악인들이 흔히 갖는 여러 가지 사연이나 콤플렉스 혹은 특별한 우월감은 이제는 찾아보기 힘들다. 오히려 국악의 아름다움과 예술성이 젊은 한국 음악도들을 사로잡을 뿐이다. 요즈음의 국악도 들은 대중음악 스타와 같은 반열에 서서 자유롭게 국악을 향유하고 있다.

최근 모 회사의 CF에는 네티즌의 관심을 끄는 기막힌 조합의 음악과 영상이 등장하였다. 이름하여 올포원(All 4 One)이다. 가야금과 비보이(b-boy)의 브레이크댄스와 비트박스(beat box)와 디제이 믹싱(DJ mixing)이 한데 어울려 멋진 하모니를 이루기 때문에 올포원인 것이다. 가야금은 숙명여대 연주단이, 비보이는 세계적인 그룹 라스트 포 원(Last for One)이, 디제이 믹싱은 이창의가, 비트박스는 은준이. 네티즌들의 반응은 '소름 끼친다', '감동이다', '놀랍다' 등이었는데, 그중에서도 눈길을 끄는 것은 '우리의 가야금이 이렇게 멋있는 줄 정말 몰랐다'는 것이다. 필자도 놀라웠고 감동하였다.

이뿐만이 아니다. 국내외에서 벌어지는 각종의 주요 행사에서 국악이 개막과 폐회 행사의 일환으로 자주 등장하는 일은 이제는 다반사가 되었다. 그 이유는 국악이 가지는 특수성 때문이 아니라 보편적인 아름다움이 모두를 행복하게 할 수 있기 때문이다. 필자는 우리 국악이 이렇게 진화할 수 있고, 이렇게 현대의 네티즌까지 사로잡을 수 있다는 사실이 자랑스럽다. 동시에 국악을 기조로 한 초현대의 영상 음악을 CF로 내놓은 광고기획사나 모 회사도 대단하다. 이는 다름 아닌 우리 문화에 대한 자신감과 이것이 통할 수 있는 우리나라 네티즌들의 의식 향상과 이를 사전에 감지한 업계의 젊은 일꾼들의 신선한 노력 때문이다.

우리 국악에 대한 헌사는 무수히 많지만 대체로 일치하는 것은 국악이 갖는 자유와 여유이며, 세계의 어느 음악과도 화음을 이룰 수 있다는 크나큰 장점을 갖는다는 것이다.

한류의 문화 코드는 멀티와 감동이다. 한류 콘텐츠의 중심에는 여성과 청소년을 중심으로 하는 핵심적인 문화 코드 위에 탄탄한 구조의 스토리의 재미, 영상미학, 아름다운 남녀 스타, 역동성, 가족과 인간에 대한 사랑, 열정, 겸손, 예의, 도전 등의 문화 코드가 내재되어 있다. 다시 말해서 한류는 현대의 디지털 시대의 한복판에 서 있으면서도 디지털이 채워 주지 못하는 그 무엇을 열정적으로 메워 주고 있는 것이다. 보수 남성사회의 단단한 벽을 뚫고 세상에 포효하는 것이다. 이것은 아시아에 대한 것만이 아니다. 서구에 대해서도 마찬가지다. 아니, 오히려 서구인에게 더욱 결핍된 것을 한류는 채워 줄 수 있다.

국악은 궁중음악인 정악에서부터 가곡, 전국의 민요, 판소리, 사물놀이에 이르는 종류와 소리의 다양함을 가지고 있기 때문에, 시간이 갈수록 더욱 디지털 문화의 결핍을 채워 주는 영혼의 소리로서 자리 잡게 될 것이라 믿는다. 이는 문화제국주의적인 것과는 다른 것이다.

또한 우리의 비보이들은 어떤가? 그들은 2005년 말의 어느 날, 이름조차 생소한 브레이크댄스라는 춤을 한국민에게 알리며 그것도 유럽 등지에서 지난 몇 년 동안 계속 우승 또는 우승권에 있어 왔다는 기사를 접하게 해 주었다. 문화에 관한 한 매우 자존심이 강하고 미국을 포함한 다른 지역의 문화를 별로 인정하지 않는 유럽 사회에서 한국의 보통 젊은이들이 하나의 춤을 가지고 유럽의 젊은이들을 열광시키고 있다는 것이다.

필자는 1980년대 중반과 1990년대 중반 일본과 유럽에서 각각 열렸던 국악 공연을 지원했던 기억을 떠올렸다. 1980년대 일본에서의 공연은 〈춘향전〉 판소리 창극이었는데, 공연장을 가득 메운 약 2천 명의 청중들의 흐느낌을 지금도 생생히 기억한다. 대부분이 재일동포들로 구성된 청중들은 모두가 다 아는 〈춘향전〉의 스토리와 한스러운 판소리 가락에 자기 설움을 더하여 하염없이 울고 있었다. 덩달아 따라 울면서 국악이 이제까지 이 땅에서 민중의 설움과 한을 대변해 왔다는 엄연한 사실을 깨닫는 체험을 하였다.

유럽에서의 국악은 1인이 연주하는 대금가락이었다. 이는 그전에 프랑스와 영국에서 김소희 명창이 부채 하나 들고 고수의 장단에 맞추어 두 시간을, 알지 못하는 한국어로 판소리 공연을 하여 유럽인들에게 깊은 감동을 선사하였다는 이야기를 떠올리게 하는 장면을 연출하였다. 즉, 공연 후 '동양의 신비' 혹은 '미지의 한국에서 온 하늘의 소리' 등의 평가는 그들이 잘 모르는 세계에 대한 조심스러운 접근과 외경이었을 것이다.

그러나 지금은 다르다. 먼발치에서 바라보며 잘 알지는 못하지만 좋은 것 같고, 좋은 것 같지만 같이 즐기지는 못하겠는 그런 미지의 한국음악이 아닌 것이다. 지금의 한국음악은 더불어 같이 즐길 수 있는 보편적인 장르의 음악으로 진화하고 있다. 한류의 핵심 코드가 되고 있는 것이다.

다시 비보이의 이야기로 돌아가 보자. 현재 스트리트 댄스의 프로모션 일을 하고 있는 오마이뉴스의 박대영 기자는 이를 생생하게 보도하였는데, 이를 정리하면 다음과 같다. 2002·2004·2005 영국 챔피언십 우승, 2002·2004·2005 배틀 오브 더 이어(Battle of the Year) 우승, 그리고 스페인·스웨덴·네덜란드 등에서의 수많은 초청 공연. 대한민국 비보이들은 이제 유럽문화의 한 주류로 성장해 가고 있었다. 유럽의 젊은이들을 열광시키며 유럽에 한국을 알리는 문화전사가 되어 있었다. 유럽의 젊은이들이 한국 비보이들로 인하여 '코리아'를 외치고, 스스로 준비한 '태극기'를 흔들며 한국을 배워 가고 있다. 행사장 주변에서 만난 이탈리아 젊은이들이 "대한민국, 동대문, 두타, 안녕하세요, 감사합니다"를 줄줄이 외우는 것을 보면, 이것은 유럽에서 만들어지는 또 다른 한류의 시작이라고 해도 과장이 아닐 것이다.

많은 어려움들을 극복하면서 마침내 2005년 세계 최고의 대회에서 세계 정상에 선 뒤, 앞에서 언급한 라스트 포 원 리더 조성국(24) 씨는 한 인터뷰에서 이렇게 말했다. "한국에서는 알아주지 않아도, 이곳 유럽에서는 저희가 최고입니다. 유럽 친구들이 태극기를 휘날리며 저희 팀 이름을 외칠 때면 갑자기 가슴이 뭉클해지고요. 마치 국가를 위해 큰 일을 한 것처럼 느껴지기도 하고요. 하여튼 이런 분위기가 한국에 잘 전달되었으면 좋겠습니다. 저희들도 계속 열심히 노력하겠습니다." 그들에게는 국민들의 관심도 정부나 단체, 대기업의 후원도 없었지만, 오로지 열정과 노력으로 대한민국의 비보이들은 어느새 세계적 수준의 댄서로서 당당하게 세계를 누비고 있다. 이제 새로운 '문화 코드'로서 그들을 인정하여야 할 때가 되었다.

(6) 중국 이야기

중앙대학 예술대의 입시 경쟁율은 매년 1백 대 1이 넘는다. 중국의 희극학원(China National Drama School) 류 리빈 부학장에게 그 이야기를 했더니 자기네는 1천5백 대 1이 넘는다고 말하였다. 중국국립영화학교, 음악학원, 무용학원 등 모든 중국의 예술대학이 그러하다. 그들은 문화예술만큼은 다른 나라에 뒤지고 싶은 마음이 조금도 없다. 일본이나 우리나라는 물론 미국에게도 그렇다.

그러나 현실은 꼭 그러하지만은 않다. 이를 인식하고 있던 중국은 한류에 영향 받은 후로는 더욱 새로운 자각과 경계심을 동시에 가지고 있는 것 같다. 중국의 고민은 충분히 이해된다. 십 몇 억의 국민을 문화로 교화시킨다고 하는 공산당 정부의 책무를 선언한 이상 무한한 잠재력을 지니고는 있으나 아직도 부족하기만 한 문화 콘텐츠는 무언가로 보충하여야 한다. 일본 것은 국민정서상 안 된다. 미국 것도 더욱 안 된다. 유럽 것은 조금 괜찮다. 그러나 좀 서먹서먹하고 그렇다. 국민들이 안방에서 매일 접하는 제일 중요한 방송 콘텐츠는 사정이 가장 심각하다. 그래서 어딘지 좀 만만하면서도 재미있고 그래도 덜 타락하였으며 세련되고 멋있는 한류를 그들의 대안으로 삼았다. 특히 청소년층과 주부층의 폭발적인 지지도 있다. 조금 노력하면 바로 따라잡을 수 있을 것도 같다. 이러한 그들의 생각은 언론에 그대로 반영되고 있다.

중국 내의 한류에 관한 지난 몇 년 간의 수백 가지의 언론 보도 중에서 필자는 눈에 번쩍 띄는 기사를 발견하였다. 중국의 대표적인 신문 인민일보는 최근[57] 사설에서 한류가 대중문화에 대한 고정관념을 깨뜨렸다는 요지의, 중국에서의 한류 열풍이 가지는 의미를 밝히는 '한류가 우리에게 무엇을 가져다 주었는가'라는 글을 실었다.[58] 신문은 우선 한류가 "몇 년 전까지만 해도 청소년의 호기심을 자극하는 일시적인 문화현상으로 보는 게 일반적이었으나 시간이 흐르면서 퇴조하기는커녕 그 독특한 매력으로 다양한 연령과 계층의 관중을 광범하게 정복했다"고 한류 열풍의 강도를 진단했다.

이어 "한국드라마의 뜨거운 인기는 한국문화를 전파했을 뿐 아니라 중국 대중문화가 나아갈 길의 방향점을 전해 주었다"면서 "글로벌 시대에서는 누가 제일 개방적이고 포용적인 자세를 통해 서로 다른 문화적 뿌리를 지닌 사람들에게 감동을 전해 주느냐가 무척 중요하다"고 말했다. "한국은 건강하고 적극적인 대중문화를 통해 민족정신을 힘차게 정합해 냈고 그동안 다양하게 소화해 낸 특색 있는 문화를 해외로 수출해 할리우드와 대적할 수 있는 나라가 되었다"는 점에도 큰 의미를 부여하였다.

또 "한국드라마의 수입이 중국 대중문화 시장에 어느 정도 충격을 가져다줬지만 긍정적인 역할이 더 컸다"면서 "한류를 보며 대중문화는 저속하고 천박하다는 인식을 바꾸게 되지 않았나", "대중문화에 뚜렷한 포지션을 정해 주고 이를 통해 전통문화를 발양하는 것이 필요하다"고 밝혔다. 마지막으로 "중국 대중이 좋아하는 콘텐츠를 개발하고 중화민족의 우수한 전통을 널리 알림으로써 대중문화가 사회주의의 조화로운 사

---

57 인민일보, 2005년 10월 21일자.
58 이용욱 베이징 통신원, 「마이데일리」, 2005년 10월 22일. 참고로 이용욱 기자는 중국에서의 한류 관련 기사를 비교적 정확하고 폭넓게 분석하고 있다.

회를 구축하는 데 큰 역할을 하게 하자"고 하였다.

문화에 대한 관점과 견해차는 둘째로 치더라도 사회주의 국가인 중국의 입장은 명확하게 이해할 수 있다. 한류를 활용하여 중국 인민들이 좋아하는 대중문화를 발전시키고 중화민족의 우수성을 알리는 콘텐츠를 개발하고 궁극적으로는 대중문화로 하여금 한쪽에 치우치지 않는 조화로운 중국사회를 만드는 데 큰 역할을 하게 하자는 것이다.

이뿐만이 아닙니다. 2005년 7월 1일 국회에 따르면, 최근 베이징대는 여야 의원 57명으로 구성된 국회한류연구회(회장 최구식 의원)에 공문을 보내 한류산업에 관한 한·중 전문가 토론을 베이징대에서 갖자고 제안해 왔다고 한다.[59] 베이징대는 언론정보대학 상임부학장 명의의 공문에서 "'아시아와 한류의 비전' 등을 논의하자"고 제안했다가 다시 "'21세기 엔터테인먼트 산업의 발화점을 맞이한 한류의 경과와 비전'을 다루자"고 수정 제의해 한류의 벤치마킹이 토론의 목적임을 분명히 했다. 아울러 "한국에서 중국의 문화 콘텐츠가 '한풍(漢風)', '한류(漢流)', '중풍(中風)'으로 불리는 것은 잘못이니 '중궈풍(中國風)'으로 바로잡아 달라"고 요구했다. 중국은 55개 소수민족과 1개의 한족으로 구성된 나라여서 후자가 용어로서 적합하다는 설명이었다. 연구회 측은 "당초 문화교류를 위한 제의인 줄 알았는데 한류 학습 의도가 강해 약간 이견이 있다"고 말했다.

이와 별도로 중국의 방송·영상산업 주무 장관인 광파전영전시총국(SARFT) 부장(장관급)이 2005년 8월 방한해, 국내 방송사와 제작 현장 등 방송영상산업 전반을 둘러보고 협력 방안을 모색하였다. 중국은 지

---

[59] 경향신문, 2005년 7월 4일자.

금까지 '한류 무역역조'에 대하여 작품 심의 강화로 맞서왔으나, 최근 방송매체 수의 급증으로 콘텐츠 수급난이 심해지자 한·중 공동제작 활성화를 통한 양국 동시방영을 한국 측에 요구하고 있다. 정부는 2005년 6월 당시 이해찬 국무총리의 중국 방문 등을 통해 국내 방송사업자의 중국 진입을 중국 측에 강력히 요구했으나 아직 국제방송인 아리랑TV조차도 대륙 진출을 허용하지 않고 있다.

최근 방한한 런민대(人民大) 위궈밍(喩國明) 교수(언론학)는 "지난해 중국 방송의 총 편성시간(1천1백1만 시간) 가운데 자체 제작 프로그램은 2백12만 시간에 불과했다"며 "중국이 이 같은 콘텐츠난 해소와 올림픽 성공을 위해 최근 5년간 급성장한 한국의 방송·영상산업을 집중 벤치마킹하고자 2005년부터 전문가들을 집중적으로 한국에 보내고 있다"고 밝혔다.

2006년 2월, 한국은 스크린쿼터 문제로 나라가 소란했다. 영화인들의 정부에 대한 연속적인 데몬스트레이션도 고조되었다. 국산영화 의무상영제를 미국과의 '자유무역협정(FTA)'과 연계하여 이제까지의 146일 의무상영일수를 그 절반인 73일로 축소시키자는 정책 변화에 대하여 영화인들이 반기를 든 것이다. '국산영화의 시장점유율이 최근 몇 년간 평균 50%대를 상회하고 있으니 이제는 축소 또는 폐지해야 한다'는 논리와, '아직은 아니다. 이제 걸음마를 막 떼었으니 좀더 존속시켜야 한다'는 논리의 싸움인 것이다. 이에 대중음악계에서는 "도대체 영화는 왜 그렇게 이기적이냐 우리 대중음악을 봐라. 한 번도 정부로부터 보호나 지원 없이도 잘 성장해 오지 않았느냐"라고 처음으로 같은 대중문화계에서 입을 열었다. 대체적인 여론은 언제까지나 모든 국익을 손상시켜 가며 영화계만 살찌우려 하느냐, 문화 다양성이 과연 스크린쿼터로 보장되었느냐, 이제 자유경쟁 하면서 세계 속에 당당히 나설 때도 되었다, 배급 측면으로 보나 우리 영화의 자생력으로 보나 스타들의 몸값으로 보나 그만 폐지하자, 영화도 산업이다, 산업적인 관점에서 냉정하게 보고 보호막 치우고 자유경쟁 해라, 그것만이 영화계가 살 길이다, 대략 이런 논의들인 것이다.

그런데 재미있는 것은 이 순간에 다른 나라에서 우리 한류에 대해서 역으로 똑같이 대항한다는 점이다. 최근의 리포트[60]는 대만 야오원즈(姚文智) 신문국장(新聞局長)이 대만 국회보고에서 "행정 조치를 통해서 국산 프로의 방영 비중을 높일 필요 있다", "황금시간대에서의 외국 드라마 방영을 제한 검토하자"고 발언한 것으로 알려졌다. 이에 대해 입법위원회 소속 궈쑤춘(郭素春) 의원은 "공항을 아예 폐쇄하지 그러느냐", "진을 쳐서 한류스타가 못 들어오게 하면 되지 않느냐"고 야오 국장을 공격하였다는 2006년 1월 10일자 중국 언론 보도가 있었다.

우리에게는 묘한 감상이 생기게 하는 내용이다. 같은 말을 스크린쿼터 논의를 하는 양 진영에게 해 주고 싶은 심정이다. 한류의 나라에서 우리 문화 세계화를 논하는 이 마당에 이러한 소모적인 논쟁은 무의미하다고 생각한다. 위 리포트의 내용을 더 분석해 보기로 하자.

이것은 사실상 당연한 것이기는 하지만 우리가 심각하게 인식해야 할 관점이기도 한 것이다. 2006년 1월 4일 중국 런민대학 사회학과 저우샤오정(周孝正) 교수는 베이징천바오(北京晨報)와 가진 인터뷰에서 최근 회자되는 동아시아 대중문화 이야기와 관련, 1) 제창해야 하거나 2) 허락할 수 있거나 3) 반대할 수 있는 것이 외국문화에 대한 몇 가지 자

---

60 이용욱 베이징 통신원, 「마이데일리」, 2006년 1월 12일.

세이지 않겠느냐는 견해를 나타냈다고 한다. 다시 말하지만 문화를 이렇게 구분하는 것이 옳은 일인가는 둘째로 치자. 지금은 중국 이야기를 하는 중이니까.

그에 따르면 '제창해야 하는' 외국문화는 아주 좋은 문화이기 때문에 대대적으로 선전하고 홍보해서 본받자고 하였다. 〈대장금〉이 이에 가장 가까웠고 한류의 높이를 끌어올린 것이라 하였으며, 하위문화라 인식됐던 대중문화에 대한 인식을 바꿔 놓았는가 하면 인류 보편적 가치를 담아낸 '대중문화 교과서'라는 데도 큰 이견이 없다고 하였다. 〈사랑이 뭐길래〉, 〈목욕탕집 남자들〉, 〈인어아가씨〉, 〈보고 또 보고〉, 〈굳세어라 금순아〉 등 가족애와 도덕의 소중함을 일깨운 윤리 드라마류도 중국에서 제창해야 할 문화정신으로 환영받는 것으로 전해진다.

둘째는 '허락할 수 있는' 외국 대중문화다. 신세대의 개성과 자유를 향한 욕구에 부합하는 코드이자 시장에서도 퍽 훌륭한 대안적 가치를 지닌 문화라면 허락해서 유행하도록 그냥 둘 수 있다는 입장이다. 대대적으로 홍보해야 할 의무감은 없지만 문화 성향 자체가 중성적이고 상대적으로 건전한 데다 시장 소비를 자극하고 확대할 잠재력이 크므로 필요시 수용할 수 있지만 절대적으로 받아들일 문화로까지 인식되지 않는다.

세 번째는 '반대할 수 있는' 문화로 성과 폭력뿐 아니라 역사 문제 등에서 부작용이 발생할 우려가 있거나 이미 발생해서 반대할 명분과 합법성이 있는 문화다. 지난 1980년대 미국과 일본의 대중문화가 어느 정도 이와 관련, 거부감을 나타내 지금까지도 꺼림칙한 반응을 얻고 있으며 이로 인해 한류가 대안으로 선택되었다는 것이다.

한류의 진원지이며 적극적으로 이를 받아들여 온 중국은 어떤 나라인가? 중국은 모든 면에서 우리와는 형제국과도 같은 친밀감이 언제나 있음은 필자 혼자만의 생각은 아닐 것이다. 왜냐하면 그들은 우리와는 비슷한 문화와 전통의 맥을 면면히 이어왔으며 지난 세기 내내 우리와 비슷한 격동의 시대를 가장 통렬하게 온몸으로 체험한 나라가 아닌가. 또한 역사의 소용돌이 속에서 안간힘을 쓰면서 십 몇 억 인민의 온갖 요구와 갈등을 짊어지고서 경제 성장과 동시에 문화 발전을 추구하고 있다. 중국은 현재 미국에 대한 거의 유일한 견제세력으로 존재하고 있으며, 내적으로 문화를 통한 중국 이미지 개선에도 노력하고 있다. 또한 그들은 강한 교조주의적 사회주의 경험을 통해 문화의 선전과 이념적 역할을 누구보다 잘 아는 나라다. 이 때문에 모든 문화 산업은 거의 국가에서 독점하다시피 운영하고 있다. 예컨대 영화감독은 국립영화대학에서만 배출되는 나라이기도 하다. TV방송사는 100%가 국영임도 익히 알려진 사실이다.

중국은 지금 문화 산업의 중요성을 충분히 인식하고 중국 전역을 문화 산업의 특징을 살린 특화지역으로 나누고 국력을 총집중하고 있다. 중국 탐험은 새로이 이루어져야 하며, 그런 의미에서 대학간의 교류와 상호 연구 협력 프로젝트는 매우 중요한 문제이다.

우리 문화 CEO 그룹은 중국의 실정을 파악하기 위하여 중국 베이징으로 수학여행을 갔다. 거기에서 앞서 말한 중국의 대표적인 희극학원, 음악학원, 칭화대학 등을 방문하였다. 그 결과 중국이 어떤 의미에선 우리보다 더 자본주의적인 나라임을 실감하였고, 중국 최고의 명문 칭화대학의 외문대학 학장이 말하듯이 한류의 대단함을 실감하였다. 그는 가족 이야기를 통해 특히, 자신의 딸이 하루의 시작과 끝을 한류와 함께 한다면서 한국에 대한 부러움을 솔직하게 토로하였던 것이다.

(7) 디지털 한류—게임 이야기

한류의 가장 중요한 분야면서도 다른 분야보다 소홀하게 취급되는 것이 디지털 게임에 관한 것이다. 기성세대가 잘 모르는 분야이기 때문이기도 할 것이며, 게임이라는 분야가 정식으로 대중문화에 편입된 역사도 짧기 때문이기도 할 것이다. 그리고 무엇보다 게임은 왠지 아이들 장난 같다는 우리의 고정관념이 갖는 편견이 아직도 뿌리 깊게 박혀 있기 때문일 것이다.

항상 하는 말이지만 문화는 조성되거나 인위적으로 만드는 것이 아니다. 그렇게 될 수도 없다. 한류도 그러하다. 오늘의 한류는 드라마와 영화, 그리고 대중음악이 직접적인 계기가 되기는 하였지만 어찌 그것뿐이겠는가. 한국의 민주화 과정은 지난 시대의 신화가 되어 세계인들에게 각인되어 있으며, 현재의 한국의 IT산업은 그 근간이 되는 초고속 전산망과 인터넷 사용 네티즌 수, 그리고 그 환경 등에 있어서 타의 추종을 불허하고 있으며, 각 개별 기업의 국제 경쟁력은 무섭게 성장하고 있다. 그에 더하여 신흥 OECD 국가 중에서 문화국가로서의 위상 또한 한국이라는 복합적 이미지를 형성하며 오늘의 한류를 태동시키고 있는 것이다.

한류 게임에 대한 이야기를 해 보자. 한류 게임의 최대 문화 코드는 아날로그 세상에서 디지털 세상으로의 진화라는 점과 이로 인한 새로운 세상의 창조라는 것이다. 한마디로 게임은 영상, 음악, 디자인, 그리고 이야기가 결합된 종합예술이다. 그러나 가장 중요한 것은 '이야기 예술'이라는 점이다. 현실 세계와는 다른 이야기를 통해서 그들은 새로운 세상을 창조하는 것이다. 그렇기 때문에 한류 게임은 다른 나라와는 달리 단순 게임이 아니라 서사구조를 가진다. 수십만 명의 동시 접속자들이 한데 모여서 각자의 역할(role-playing)을 수행하면서 모두가 주인공이 되어 하나하나의 이야기를 만들어 나간다. 소설이나 영화와는 전혀 다른 미래의 대안이 되고 있는 것이다. 게임은 국적도 없으며 시공간의 제한도 없이 무한 영역을 비상한다. 언론도 한류 게임에 대한 기사에서는 그 세계성과 폭발력에 대하여 흥분한다.

세계 게임시장에서 한국은 '특이한 존재'다. 한국은 세계 게임시장 점유율 5%에 불과한 '변방'이지만 온라인게임에서는 타의 추종을 불허한다. '세계 최초', '세계 최고', '세계 최대'의 온라인게임이 모두 한국산이다. 전 세계 30개국에서 1억 명이 넘는 게이머들이 늘 한국산 온라인게임에 빠져 산다. 한국 주도로 급성장하는 온라인게임 시장을 노려 미국 마이크로소프트(MS)나 일본 소니도 자사의 차세대 게임기에 온라인 기능을 탑재할 정도다. 미국·유럽 업체들은 온라인게임 개발을 위해 한국 게임업체들과 손을 잡는 데 혈안이 돼 있다. '게임의 신'이라 불리는 리처드 게리엇(Richard Garriot)이나 〈반지의 제왕〉 음악을 맡았던 하워드 쇼어(Howard Shore)가 온라인게임 제작을 위해 한국업체에 합류한 것은 이미 화제도 아니다.[61]

한국은 온라인게임 확산의 바탕이 되는 정보통신 인프라가 세계 최고 수준이다. 2001년부터 4년 연속 초고속인터넷 보급률 세계 1위를 자랑한다. 이 때문에 블리자드 등 해외 유명 개발사들이 한국을 자사 온라인게임의 세계 공급 전초기지로 삼고 있을 정도다. 안정적인 게임 운영에 필수적인 서버 기술도 한국이 상대적으로 앞서 있다. 중국과 일본, 미국이 무서운 속도로 따라오고 있지만 온라인동시접속(MMO,

---

[61] 경향신문, 2005년 10월 5일자.

Massively Multiplayer Online) 기술에 관한 한 한국이 발상지이자 선진국이라고 할 수 있다. 게다가 프로게이머로 대변되는 뛰어난 감각과 역동성을 자랑하는 게이머들도 몰려 있다. 외국에서는 가입자 1백만 명이 대단한 숫자이지만 국내에서 서비스되는 온라인게임에서는 1백만 명 가지고는 어림도 없다. 이들은 방송 드라마에서처럼 끊임없이 개발자들에게 게임에 대한 의견과 개선 사항을 요구하며 한국 온라인게임의 경쟁력에 일조하고 있다.

초기 자본금 몇 억 원으로 창립된 그라비티가 '라그나로크'의 성공으로 미국의 나스닥 직상장을 통해 1천억 원을 공모하고 대주주가 소프트뱅크 계열에 지분 매각을 통해 4천억 원의 이익을 남긴 것도 게임산업의 폭발력을 단적으로 보여 준다. 게임산업은 상상력을 기반으로 한다. 제품 원가나 가격 경쟁보다는 창의성과 아이디어, 기술력 등 지적 자산을 바탕으로 한다. 유구한 역사의 내공과 우리의 전통적인 신화와 전설은 게임의 소재와 세계관을 풍부하게 해 준다. 유구한 전통문화와 초고속인터넷 인프라를 기반으로 한 최신 IT 기술을 묶어 세계인의 감성에 맞게 국제화하면 온라인게임 산업의 미래는 우리를 향해 열려 있게 될 것이다. 한류의 원천이며 자원인 우리의 생래적 기질인 흥과 감성이 넘치는 민족성을 살려 이제 디지털 엔터테인먼트 산업에 국력을 집중해 볼 때다.

엔씨소프트나 넥슨 같은 국내업체들은 이미 세계시장의 판도를 좌지우지할 정도로 커졌다. 아시아 시장의 경우, 한국 온라인게임을 잡기만 하면 현지 1위 업체로 올라설 정도다. 아시아에서 게임산업의 패권을 잡기 위해서는 한국 온라인게임을 잡으라는 말이 과언이 아니다. 업계 관계자들은 "게임산업은 반도체, 디스플레이, 휴대전화에 이어 세계 시장을 움켜쥘 수 있는 차세대 성장 동력산업으로 올라선 지 오래"라며 "세계 엔터테인먼트 산업의 주류로 확고히 자리매김하기 위해서는 글로벌 수준에 맞는 저변 확대와 관련 시스템 정비가 시급하다"고 말하고 있다.

문화관광부가 최근 발간한 『2004 문화산업백서』에 따르면 게임산업은 2003년 총매출이 3조9천3백억 원으로 전년의 3조4천26억 원보다 15.8%나 늘었다. 또 2004년에는 4조3천1백56억 원, 2005년에는 4조8천9백27억 원으로 예상돼 5조 원 돌파를 눈앞에 두고 있다. 반면 영화산업은 2조3천4백억 원, 음악산업은 1조7천9백억 원 규모에 불과했다. 수출 규모도 2003년 기준으로 게임이 1억8천1백만 달러 수출된 반면 영화는 3천만 달러, 음악은 1천3백만 달러에 불과했다. 게임 수출이 영화의 6배, 음악의 14배에 이르는 것이다.

세계 온라인게임 시장 규모는 2002년 10억 달러 선을 돌파한 이래 2003년 20억 달러, 2004년 32억3천만 달러, 2005년 46억8천만 달러, 2006년에는 62억 달러 수준으로 성장할 것으로 예상된다. 한국은 2003년 기준으로 전 세계 시장의 31%(6억8천만 달러)를 점유해 1위를 기록했다. 2006년도 말이면 한국 온라인게임은 세계 시장에서 20억 달러 대를 돌파할 것으로 기대된다.

이러한 디지털 한류의 대표주자인 한류 게임을 이론화시키고 또한 외국 시장 현장에서 게임 사업을 기획하고 성공시킨 장본인들에게 그 이야기를 들어 보았다. 그들은 40세 미만의 젊은이들이었다. 이야기를 듣는 시간 내내 자랑스러웠으며 우리는 아낌없는 박수를 보내 주었다.

이화여자대학의 한혜원 교수는 국문학도이자 '디지털 스토리텔링'이라는 이름도 생소한 영역을 개척하고 있는 중이다. 그는 디지털 게임을 과정 추론적(procedural)이며, 공간적(spacial)이고, 백과사전적(encyclopedic)이라고 정의하였으며, 가장 중요한 것은 한류 게임이 상호작용적(interactive)이라는 데에 있다고 하였다. 이러한 점이 한류 게임의 최대 강점이라는 것이다. 세계적인 한류 게임 '바람의 나라'는 세계 최초로 그래픽(graphic)을 이용한 다자동시접속 온라인게임이고, '리니지', '미르의 전설', '라그나로크' 등은 그 폭발력에 있어서 세계적이라 하였다.

한류 게임의 상호작용성은 단계적으로 보아서, 내적이며 해석적인 상호작용성에서 외적이며 창조적인 상호작용성으로 진화하고 있다고 분석하였다. 여기에는 신의 역할이 두드러지고 있으며 전략 시뮬레이션이 강조된다. 그러나 한류 게임이 궁극적으로 나가야 할 방향은 내적이고 창조적인 상호작용성이라고 했다. 이를 대표하는 게임은 '리니지'로서 이미 세계 게임시장에서 인정받고 있는 것으로 증명되고 있다. 그는 게임의 스토리텔링이 국경도 경계선도 없는 무한지대이기 때문에 영화나 소설의 미래 대안이라고 못 박고 있다.

다음으로는 중국 베이징 광우위즈 기술유한공사 총경리(사장)이며, 한국 위즈온라인 대표이사로 있는 오동석 사장의 이야기이다. 그는 중국 시장의 최전선에서 온몸으로 부딪치며 성장해 온 젊은 기업가다. 그래서 누구보다도 게임시장의 생리를 잘 알고 있다. 그는 한국 게임의 문제점에 대해서 오히려 더 많은 이야기를 하였다. 한국은 세계 게임시장의 완벽한 시험무대(test bedroom)가 되고 있지만, 중국에서 한국의 온라인 게임은 '포차이(김치) 온라인'으로 불릴 만큼 천편일률적인 게임 전개 방식으로 인식되고 있어서 이대로는 안 된다는 것이다.

또한 대박만을 노린 자본의 논리에 의하여 게임의 독창성보다는 그래픽의 고품질과 같은 비싼 코스트의 제품이 국내에서는 어느 정도 성공을 거두지만 해외에서는 기반시설이나 최소 사양의 문제로 실패하는 경우가 많으며, 한국의 동시 접속자는 5만 명 정도지만 중국은 60~70만 명으로 중국의 성장은 커다란 위협이 되고 있다는 것이다.

이러한 이야기를 듣고 난 후의 필자의 감상은 역시 '중국'이라는 현실이다. 각 분야에서 한류의 뒤를 잇는 것은 '중국류'이다. 벗어날 수 없으면 즐기라는 말이 우리와 중국의 관계일 것이다. 거인 중국은 경제 대국 일본과의 관계에서처럼 우리의 숙명이다. 즐기자, 그래서 그들과 함께 미래를 열어 나가자.

(8) 한국인의 색채 의식

한국인의 색채 의식에 대하여는 한국화의 대가인 서울대학의 이종상 교수가 맡아 주었다. 자칭 국민학교 미필의 이 원로 동양화가분은 종횡무진, 동서양을 넘나들며 색과 형태에 대하여 우리를 감동시켰다. 그리고 현재 수십 년째 계속되는 독도 탐사와 독도 그림은 또 다른 경지를 느끼게 해 주었다. 그는 오랫동안 그림을 직접 그리면서 작업을 통해 느낀 바를 다음과 같이 이야기해 주었다.

먼저 그는 신과 인간에 관한 이야기로 시작하였다. 신은 우리에게 다양하고 풍성한 색상의 먹거리, 볼거리를 제공해 주셨고 또 그에 부합되게 생존에 필요한 만 가지 요소들을 그 빛깔의 포장 안에 담아 주셨다. 자연은 인간처럼 기호색을 즐기지 않으며 혐오색을 피하지 않는다. 거기에는 존재하기 위한 관용과 소통과 조화가 있어 서로 아우르며 공존하는 데서 아름다움을 창출하는 것이다. 서로가 다른 것을 용서하며 인정하고 서로를 필요로 하는 어울림의 공생이야말로 내외가 공존하고 영육이 조화를 이룰 수 있는 색의 철학이 아닌가 싶다. 신이 준 자연의 색상을 고스란히 내 안에 육화시키고 싶다면 지나치게 변색시키는 조리법을 지양하고 야채나 과일의 표피를 자연 그대로 섭취하는 습관을 길러야 할 것이다. 이제 음식문화도 아름다움을 추구하는 미술문화와 근본적으로 생각을 같이해 나가는 것이 바람직하다고 본다고 하였다.

한국의 전통적 색채 의식에 대하여는 음양오행의 사상적 배경에서 형성된 오방위, 오방색의 원리를 알고 변모의 과정과 순환의 의미 등을 파악해야 할 것이다. 우리의 색채 의식은 서구의 과학적 분석을 통해 나타나는 물리적 대상으로서의 색채가 아니라 자연 생성의 원리에 바탕을 둔 오방위, 오정색의 복합적 대상에서 출발한다. 이 같은 색채 의식 속에 남아 있는 백색 선호사상을 확대 해석하거나 아니면 잠시 스쳐가는 외국인의 견문록에서처럼 경제적 이유를 들어 백의민족이라고 단정 짓는 것은 성급한 일이다. 일반 서민들은 비싼 염색 옷을 입을 수 없었고, 유가(儒家)의 소복 상용과 상복 착용이 일상화되었으며, 상민에 대한 금염금색(禁染禁色) 제도가 더욱 백성들에게 흰옷을 강요하게 되었을 것이다. 개화 이전에 서민들은 겨우 주(朱)·황(黃)·남(藍)·자(紫)색의 옷고름과 끝동, 머리댕기가 아니면 혼사용품과 상여의 장식용 매듭 정도에서 물색[染色]의 색채를 대하는 정도였다.

그 흔한 쪽색마저도 상류층의 양반집에서나 겨우 물들여 입었을 정도로 엄격히 색 제한을 했던 이유는, 색이 곧 신분계급을 나타낼 뿐 아니라 많은 의미를 상징하고 있기 때문이었을 것이다. 하양을 한민족의 대표색이라고 할 수 없는 근거가 불가 사찰의 채색문화와 궁중, 사대부의 색채문화에서는 그 세련됨이 극치에 이르렀으며 오방위, 오정색에 근거한 조형미가 몹시 화려했다는 데 있다.

　한 민족의 특성을 색채 의식과 결부시켜 말할 때 그것은 그 종족이 지향하는 이상과 철학에 관계되는 것이다. 우리 민족이 자의든 타의든 천부적으로 태양과 하늘을 우러르고 순결함을 숭상하는 백의민족임에는 틀림이 없다. 같은 인접국으로 태양에 대한 숭배사상을 공유해 왔으나 일본의 경우는 숭배의 대상 자체를 모상으로 하여 그들의 국기 안에 통째로 담았고 우리는 반대로 운행 법칙과 우주의 원리를 이상으로 삼아 순환의 색상을 담았다. 양국이 똑같이 흰빛을 선호하고 순결과 청결을 앞세우면서도 국기에 드러난 엄청난 차이를 무엇으로 설명할 것인가.

　한 민족이 향유하고 있는 색채 의식은 각 나라의 지리적 여건에서 오는 기후와 풍토는 물론 정치, 사회, 문화 전반에 걸친 역사의식과도 연계되어 있어, 쉽게 색채 하나만을 단정지어 말하기가 조심스럽다. 그래서 색채 이론을 글로벌 시대에 걸맞게 국제규격에 맞추어 표준화한다는 것은 효율성과 기능성을 절대가치로 삼는 산업사회의 양산체제 속에서 수요와 공급의 경제논리로 보았을 때 타당성이 있다고 인정된다. 하지만 한 민족이 누리는 일상의 생활문화 속에서 아무리 합리적이고 과학적이라 하더라도 타의에 의해 미분화된 기능적 색채문화는 그 민족의 정서적 색채 의식이 될 수가 없다.

　색감은 특별한 목적성이 없는 대부분의 사람들에게 각자가 자유롭게 느끼는 인식의 범주이며 정서의 대상이지, 수리적이며 물량적인 분석의 대상이 아니기 때문이다. 그래서 일상의 정서적인 색 이름과 특수 기능의 광학적, 계량적 색 이름은 구분되어야 마땅하며 이 둘은 서로 적대적 위치에 있는 것이 아니라 보완적 관계를 유지해야 된다. 이것을 혼동하였을 때 우리의 전통문화는 무너지고 색채문화마저 물량주의가 주도함으로써 한국인의 생활 터전인 자연환경 안에 고즈넉이 아우르던 전통 정서를 잃게 될 것이다.

우리의 전통 색채 의식은 단순한 색상의 표피적인 느낌만으로 만족하지 않고 색상이 갖는 의미는 물론 내면의 색질까지도 파악하려 하며 나아가서 색채의 인격성을 부여함으로써 색채를 신앙의 대상으로 신격화하기까지 한다. 그만큼 우리의 색채 의식 속에는 자연의 생성, 소멸하는 순환의 원리와 오방색을 통한 풍부한 색감정을 지니고 있는 종합적인 색채 감각을 갖고 있다.

특히 고문헌에 나타난 색명이 104가지나 된다고 하지만 순수한 한글로 완벽한 색 이름은 오로지 오방색에 의한 빨강, 파랑, 노랑의 유채 삼원색과 하양, 까망의 무채 이원색을 합쳐 오정색뿐이다. 그 나머지 색 이름들은 모두가 조어이거나 어미에 '빛'이나 '색'자를 붙여 만들었고 그렇지 않으면 순전히 외래 한자 표기의 색명인 것이다. 이렇게 많은 색명이 분화됐다고 해서 곧 우리의 색채 의식이 발전된 것은 아니다. 정말로 색채 미감이 뛰어난 민족이라면 먼셀(A. M. Munsell)의 분석적이고 과학적인 빨강, 파랑, 노랑의 유채 삼원색과 하양, 까망의 무채 이원색을 합쳐 오정색의 고유색 이름만 만들면 그만이다. 이런 의미에서 우리의 색 이름이 오원색 그 이상의 고유색 이름을 눈 씻고 찾아보아도 없는 것을 보면 참으로 그 뛰어난 색채미감에 감탄을 하지 않을 수가 없다. 더 이상 무슨 번잡한 설명이 필요하겠는가?

(9) 한류의 진원지 – 한국 TV드라마 역사

1956년 5월 12일 미국의 전자 메이커 RCA가 한국 판촉을 위한 교두보 마련을 위하여 상업방송 HLKZ-TV를 개국함으로써 우리나라에도 TV 시대가 열리게 되었다. 이로써 우리나라는 아시아에서 일본, 필리핀, 태국에 이어 네 번째, 세계에선 일곱 번째로 TV를 개국하는 나라가 되었다. 당시의 수상기 대수는 서울시청 앞거리 등 사람의 통행이 많은 31개소에 설치한 40대를 포함하여 모두 2백 대에 불과했다. 쌀 한 가마에 1만8천 환 하던 시기에 17인치 수상기는 37만5천 환으로서 쌀 20가마에 해당하는 고가품이었다. 그리고 그해 7월 한국 TV드라마의 효시로 인정되는 〈천국의 문〉이 방송된다.

한국 TV드라마 역사는 이렇게 시작하였다. 중앙대 예술대학원의 최상식 원장은 KBS 드라마 제작국장을 역임하고 현재까지도 왕성한 제작활동을 하고 있다. 그는 한국 TV드라마의 새로운 시대를 열었던 장본인 중의 한 사람이다. 그의 이야기를 통하여 다시 한번 한류의 진원지가 어디인지 알게끔 되었다. 지금까지 우리들의 기억에도 새롭고 감동적인 하나하나의 드라마를 그 제작배경과 함께 설명 듣는 것은 또 다른 재미와 감동이 있다. 그의 긴 이야기를 간략히 줄여서 보도록 하자.

1961년 12월 31일 KBS TV 개국 당시 TV수상기는 수도권을 중심으로 2만 대 정도였으며, 1968년에 10만 대를 돌파하기에 이른다. KBS TV의 최초의 드라마는 1962년 1월 19일 이기하 연출로 방송된 유치진 원작의 〈나도 인간이 되련다〉로 카메라 2대를 사용하여 제작하였다. TV드라마라곤 하나 연극의 생중계나 다름없는 수준으로 시청자들의 관심과 흥미를 불러일으키기엔 역부족이었다. 녹화기가 없는 당시로선 드라마도 생방송으로 진행할 수밖에 없었기 때문에 연기자와 스태프들은 피가 마르는 긴장 속에서 드라마를 제작해야 했다.

1964년 12월 17일 민영방송 TBC TV(동양방송)가 개국, 녹화기를 도입하여 드라마를 제작하기 시작함으로써 TV드라마의 생방송 시대가 마감된다. TBC의 개국특집 드라마 〈초설〉(유호 극본, 허규 연출)이 녹화테이프를 통해 방송한 최초의 드라마였다. 그러나 이 녹화기는 편집이 불가능했기 때문에 NG가 나면 처음부터 다시 떠야 하는 불편을 감수해야 하였다. 개국 이틀 뒤에 최초의 일일연속극 〈눈이 나리는데〉(한운사 극본, 황은진 연출)를 방송한 데 이어 그해 12월에는 최초의 사극 〈민며느리〉(이서구 극본, 김재형 연출)를 방송함으로써 TBC는 드라마 경쟁의 기선을 제압한다.

1964년 12월 5일 KBS는 반공 국책 드라마 〈실화극장〉을 선보인다. 신금단 부녀의 만남과 이별을 주제로 한 '아바이 잘 가오'를 필두로 '돌무지', '제3지대', '사화산'으로 이어지며 대단한 인기를 끈 〈실화극장〉은 향후 20년간 KBS 부동의 간판 프로로 자리를 잡게 된다. 이 프로의 성공 요인으로는 반공을 주제로 한 내용, 중앙정보국의 현역 간부 출신의 작가가 그려내는 박진감 있는 극본(김동현), 중정요원들의 적극적인 협조와 과감한 예산 지원, 최무룡·김승호·황정순·최은희·문희 등 당대 최고의 배우를 동원할 수 있었던 점 등을 들 수 있다.

1969년 8월 9일 MBC TV(문화방송)의 개국 특집드라마 〈태양의 연인들〉(차범석 극본, 표재순 연출)이 방송됨으로써 TV드라마는 3국의 경쟁체제로 확대된다. 1969년 말부터 시작된 일일극 경쟁에서 TBC가 기선을 잡는 데 결정적 역할을 한 것은 1970년 3월 2일부터 1971년 1월 9일까지 253회에 걸쳐 방송된 〈아씨〉(임희재 극본, 고성원 연출)였다. 그리고 KBS의 〈여로〉(이남섭 극본·연출)가 바보 신드롬을 일으키며 공전의 히트를 기록하고(211회), 뒤이어 MBC의 〈새엄마〉(김수현 극본)가 411회 방송이란 기록을 세우며 흥행에 성공한다.

1974년에 방송된 KBS의 일일극 〈꽃피는 팔도강산〉(윤혁민 극본, 김수동 연출)은 정책 홍보 드라마의 성공 사례라는 측면에서 기념비적인 작품으로 평가되며, 전국을 순회하며 야외 녹화를 단행하고 드라마 최초로 유럽 현지 촬영을 감행하는 등 제작적인 측면에서도 TV드라마의 발전에 기여한 바가 적지 않았다. 시추에이션 드라마로는 1971년에 방송한 MBC의 〈수사반장〉(윤대성 극본, 이연헌 연출)과 1973년에 방송된 KBS의 본격 전쟁 드라마 〈전우〉(이상현 극본, 김홍종 연출)가 기억될 만하다.

　TBC의 주말연속극 〈결혼행진곡〉이 토·일 연속 편성되어 인기를 모으자, 이후 TV 3사의 주전장이 일일극에서 주말극으로 바뀌게 된다. 그리고 1978년 MBC의 주말극 〈청춘의 덫〉(김수현 극본, 유홍렬 연출)이 그 폭발적인 인기와 함께 방송윤리위의 경고를 받고 20회 만에 중단되는 사태가 발생한다. 1976년에 여의도센터로 이전한 KBS는 여유 있는 제작 환경을 확보함으로써 드라마 대형화의 발판을 마련하고 이 시기에 〈전설의 고향〉(임충 극본, 최상식 연출)이 제작되어 폭넓은 시청층의 호응을 받음으로써 이후 1989년까지 11년에 걸쳐 롱런하게 된다.

　방송 통폐합 정책에 따라 TBC가 KBS에 흡수됨으로써 TV는 KBS와 MBC의 양립 체제로 전환되고, 컬러방송이 개시됨으로써 드라마의 컬러 시대가 열리게 된다. 1980년대 초의 화제작으로는 KBS의 〈보통사람들〉(나연숙 극본, 최상식 연출)과 MBC의 〈제1공화국〉(김기팔 극본, 고석만 연출)을 들 수 있다. 1982년에 방송된 KBS의 〈보통사람들〉은 대표적 서민 드라마로 3년에 걸쳐 총 491회 방송됨으로써 최장수 일일연속극이란 기록을 세웠고, 〈제1공화국〉(김기팔 극본, 고석만 연출)은 본격 정치 드라마로서 지식층으로부터 열광적인 호응을 받았다.

1981년 KBS가 한말 개화기를 무대로 한 대하드라마 〈풍운〉(신봉승 극본, 황은진 연출)을 시발로 하여 조선 건국의 과정을 다룬 〈개국〉(이은성 극본, 장형일 연출) 등의 굵은 대형 사극을 기획하여 성공을 거두자, MBC는 〈조선왕조 5백년〉 시리즈로 대응하였다. 제1화 '추동궁 마마'를 시작으로 이후 8년 동안 계속된 이 시리즈는 딱딱하게만 인식되던 우리 역사를 쉽고 재미있게 안방에 소개하는 데 기여한다.

　1983년 전 국민이 매일 밤 눈물로 바라본 리얼 드라마인 특별생방송 〈이산가족을 찾습니다〉로 가열된 이산가족에 대한 관심은 곧바로 드라마로 이어져 MBC의 〈간난이〉(이재우 극본, 고석만 연출)가 시청자들의 심금을 울린다. 또한 KBS의 〈TV문학관〉과 MBC의 〈베스트셀러극장〉이 나란히 문학작품의 영상예술화란 기치 아래 영화적 영상을 TV에 접목함으로써, TV드라마의 탈연극화와 함께 독자적 영상미의 구축에 나서게 된다. 〈TV문학관〉은 제1화 '을화'(정하연 극본, 심현우 연출)를 비롯하여 '삼포 가는 길', '등신불', '역마' 등의 수작을 선보이면서 TV드라마의 예술성 제고에 기여했고, 〈베스트셀러극장〉 또한 영화감독을 영입, TV와 영화 영상의 접목을 시도함으로써 TV드라마의 질적 수준을 향상시키는 데 일조하였다.

　이 시기의 주간 시추에이션 드라마로는 MBC의 농촌드라마 〈전원일기〉(차범석 외 극본, 이연헌 연출)가 잔잔한 감동을 일으키며 장수 드라마의 대열에 가세했고, 1987년 KBS는 과감한 제작비 투입과 방대한 제작인력을 동원한 대형 프로젝트 〈토지〉(김하림 각색, 주일청 연출)를 제작, 박경리의 높은 문학성과 영상이 조화를 이룬 수준 높은 드라마라는 평을 받았다. MBC가 제작한 김수현 극본의 〈사랑과 야망〉, 김운경 극본의 〈한지붕 세가족〉도 이 시기에 높은 인기를 누린 드라마들이다.

1991년 12월 9일 민영방송 SBS가 개국드라마 〈고래의 꿈〉(최순식 극본, 공영화 연출)을 방송함으로써 TV드라마의 3국 경쟁 양상이 재연된다. 이 시기 KBS의 일일극 〈서울뚝배기〉(김운경 극본, 김연진 외 연출)가 〈여로〉 이래 최대의 시청률을 기록하며 인기를 끌었고, MBC 또한 막대한 제작비를 투입하여 타이, 싱가포르, 필리핀, 중국 등지를 돌며 2년여에 걸쳐 제작한 화제작 〈여명의 눈동자〉(송지나 극본, 김종학 연출)를 방송하여 시청자를 매혹시킨다. 이 드라마는 1992년 칸에서 열린 국제 견본시장에서 터키 국영방송 TRT에 전량 판매하기로 하는 등, 총 35만 달러의 수출 계약을 올림으로써 국산 드라마로는 사상 처음으로 서방국가의 안방극장에 방송되었다.

　1992년 방송된 MBC의 미니시리즈 〈질투〉(최연지 극본, 이승렬 연출)를 시발로 하여 트렌디드라마라는 새로운 유형의 드라마가 등장한다. 이후 미니시리즈를 중심으로 일기 시작한 트렌디드라마 열풍은 젊은층의 열광적인 지지 속에 우리나라 전체 드라마의 지형을 바꿀 정도로 대단한 위력을 발휘하였다. 이 드라마는 일본 드라마의 모작이라는 표절 시비에 휘말리며 굴곡을 겪기도 하였다.

　1991년 말부터 1992년에 걸쳐서 방송된 MBC의 주말극 〈사랑이 뭐길래〉(김수현 극본, 박철 연출)는 한국에서의 폭발적 인기에 힘입어 후일 중국에도 수출되어 한류 열풍의 선두주자가 된다. 1994년 KBS의 일일극 〈당신이 그리워질 때〉(이금림 극본, 이영희 연출)는 가정과 직장 생활을 병행하는 당당한 주부의 모습을 보여 줌으로써 미시 주부라는 유행어를 낳고, 여권 신장과 함께 격상된 주부의 위상 변화를 실감케 해 주었다.

　MBC는 차인표 신드롬을 일으킨 〈사랑을 그대 품안에〉(이선미 극본,

이진석 연출)와 농구 드라마 〈마지막 승부〉(손영목 극본, 장두익 연출) 등의 미니시리즈로 트렌디드라마의 열풍을 이어갔다. MBC 드라마 중 단연 돋보인 작품은 주말극 〈서울의 달〉(김운경 극본, 정인 연출)이었다. 출세를 꿈꾸며 상경한 두 청년의 욕망과 좌절을 통해 당시의 굴절된 사회상을 리얼하게 그려낸 작품이었다.

SBS의 미니시리즈 〈이 여자가 사는 법〉(주찬옥 극본, 황인뢰 연출)은 섬세한 심리 묘사와 세련된 연출로 삶의 의미를 음미하게 함으로써 식자층으로부터 호평을 받은 작품이다. 1995년의 화제작은 단연 〈모래시계〉(송지나 극본, 김종학 연출)였다. 이 드라마는 한국 현대사의 얼룩진 상처를 실감나게 묘사하면서 광주민주화항쟁, 삼청교육대 사건 등 민감한 사회·정치적 문제들을 멜로드라마라는 틀 속에 적절히 용해시킴으로써 성공을 거둘 수 있었다. 〈모래시계〉는 한국드라마의 완성도를 크게 높임으로써 안방극장의 영상 표현 수준을 업그레이드시켰다는 평과 함께 SBS의 위상 강화에도 큰 몫을 하였다.

1996년 KBS의 주말극 〈첫사랑〉(조소혜 극본, 이응진 연출)이 시청률 65.8%라는 경이적인 기록을 수립하고 배용준과 최지우라는 신인 스타를 발굴함으로써 후일 〈겨울연가〉 성공의 단초를 제공한다. 1997년 KBS의 대하드라마 〈용의 눈물〉(이환경 극본, 김재형 연출)은 국민적 관심을 모았고, MBC 프로덕션 제작의 미니시리즈 〈별은 내 가슴에〉(김기호·이선미 극본, 이진석 연출)는 트렌디드라마의 최대 걸작이란 평과 함께 안재욱을 한류의 원조 스타로 부상시킨다.

1997년 말에 불어닥친 IMF의 한파로 1998년의 드라마는 경제적으로 어려웠던 1960~70년대를 배경으로 한 복고풍의 드라마가 유행, 〈육남매〉(최성실 극본, 이관희 연출)와 〈은실이〉(이금림 극본, 성준기 연출) 등의 드라마를 탄생시켰다. 일일극으로는 KBS의 〈정 때문에〉(문영남 극본, 이영희 연출)와 MBC의 〈보고 또 보고〉(임성한 극본, 장두익 연출)가 대단한 인기를 모았다. MBC의 〈허준〉(이은성 원작, 이병훈 연출)과 SBS의 〈청춘의 덫〉(김수현 원작, 곽영범 연출)은 리바이벌 드라마라는 약점에도 불구하고 성공을 거두었다.

2000년, KBS의 대하사극 〈태조 왕건〉(이환경 극본, 김종선 연출)이 공전의 히트를 했고, 〈명성황후〉(정하연 극본, 윤창범 연출)도 격조 높은 드라마로 호평을 받았다. 미니시리즈 〈가을동화〉는 윤석호 PD의 성가를 높이면서 한류 열풍과 함께 욘사마 신드롬을 몰고 온 〈겨울연가〉(김은희·윤은경 극본, 윤석호 연출)를 탄생시키는 원동력이 된다. 이 시기 역량 있는 드라마 연출자들이 속속 독립하여 대거 독립제작사로 이동함으로써 방송 3사가 독점하던 드라마 제작 관행이 서서히 깨지기 시작하며, 외주 제작의 활성화와 함께 드라마의 해외 판매가 본격화됨으로써 한류 열풍에 불을 지피게 된다.

(10) 충돌과 화해의 2중주를 위하여 — 한류학 이야기의 마무리

한류는 우리에게 무엇일까? 현대 디지털 시대의 산물이라고 해도 과언이 아닌 한류가 우리에게 던져 주는 시대적인 의미는 다른 사람 아닌 우리 자신이 찾아야 할 것이다. 한국처럼 변화의 속도가 세계에서 가장 빠른 나라에서는 전통과 현대, 보수와 진보, 아날로그와 디지털, 동양과 서양, 남과 여, 구세대와 신세대, 도시와 농촌, 서울과 지방 등등의 충돌과 화해가 도처에서 급격하게 진행된다. 그 와중에서 이러한 충돌과 화해의 이중주를 위한 미래의 연주법을 제시한 것이 바로 한류라고 생각한다.

 그 콘텐츠는 너무도 다양하며, 한류가 스스로 진화하며 제시하는 문화 코드는 우리 시대의 삶의 방식을 바꾸어 나가고 있는 것이다. 그러나 삶의 방식을 바꾸어 나간다는 것과 우리 삶의 질을 높이는 것과는 다르기 때문에 우리는 이제부터라도 진지하게 고민해야만 한다. 한류를 이제는 하나의 학문으로서 그 체계를 세워 나가야 한다.

 '한류학'은 새로운 문화 코드와 새로운 콘텐츠, 그리고 새로운 미디어를 축으로 하여 진화한 학문영역이다. 이를 이해하기 위한 대표적인 사례는 최근의 문화방송(MBC) 사태일 것이다. 문화방송은 최근의 몇 가지 일로 우리들에게 세상의 변화를 크게 일깨워 주었다. 그 하나는 황우석 박사에 관한 특집보도 방송으로 인한 세상과의 충돌 문제이며, 다른 하나는 인터넷 포털 사이트에 대한 뉴스 공급과 관련한 세상과의 화해의 문제다.

 황 박사에 관한 이야기는 여기에서 반복하지는 않는다. 다만 우리 이야기와 관련된 부분만을 말하고자 한다. MBC 보도특집과 관련한 문화 코드는 일반 소시민의 권력 참여와 이로 인한 권력의 일대 변화이다. 기존의 거대 미디어 권력에 대항하는 일반 소시민들의 행동은 뉴미디어의 파괴력을 보여 주며 진실을 계속하여 바꾸어 나갈 정도로 진화해 나갔다. 스스로도 어느 방향으로 갈지 모르고 마치 한류 게임을 펼쳐 나가듯이 앞으로 앞으로 돌진해 나아갔다. 이것을 그저 세상사의 단순 변화나 하나의 현상으로만 읽어 내서는 안 된다. 그렇게 단순한 것이 아니기 때문이다. 아무리 한류가 자생하였고 스스로 진화하였다고는 해도 우리는 그 법칙을 찾아내고 체계를 발견하고 콘텐츠와 코드를 밝혀 내야 할 필요와 책임을 가지고 있다. 한류의 지속 가능한 발전을 위해서이다. 이것이 한류학의 존재 이유이기도 한 것이다.

다음으로 MBC의 인터넷 포털 사이트에 대한 뉴스 공급 '사건'이다. 다른 모든 언론사가 이미 시작한 뉴스 공급을 MBC는 거대 미디어 권력의 자존심으로 그동안 이를 거부해 왔었다. 그러다가 2006년 3월 인터넷 포털 사이트(다음과 네이버 등)에 뉴스 프로그램을 공급하기로(팔기로) 결정하였다. 이것을 하나의 사건으로 보는 이유는 그것이 가지는 시대적인 상징성 때문이다. 그동안 절대 권력을 행사하며 세상에 군림하던 거대 지상파 방송이 이제 개미군단과도 같은 새로운 미디어군에 굴복한 것이다.

다시 말해서 시민들의 참여로 새롭게 만들어 가는 세상에서 기존의 거대 권력은 고립무원의 상황을 겪으며 자발적이든 아니든 변화된 세상과 화해할 수밖에는 없는 지경에 이르렀다는 의미이다. 한류의 등장은 이와 같은 세상의 변화를 맨 앞에서 만들어 가고 있으며, 그 접근 방식도 매우 감성적이다. 한류가 만들어 가는 세상의 어쩔 수 없는 변혁은 이를 부인하거나 거부하기 힘든 많은 요소를 가지고 있다. 문제는 이러한 변화가 가지는 의미가 너무도 크며, 우리의 삶의 방식과 삶의 질을 얼마나 그리고 어떻게 바꾸어 나갈 것인가에 있다. 이를 밝히는 작업은 필수적인 것이다.

다음으로 한국학과 관련된 한류학의 정체성 문제가 제기된다. 한류의 특성은 앞에서 밝힌 것처럼 상반되는 다양한 존재의 혼합으로 이루어져 있다. 그것의 정체성을 파악한다는 것은 쉽지 않은 일이며 많은 고민이 있어야 함과 동시에 관련 학문의 지원을 받아야만 가능한 일이다. 그 관련 학문 중에서 가장 근접한 것은 한국학일 것으로 본다.

그런데 한국학 쪽에서도 정체성 문제로 고민하고 있는 중이다. 지금 한국은 세계적인 관점에서 볼 때 그 어느 때보다 요동치는 시기에 있고, 한국의 위상은 주변부를 벗어나 중심부를 향해서 가고 있는 와중에 있기 때문이다. 높은 시민의식과 정치적·경제적 성장은 문화 부문에서도 그 어떤 선진국의 수준 못지않게끔 되어 모든 영역에서 본질적인 질문을 하게 되었기 때문이다.

한류의 전 세계적인 확산과 이에 따른 한국어 수요의 증대라는 한류 현상 속에서 한국학은 그 위상과 정체성을 어떻게 정립할 것인지에 대한 문제 제기가 최근에 있었다. 그것은 "한류의 확산 와중에서 아시아권에서 최근 한국어 수요가 크게 증대하고 있는 데 반해, 미국과 유럽의 대학에 개설된 한국학 강좌들이 폐지·축소되고 있다"며 해외에서의 한국학은 오히려 침체되거나 정체하고 있는 것으로 나타났다고 분석하고, 해외 한국학의 현주소를 묻는 문제 제기를 하였다.[62]

나아가서 한류 확산이나 한국어 수요 확대가 곧바로 한국학 발전을 보장해 주지 않는다는 점을 강조하고 한국학의 정체성과 학문적 편제를 재점검해야 할 것이라고 주장하였다. 이와 관련, 향후 한국학은 자민족중심주의에서 벗어나고 지역학이 아닌 인문사회과학으로서의 한국학을 자리매김해야 할 것을 강조했다. 그러면서 그는 결론적으로 "한류의 확산이 한국학 발전의 기회이자 위기로 작동하고 있다"며 "세계 여러 문화 속에서 한국문화가 자리매김할 수 있는 방향으로 한국학이 활성화되어야 할 것"이라고 하였다.

마찬가지로 한류의 확산 발전이 곧 한류학의 정체성을 확보해 주지는 않는다고 하더라도 한국문화의 세계문화 속에서의 위상을 정립해 줄

---

62 김동택(2006), '한류와 한국학-해외 한국학 현황과 지원방안」, 「역사비평」, 봄호.

것이라는 기대는 분명 있을 것이다. 이제까지 세계문화사에서 한국문화가 기여하였거나 차지하는 비중은 사실 그리 크지는 않았을 것이다. 그러나 이제부터라도 한류의 역할은 그러한 방향으로 가야 할 것이고, 대중문화의 현실적인 힘의 방향과 비전은 그러한 본질적인 질문을 통하여 조금씩 궤도 수정을 해 나갈 것이다.

한류와 한국문화의 관계는 현대의 대중문화와 전통문화, 엔터테인먼트 문화 산업과 인문학, 대중문화의 영향력이 한국문화 전반에 미치는 영향, 그리고 한류의 확산과 한국문화의 위상 정립 등 그 속에 다양한 질문을 내포하고 있으며, 많은 답변을 요구하고 있다는 사실을 인식하여야 할 것이다. 그것이 한류학의 존재 이유인 것이다.

한류 문화경영 사례

2004 서울세계박물관대회가 우리에게 남긴 것

| 한류 문화경영 사례 |
　　―2004 서울세계박물관대회가 우리에게 남긴 것

I. 2004 서울세계박물관대회는 우리에게 무엇인가
　　　1. 2004 서울세계박물관대회의 의의
　　　2. 아이콤 대회란 무엇인가
　　　3. 세계박물관대회 조직위원회 구성

II. 어떻게 그리고 무엇을 준비하였나
　　　1. 이정표(road map) 작성
　　　2. 대회 명칭과 주제 확정

III. 대회는 이렇게 하였다
　　―대회 운영의 성과와 평가
　　　1. 대회 준비 정신
　　　2. 우리 문화로 승부하기―대회 참가 등록
　　　3. 전야제와 개막식
　　　4. 전시
　　　5. 공연
　　　6. 문화탐방
　　　7. 국제 업무
　　　8. 국제분과위원회(IC) 회의
　　　9. 홍보
　　　10. 아이콤 행사 기간 중 국내 박물관 전시
　　　11. 폐막식 및 환송연
　　　12. 예산 운용

IV. 박물관과 무형문화유산
　　―2004 서울세계박물관대회가 우리에게 남긴 것
　　　1. 문화정책적 함의(含意)
　　　2. 무형문화유산의 현대적 의의와 그 보호
　　　3. 박물관의 역할과 그 의미의 확장
　　　4. 문화경영과 컨벤션

V. 해질녘 오후 언덕에 서서 고향 마을을 내려다보다―맺는말

I. 2004 서울세계박물관대회는 우리에게 무엇인가

1. 2004 서울세계박물관대회의 의의

2004 서울세계박물관대회가 성공리에 끝났다. 우리는 이를 "우리의 꿈은 이루어졌다"고 자평하였다. 그것은 이 대회를 준비하는 동안 너무도 힘든 우여곡절이 있었으며, 과연 이 대회를 무사히 끝낼 수 있을까, 혹시 국제적인 망신이나 일으키지는 않을까, 차라리 대회를 반납하고 조용히 살자 등등의 의구심과 자신감의 결여가 있었기 때문이었다. 대회 조직위원회의 상임위원 중 몇몇은 차라리 그런 지경에 이르기 전에 빨리 정리하자고 독촉하는 상황이었다.

상황 판단은 빠를수록 좋았다. 나는 어차피 치를 거면 확실하게 하자는 생각으로, 여기야말로 문화경영의 현장이며 그동안 쌓아 오고 숙지한 문화예술에 관한 정책 기획과 현장에서의 모든 지식과 경험을 퍼부을 작정을 하였다. 그러기 위해서는 시급히 이 대회의 성격을 규명하고 대회조직위원회의 모든 사람들이 이를 위해서 매진할 수 있는 체제를 갖추어 나갈 수 있도록 하는 일이 급선무였다. 세계박물관대회는 서구의 모든 박물관인들이 모여서 박물관의 역할을 조명하고 박물관의 새로운 이슈에 관하여 논의하는 이 분야의 가장 커다란 회의체이다. 이 대회를 '문화올림픽' 혹은 '인문학의 올림픽'이라고 부르는 이유도 거기에 있다. 세계박물관대회(ICOM; International Council of Museums, '아이콤'이라 불림)는 1948년 대회 창립 이래 서구권 밖에서 개최된 사례가 없었으니 얼마나 이 대회가 폐쇄적으로 운영되어 왔는지 짐작할 수 있다. 우리나라가 1999년 대회 유치 신청을 하고 2001년 그 승인을 받은 것은 하나의 사건이었다. 처음으로 비서구권에서 대회가 열리게 된 것이다. 그것도 '박물관과 무형문화유산(Museums and Intangible Heritage)' 주제를 가지고 열게 된 것이다. 뒤에 상술하겠지만 박물관과 '무형'문화유산이라는 것은 당시 많은 사람들이 생각키에 납득이 되지 않는 주제 선정이었다.

또한 이 대회에 자비로 등록하고 찾아오는 예상 인원은 외국인 약 1천5백 명과 내국인 5백 명 선인데, 아이콤 한국위원회의 대회 준비는 거의 전무한 실정이었다. 예산도 없고 사무실도 없었다. 2천여 명의 대회 참가자를 예상하는, 그것도 가장 커다란 문화 국제대회를 개최할 준비 태세는 거의 전무하였다. 대회 포기와 반납을 주장하는 것이 당연한 추세였다. 어떻게 해서든지 이를 수습하고, 우선 조직위원회부터 가동시키며, 우리 팀원들부터 자신감을 갖도록 하는 일이 급선무였다. 기업에서 CEO가 하는 일이 이런 것이라는 것을 알게 되는 순간이었다. 자신감은 그냥 생기는 것이 아니라 여건을 개선하고, 타당하며 근거 있는 비전을 제시하고, 정확한 데이터에 따라 설정되는 로드맵(road map)을 수립하여 업무가 부여될 때 비로소 생기는 것이다. 그래서 외부 고객도 중요하지만 내부 고객을 감동시키고 자신 있게 일할 수 있는 체제를 만들어 주는 것이 무엇보다 중요한 일인 것이다. 여기에서 문화경영이 도출된다고 생각한다.

한국에서의 문화예술경영에 관한 의사 결정은 재정적, 정치적, 사회적 여건을 '고려'하기보다는 그 여건들과의 '투쟁'을 잘해 나갈 수 있어야 한다. 그 나라의 꿈의 크기와 박물관, 미술관의 숫자는 정비례한다. 문화가 척박한 땅에서 꿈을 경영한다는 것은, 마치 자갈 투성이의 산비탈에서 농사 짓는 것과 같이 많은 고통과 치열한 문제의식을 가져야만이 해결할 수 있는 현상이 엄연히 존재하는 것이다.

2004 서울세계박물관대회는 문화경영과 컨벤션에 관한 대표적인 사례이다. 이번 대회에서는 문화와 경제와의 만남이 있었고, 정치와의 만남도 있었다. 대회 준비 기간과 개최 기간 중에 시시각각으로 너무도 많은 의사 결정과 결단이 있었다. 고려해야 할 사항도 부지기수였다. 정치와 경제와 사회와 문화의 모든 변수가 작용하였으며, 우리는 이에 슬기롭고 조화롭게 대처해 나가야 했다. 세계의 박물관인들은 지구 반대편에서까지 날아와 참가 등록을 하고, 우리가 마련한 문화의 세례를 받았으며, 크고 작은 행사에 참여하고 우리나라의 방방곡곡을 누비고 다녔다. 대회 참가자들은 29개의 국제분과위원회와 7개의 지역 및 전문위원회에 소속되어 각종 회의와 전시, 관광, 그리고 사교 행사에 참여하였다.

그리고 무엇보다 중요한 것으로서 이 대회의 주제인 '박물관과 무형문화유산'에 관한 진지한 논의가 있었다. 실로 인류의 무형문화유산에 대한 태도와 보존 방식에 관한 반성과 새로운 해석을 통하여 그 현대적인 의미를 재인식하고, 나아가 박물관의 역할에 대한 분석과 성찰을 다시 함으로써 그 역할을 확장시켰다.

이 글에서는 세계박물관대회를 준비해 온 전 과정과 대회 기간 내내 전개된 모든 사항과 의미들을 문화경영적인 관점에서 정리할 것이며, '박물관과 무형문화유산'에 관한 논의들을 인문학적이며 문화정책적인 관점에서 서술하고 추론해 나가고자 한다.

2. 아이콤 대회란 무엇인가

아이콤(ICOM)은 International Council of Museums[현 회장 자크 페로(Jacques Perot)], 세계박물관대회의 영어 약칭이다. 1948년 프랑스 파리에서 제1회 총회가 열린 이래 영국, 이탈리아, 스웨덴, 네덜란드, 미국, 독일, 덴마크, 멕시코, 아르헨티나, 캐나다, 노르웨이, (구)소련, 호주, 스페인 등지에서 대회를 개최해 왔다. 2001년에는 스페인의 바르셀로나에서 '경제 및 사회적 도전에 대한 박물관 경영 변화(Managing Change : Museums Facing Economic and Social Challenges)'를 주제로, 1998년에는 호주의 멜버른에서 '박물관과 문화의 다양성(Museums and Cultural Diversity)'을 주제로 열린 바 있다.

아이콤은 어떤 대회인가? 전 세계의 박물관인들이 한자리에 모여 박물관과 관련된 모든 문제를 논의하고 새로운 아젠다를 상정하여 결의하고, 이를 통하여 박물관의 미래를 개척하고 발전시키는 문화의 가장 핵심적인 장이 아닌가. 그리고 우리가 가장 부족한 세계적인 인적 네트워크를 결성하고, 각국의 지도층이자 오피니언 리더들인 최고급 문화인사들과 교류하여 결과적으로 우리의 국가 이미지를 높이는 최적의 장인 것이다. 그렇기 때문에 이 대회를 철저히 준비하여 전략적으로 우리 문화를 정확하게 알리고 우리나라의 대외 국가 이미지를 확실하게 한 단계 높여야 하는 것이다.

또한 문화정책적 관점에서 보면, 박물관의 문화적·사회적 기능과 역할을 이번 기회에 한 단계 높여서 국민과 더욱 가까워지고 국민들의 박물관에 대한 이해를 넓혀서 그야말로 박물관이 사회 교육과 우리 모두의 놀이의 장이 될 수 있도록 하는 계기가 되어야 한다. 박물관은 국민 모두의 것이 되어야 한다. 그래서 박물관은 딱딱하기만 한 유물 전시장이 아니라 인류 문화유산을 즐기고 활용하고 그 옆에서 재미있게 놀 수 있는 서민들의 문화 사랑방이 되어야 한다.

특히 이번 대회에는 대영박물관·루브르박물관·메트로폴리탄박물관 등 해외 유명 박물관의 관장, 큐레이터 및 박물관 관계자들뿐만 아니라 역사문화 및 인류학 등 전문가 약 2천 5백여 명이 참가할 것으로 전망하였다. 아이콤 서울대회는 단순한 국제회의가 아니라 다음과 같은 점에서 문화정책적이며, 동시에 문화사적인 것으로 의의를 부여하고 싶다.

첫째로, 무형문화유산 보호제도에 있어서 세계적으로 한국과 일본은 가장 발전된 시스템을 가지고 있으며, 우리는 이번 대회의 주제로 '박물관과 무형문화유산'을 선정하였다. 세계 전문가들의 학술 모임으로서 무형문화유산을 주제로 세계적인 규모의 학술모임을 처음 갖는다는 것 자체만으로도 커다란 의의가 있었다. 후일담이지만 일본의 이에 대한 견제는 대단하였고, 가까운 일본의 고위 박물관 관계자가 고백하기를 "우리는 여러 가지 여건상 이러한 대규모 국제대회를 치를 수 없다"고 하였다. 사실이다. 일본의 시스템상 민간기구에 공무원이 파견되어 일체가 되어 일한다는 것은 불가능하며, 특별예산을 지원하여 국제대회를 운영하기란 매우 어렵다. 그리고 도쿄나 오사카에는 우리의 코엑스(COEX)와 같은 대규모 국제회의장(컨벤션센터)이 없다. 우리의 예술의전당 같은 규모의 오페라하우스도 없다.

둘째로, 한국 박물관 및 미술관 경영에 큰 변화의 기회가 될 수 있다. 한국 박물관 역사가 거의 1세기가 되어 가는 시점에서 한국 박물관이 과학적이고 합리적인 경영의 단계로 나아가기 위한 방안을 놓고 이루어지는 세계 박물관 관계자들의 커뮤니케이션의 장이 될 것이다. 다시 말해서 우리의 박물관도 새로운 경지를 맞이할 박물관 정책의 신기원이 이루어져야 할 계기가 되어야 한다.

셋째로 글로벌(global) 시대에 어울리게 한국문화와 사회의 본질이 세계 문화 전문가들에게 알려져 한국문화 연구의 중요한 계기가 될 것이라는 점이다. 나아가 한국문화와 사회 이외에도 한국 분단의 정치적인 현실이라든가 한국 경제 등에 대한 관심들이 증폭하게 될 것이고 이는 한국에 관한 전반적인 분야에 걸쳐 세계적인 관심 대상이 될 것임에 분명하다. 이 점에서 이번 총회는 문화외교(cultural diplomacy)의 장이 될 것이며, 문화의 최전선(culture frontier)이라고 말할 수 있다.

3. 세계박물관대회 조직위원회 구성

2003년 9월 1일, 아이콤 정부지원단이 구성되고 1년 뒤에 있을 대회 준비를 본격적으로 시작하였다. 그 이전까지 아이콤 한국위원회에서는 2001년 스페인 바르셀로나에서 치러진 제20차 대회 이후 이렇다 할 준비를 변변히 하지 못한 채 아쉬운 시간만 보내고 있었다. 그것은 어쩌면 너무나 당연한 우리의 현실일 수도 있었다. NGO의 특성상 이렇다 할 예산도 조직도 없는, 겨우 몇 십 명의 회원으로 구성된 명목상으로만 존재하는 단체에서 문화올림픽이라고까지 불리는 국제 규모의 대규모 대회 준비는 사실상 무리일 수밖에 없었던 것이다.

조직위원회는 아이콤 한국위원회의 기존 회원을 중심으로 구성하고, 정부지원단은 문화관광부 각 기관에서 파견받아 구성키로 하였고, 위원장은 박물관계를 대표하는 인사가 맡아야 했다. 결국 위원장은 아이콤 한국위원회 위원장인 김병모 전통문화학교 총장, 한국박물관 협회 김종규 회장, 그리고 이건무 국립중앙박물관장 세 분이 공동위원장을 맡아 주었다. 그야말로 박물관계의 분야별 대표인 세 어른이 대회의 기수 역할을 자임하였다. 혹자는 걱정하기를 위원장이 세 분이면 오히려 역효과가 나지 않겠느냐고 하였지만 이는 기우임이 곧 드러나게 되었으며, 오히려 세 분은 각자의 위치에서 정말 빛나는 역할을 하여 주었다. 대회 준비 기간 내내와 대회 중에 이분들이 보여 준 헌신과 협력은 대회에 참가한 세계 박물관인들의 아낌없는 찬사를 받았던 것이다.

다음으로 사무총장과 부위원장은 아이콤 한국위원회에서 오랫동안 봉직한 배기동 한양대학교 교수와 최정필 교수를 위촉하였다. 이분들은 소속 대학에서 각각 박물관장을 맡고 있고 그 분야에서는 최고임을 자임하고 있다.

일반 회사의 이사회의 역할을 하는 상임위원회는 우리나라 박물관계를 대표하는 박물관 인사들을 위촉하였고, 그분들은 모두 흔쾌히 수락하였다. 이들의 면모를 보면 국립현대미술관 관장 김윤수, 국립중앙과학관 관장 이헌규, 국립민속박물관 관장 김홍남, 서울역사박물관 관장 김우림, 서울시립박물관 관장 하종현, 경기도박물관 관장 이종선, 한독의약박물관 관장 김쾌정, 삼성미술관 부관장 홍라영, 세연철박물관 관장 장인경, 호림박물관 관장 오윤선, 가회박물관 관장 윤열수, 짚풀생활사박물관 관장 인병선, 아트센터나비 관장 노소영, 아트선재센터 부관장 김선정, 옥랑문화재단 이사장 김옥랑, 문화연대 문화정책연구소장 황평우 등의 인사들이다.

다음으로 조직위원회의 울타리 역할을 맡아 줄 자문위원회는 문화계의 최고 인사들로 상임위원들 모두의 추천을 받아 구성하였다. 자문위원장인 이수성 민속박물관회 회장을 필두로, 권용태 전국문화원연합회 회장, 권인혁 국제교류재단 이사장, 김석원 전쟁기념관 관장, 김여수 유네스코 한국위원회 사무총장, 김영수 전 문화체육부 장관, 김의정 명원문화재단 이사장, 김종량 한양대학교 총장, 김철수 세종대학교 총장, 노태섭 당시 문화재청장, 박성용 한국기업메세나협의회 위원장, 서명덕 상명대학교 총장, 서정돈 성균관대학교 총장, 선우중호 명지대학교 총장, 손보기 연세대학교 명예교수, 송태호 전 문화체육부 장관, 신인령 이화여자대학교 총장, 어윤대 고려대학교 총장, 오자와 츠토무 주한일본문화원 원장, 유건 한국관광공사 사장, 유상옥 한국박물관회 회장, 유인촌 서울문화재단 대표이사, 유인학 세계거석문화협회 회장, 유종현 한국아프리카학회 회장, 윤장섭 성보문화재단 이사장, 이강숙 당시 2005 프랑크푸르트도서전 주빈국 조직위원회 위원장, 이경성 전 국립현대미술관 관장, 이경숙 숙명여자대학교 총장, 이기석 청운문화재단 이사장, 이복형 중남미 박물관 관장, 이어령 초대문화부 장관, 이준 대한민국예술원 회장, 이호왕 대한민국학술원 회장, 장을병 한국정신문화연구원 원장, 정양모 문화재위원회 위원장, 주영걸 주한중국문화원 원장, 최근덕 성균관 관장 등의 인사들이다.

마지막으로 정부지원단은 문화관광부의 각 기관에서 파견된 6명과 새로 채용한 2명의 직원들로 구성하였는데, 이들은 정부지원단장 강철근, 부장 최영수, 행정팀장 정규식, 행정주임 강현수, 학술팀장 최석영, 운영팀장 오세은, 국제팀장 박윤옥, 학술팀원 박은영, 행정팀원 곽명희 등이다. 조직위원회의 사무국은 전부 정부지원단으로 구성하였는데, 이는 예산 상황이 열악한 민간기구의 특성상 어쩔 수 없는 일이었다. 일을 추진해 나감에 있어서 대학교수와 공무원들이 조직 문화의 상이함으로 초창기에 다소의 삐걱거림은 있었지만 결과적으로 서로를 이해하고 힘을 모아 좋은 결과를 낼 수 있었음은 지금 생각해도 행복하다.

II. 어떻게 그리고 무엇을 준비하였나

1. 이정표(road map) 작성

이렇게 구성된 조직위원회는 시급하게 무엇을 어떻게 할 것인지 정해야 했다. 시스템을 갖추는 작업은 이렇게 끝내었으나 목표를 정하고 일정을 확정하는 작업이 시급한 것이었다. 그것이 요즘 유행하는 소위 로드맵(road map)이다. 당초 중동 평화안 제시를 위한 미국의 평화안 수립 일정을 지칭하면서 나온 이 로드맵은 중장기 프로젝트 수립을 위해서는 필수적인 사항이다. 이를 게을리하면 일이 중구난방이 되고 조직은 산발적으로 굴러가게 된다.

사업을 추진하기 위해서 최우선적으로 조직위 운영 규정과 사무 규정을 제정하여 조직위원회의 위원장, 상임위원회, 사무국 등 각 조직의 설치 근거와 임무를 제정하고, 조직의 업무분장, 예산회계 관리, 위임 전결 규정 등을 상세히 규정하여 조직의 틀을 마련한다. 다음으로 사업을 크게 대회 준비 단계와 대회 운영으로 나누고, 이를 대외적으로 홍보하고, 우리 문화계 전체를 아우르는 참여 분위기 조성에 역점을 두는 방향을 잡았다. 대회 준비 단계에서는 총회와 29개 국제위원회의 준비, 해외참가자 등록자 수 확대를 위한 유치 전략 수립, 우리나라의 350여 국·공·사립 박물관 전체의 참여를 위한 대회 기간 중 특별 전시 계획 지원, 대국민 홍보, 언론 홍보 계획, 문화행사 계획 수립, 대회 참가자를 위한 문화관광 계획 수립 등을 준비하여야 한다.

대회 기간 중에 완벽하게 대회를 운영하기 위하여 철저한 행사 시나리오가 준비되어야 하고, 박물관 관련 전시행사, 우리 문화를 이번 기회에 전 세계에 알리기 위해서 다양한 전통문화 행사를 매일 준비해야 한다. 또한 세계적인 박물관 주요 인사가 참가하느니만큼 매일매일 이들을 언론 인터뷰를 시켜 우리 국민들이 현대 박물관의 흐름과 그 내용을 알 수 있도록 해 주어야 한다.

2. 대회 명칭과 주제 확정

'ICOM 2004 SEOUL'이라는 영문 명칭을 논의 끝에 '2004 서울세계박물관대회'로 확정하고, 대회 주제인 'Museums and Intangible Heritage'를 '박물관과 무형문화유산'으로 하였다. 그런데 이는 배경을 따져 볼 때 섣불리 결정할 문제는 아니었다. 그것은 다음과 같은 이유에서이다.

문화유산인가, 문화재인가? 우리 조직위원회에서 오랫동안 고심한 사항으로는 우리나라와 일본에서 오랫동안 사용해 오고 있는 '문화재'라는 용어였다. 영어로는 명확한 구분이 가능할 수 있으나 우리말에서는 혼용되고 있는 것이 사실이기 때문이다. 혹자는 이를 간단히 받아들일 수 있겠으나, 그 배경을 살펴보면 그렇게 간단한 어휘 선택은 아니었다. 문화유산인가 문화재인가의 문제는 현재 정부에서는 공식적으로 법령에서나 기관 명칭에서

나 모두 '문화재'(예, 문화재청)라는 용어를 쓰고 있는 실정이다. 학계에서도 의견이 일치되는 것은 아니었다.

우리 상임위원회에서는 논의 끝에 세계적인 추세로 보나 용어의 미래 지향성으로 보나 영어의 Cultural Heritage인 문화유산으로 쓰는 것이 Cultural Property(문화재)로 쓰는 것보다 더 좋다 하였다. 문화재는 사적 소유의 개념이 내재되어 있으며, 과거적이며 제한적인 의미가 있어 그리 바람직하지 않다는 이유에서였다.

이 부분은 앞으로 조금 더 진지한 논의가 필요할 것 같다. 주로 '문화재관리법'에 관한 논의에서 출발한 '문화재'의 문제는 그것이 문화를 관 주도로 정의하고 하나의 정책 대상으로서 국가적으로 관리하고자 하는 데서 문제가 비롯된다는 관점이다. 거기에서 문화의 관제화 또는 박제화가 되어 버렸다는 문제 제기로서, 문화재란 제도적 분리주의에 입각한 국가 단위의 정책 위주 개념이고, 문화유산이란 문화의 총체성을 전제로 한 민중적 삶 위주의 개념[63]이라는 주장도 있다. 이에 대하여는 역사적 맥락 위에서 유형과 무형의 문화유산 전반에 걸친 검토가 있어야 할 것으로 본다.

그런데 대회가 끝난 후에 문화재청에서는 기구의 영어 표기를 'Cultural Properties Administration(문화재청)'에서 'Cultural Heritage Administration'으로 바꾸기로 하였다는 결정을 하였다고 한다. 새로 부임한 유홍준 문화재청장은 영문 이름뿐만 아니라 국문 이름 표기도 문화유산청으로 바꾸고자 한다고 하였다. 또한 국회의 문화관광부 국정감사에서도 '문화재청'이란 이름을 '문화유산청'으로 바꾸어야 한다고 주장한 바가 있다.

---

[63] 전경수, 앞의 글, p. 222.

III. 대회는 이렇게 하였다
―대회 운영의 성과와 평가

1. 대회 준비 정신

우리가 추구한 대회의 가치는 문화의 아름다움과 한국의 전통적인 잔칫날의 흥겨움이었다. 그야말로 '한류 문화경영'의 대표적인 사례가 될 것이었다. 동시에 NGO 정신을 살린 자발적 참여·무보수·근검절약과 정부 공무원의 효율성·치밀함 등이었다. 이러한 가치 체계 아래 철저한 사전 시나리오를 준비하고 그 토대 위에서 각종 회의를 통한 민주적인 의사 결정 시스템으로 모든 일을 결정해 나갔다. 각자가 맡은 업무는 소신껏 진행하였으며 문제점은 지속적으로 보완해 나갔다. 여기에서는 대회를 준비하면서 가장 중요한 몇 가지만 살펴보기로 한다.

2. 우리 문화로 승부하기―대회 참가 등록

(1) 대회 참가 유치 전략

대회 참가자 등록자 수는 그 대회의 성패를 가름하는 시금석이다. 대회 참가자 수가 몇 명이냐, 그리고 실제 등록자 수가 몇 명이냐는 대회의 규모를 판단하고 예산 규모를 측정하는 중요한 시금석이다. 이를 위해 대회의 주최 측은 사전에 대내외적으로 대회를 홍보하고 유치단을 외국에 파견하여 유치 활동을 펼친다.

또한 각국의 역대 주최국은 등록 규모를 늘리기 위해서 등록비를 감면해 주고, 각종 행사를 계획하고, 하나라도 더 많은 서비스를 제공해 주는 프로그램을 제시한다. 우리는 우선 해외 각국의 박물관협회와 그 회원들을 대상으로 유치 활동을 벌이기 위해서 주요 국가인 미국, 일본, 중국, 그리고 스웨덴 등의 박물관대회에 참석하여 위원장의 오찬과 만찬 연설을 하고, 현지 언론과의 인터뷰를 하였다. 그리고 그 대회에 홍보 부스를 설치하여 우리 대회를 홍보했다.

나아가 각국의 박물관 홈페이지에 접속하여 아이콤 뉴스레터를 송부하여 우리의 준비 상황을 지속적으로 알렸다. 해외에 안면이 많은 우리 인사들은 개별적으로 안부편지와 연하장을 보내 대회를 홍보하였다. 우리나라는 지역적으로 불리한 관계로 이런 종류의 국제회의를 개최함에 있어서 보다 많은 노력이 필요하다.

우리는 문화로 승부하기로 하였다. 한국을 대표하는 문화예술인들을 총출동시키기로 하였다. 그리고 보다 많은 문화행사를 기획하여 전야제부터 폐막식에 이르기까지 한국문화의 세례를 퍼붓기로 하였다. 필자는 이를 'Culture Shower'라 이름 지었다. 요즘 유행하는 어설픈 크로스오버(crossover) 혹은 어설픈 퓨전음악보다 정통 한국음악이라야 승산이 있을 것으로 판단했다. 이를 위해서는 우리의 문화재청이 지정하고 추천한 살아 있는 무형문화유산인 인간문화재를 모시기로 하였으며, 문화재보호재단이 보유한 특유의 전통공연단, 그리고 자랑스러운 세계 속의 국립국악원 정악단을 초청하였다. 또한 마지막으로 한국의 전통예술과 디지털이 만나는 '문화유산과 디지털의 만남(Cultural Heritage meets the Digital)'이라는 퓨전 아닌 퓨전 공연을 기획하였다. 결과적으로 대성공이었다.

이와 관련하여 문화탐방 프로그램도 등록과 직결된다. 의외로 많은 이들이 대회의 회의나 세미나보다는 여행 프로그램을 중시한다. 유로이든 무료이든 간에 여행은 다채롭고 재미있게 준비해야 하고 가급적 무료이면 좋다. 그래서 서울 시내 문화 투어는 물론 경기도와 충청도권역까지 1일 무료 투어 프로그램을 만들었다. 우리의 문화명소를 그들에게 보여 주고 이번 기회에 우리의 유네스코 문화유산 등록에 직접·간접으로 영향을 줄 수 있도록 하기 위함이었다. 동시에 이를 통해 보다 많은 대회 참가 신청을 하면 결국은 남는 장사일 것이라는 계산도 물론 있었다.

(2) 등록비

등록비에 대해서 말한다면 우리 대회는 역대 대회 사상 제일 저렴한 대회 중의 하나이다. 통상 4~5백 달러 정도인 대회 등록비는 우리 측에서 판단컨대 유럽에서 열리는 대회에는 그들은 자동차로 혹은 기차로 값싸게 이동할 수 있었는 데 반하여, 아시아에서 처음 열리는 대회에서 장거리 비행기 요금을 부담하게 되므로 참가자 입장에서 보면 비용이 너무 비싸지게 되기 때문에 등록비라도 어느 정도 싸게 해 주지 않으면 참가자가 너무 적을 수 있다는 고육지책이었다. 이런 저런 이유로 해서 걱정이 참 많이 되었다. 과연 등록 참가자가 어느 정도 될까? 등록을 개시한 때부터 날마다 그것이 궁금하였다.

그리고 국내 등록 참가자 수는 어느 정도가 될까? 국내 참가자에 대하여는 아이콤 본부 측과 20만 원으로 합의하였다. 국내에서 최초로 열리는 문화올림픽 혹은 인문학의 올림픽이라 불리는 이번 대회에 보다 많은 박물관인, 관련학자, 그리고 학생들이 참가해서 즐기고 느끼고 발표하기를 바랐기 때문이다. 실제로 지방의 사립박물관에서 1주일간을 여비와 숙박비를 들여서 등록하고 대회에 참여하기 위해서는 한 사람당 1백만 원 이상의 경비가 들 것이었다. 그래서 국내 참가자의 등록비를 외국인에 비해 반으로 한 것이다. 학생들은 더 싸게 해야 한다는 생각에 5만 원으로 대폭 할인했으며, 중요한 발표회의 시에 학생들의 관심 분야에 특별히 참석하여 공부할 수 있도록 무료 1일 패스를 대폭 발행하기로 했다. 이것은 우리 조직위의 직권으로 결정하였다.

더욱 중요한 문제로서 비싼 돈 들여 국내에 세계대회를 유치하여 외국인들만을 위한 외국인들에 의한 대회가 되는 것은 안 되는 일이지 않는가! 지상과제는 많은 외국인 등록참가자와 함께 보다 많은 내국인들의 참가인 것이다. 그래서 이를 위해 별도의 특별위원회를 구성하여 전국의 박물관인들의 참가를 독려하기로 하였다. 지역별로 지방 국립박물관장을 위시해 공·사립 박물관장급 책임자를 두고 이들이 지역 내의 박물관들을 방문하여 설명하였다. 각 분과위원회의 연락관들과 상임위원들은 그들이 소속한 위원회의 회원들에게 참가 독려를 하였다. 공동위원장과 상임위원들은 솔선하여 자비로 등록하기로 하였다. 실로 눈물겨운 노력이 있었다.

(3) 등록 결과

또 하나 특기할 사실은 제3세계에서 오는 참가자들에 대한 비자 문제 해결에 관한 것이다. 이는 조직위원회 단독의 문제가 아니라 주무관청인 외교부와 법무부의 적극적인 협조가 필요한 사항이다. 우리는 대회 시작 몇 개월 전부터 이들 관청과 사전협의를 여러 차례 하였으며, 논의 끝에 공항에서 대부분 처리키로 하였다.

매주 50명 단위로 늘어나는 외국의 온라인 등록자 수를 확인하면서 어느 정도까지 해외에서 등록할 것인지를 점쳐 보는 일은 즐거운 일이었다. 홈페이지를 좀더 멋있게 하고 새로운 뉴스를 계속 싣고 문화탐방 프로그램을 상세하게 게재하는 등 등록을 유도하기 위한 노력은 지속되었다. 나는 외국인 참가 등록자 1천5백 명에 국내 등록참가자 5백 명을 예상하였다. 다른 위원들은 그렇지 않을 것이라고 하였다. 다른 대회의 경우를 보면 유럽에서 주로 열리는 이 대회에 유료 등록자 1천 명을 넘는 일은 흔치 않다고 하였다. 직전의 스페인의 바르셀로나 대회(2001년)는 운영상의 문제와 등록자의 저조로 조직위원회가 파산까지 하였기 때문에, 우리는 그전의 호주의 멜버른 대회(1998년)의 무난했던 사례와 함께 이들을 벤치마킹 하기에 바빴다.

결국 대회 직전까지 등록자 수는 1천여 명에 불과했다. 하지만 우리는 대회 당일까지 기다려 보자고 했다. 대회 시작 일에 우리 모두의 긴장감은 팽배하였고 20개의 등록 부스는 준비를 마쳤다. 대회 시작 전야제일인 10월 2일, 20개 등록 부스의 전 직원은 인산인해로 몰려드는 현장 등록자들과 온라인 등록자들로 인하여 초주검 상태가 되었다. 대회 시작 당일인 이틀간 등록한 숫자는 5백 명을 넘어서고 있었다. 성공이었다.

최종집계를 보면, 등록 및 참가자 규모가 총 2천2백 명으로 107개국에서 1천5백 명이 참가하였고, 국내 참가자 수는 7백 명을 넘었다. 실제 등록자 수는 정확하게 1백 개국 1,462명이었다. 이를 나라별로 보면 러시아연방이 단연 1위로서 96명이 등록하였고, 미국이 75명으로 2위, 일본이 68명, 독일 57명 등이고 대만과 프랑스, 스웨덴, 네델란드, 영국, 중국, 캐나다 등이 30여 명 선에서 등록했다. 눈물겹게도 단 1명만이 등록한 나라도 참으로 많았다. 보스니아, 캄보디아, 앙골라, 가나, 과테말라, 레바논, 나미비아, 오만, 스리랑카 등의 나라는 홀로 등록한 그 나라 국립박물관장이 자국의 전통복장을 입고 유유자적하고 있었다. 또 하나 특기할 사실은 아프가니스탄과 이라크의 국립박물관장이다. 그들은 우리의 특별지원으로 여기에 오게 되었으며, 도착해서는 우리 언론들의 집중적인 인터뷰 세례를 받았다. 그리고 우리 정부에서는 앞으로 지속적으로 이들 나라의 박물관을 지원할 것을 약속하였고, 전쟁 중의 문화유산의 파괴 문제를 거론하여 아이콤에서 '무형문화유산에 관한 서울선언(Seoul Declaration of ICOM on the intangible Heritage)'을 채택하기에 이르렀다.

  나머지는 동반자와 등록 의무가 없는 아이콤 사무국 직원들, 그리고 1일 패스 소지자인 학생들이었다. 이 숫자는 역대 대회 중에서 거의 최대라고 자크 페로 아이콤 회장이 증언해 주었다. 액수로는 약 4억 원이 되었다. 수입예상액을 책정할 때 항상 등록비 부문은 3억 원으로 계산하면서 이 액수도 혹시 과장된 것이 아닐까 하고 의심하던 우리였다. 실로 성공이었다. 필자는 지금도 자랑스럽게 이 숫자를 증언하고자 한다. 공짜 초청행사도 아니고, 평상시 같으면 어느 박물관이나 문화재단에서 이들을 비싼 돈 주고 초청하여 강연회 같은 유료행사를 하였을 만한 세계의 박물관계의 주요 인사들이 자기 돈을 내고 와서 우리가 주최한 행사에 참여하는 것이다. 그리고 이들은 우리가 선정한 무형문화유산이라는 대회 주제를 놓고 주옥 같은 원고를 발표하고 토론하는 것이다. 이 자료는 현재 국립중앙박물관에 보관되어 있으며, 우리 박물관과 인문학의 발전을 위해서 매우 유용하게 활용될 것이다. 이 때문에 모든 자료는 가감 없이 정리하여 학술적인 자료로 활용토록 할 것이며, 역사적인 자료로도 영구 보관될 것이다.

(4) 다양한 참가 지원

한편, 등록비 면제에 관한 이야기를 해 둘 필요가 있다. 이는 우리의 국제적 위상과 문화국제대회의 성격과 직결되는 문제로서 우리가 인식해야 되는 문제이기도 하다.

이번 대회에서는 다양한 국제적 지원금이 제공되었는데 이를 하나하나 보기로 하겠다. 우선 미국의 폴 게티(Paul Getty)재단에서는 아이콤 대회시에 매번 지원금을 보냈는데 이번에는 미화 7만5천 달러를 제공하였으며, 다음으로는 아이콤 재단(ICOM Foundation)에서 12,880유로를 보내왔다. 그리고 우리 조직위원회에서는 한화 7천만 원(6만 달러)을 지원금으로 내놓았다. 결국 총액 14만5천 달러가 장학금으로 아시아·아프리카 개발도상국의 42명의 박물관인들에게 초청 경비로 제공된 셈이다. 다음으로 다양한 국제적 지원금으로서, 우선 인도의 Grace Morley Research Fellowship이 있는데, 인도와 네팔·필리핀 등 동남아 국가의 문화인들을 위한 장학 제도이다. 우리 대회에서는 이들 나라의 박물관인 6명에 대한 지원을 하였으며, 우리 조직위에도 등록금 면제 요청을 하였고, 우리는 이를 수락하였다. 또한 유네스코 장학금(UNESCO Grant)이 있는데 이번에는 아랍권과 중남미에서 5개국 5명에 대한 지원과 등록비 면제 조치가 있었다. 아프리카 국가위원회(AFRICOM) 2명에 대한 등록비 면제와 한국국제교류재단 초청자들 2명에 대한 등록비 면제도 있었다.

특기할 사실은 국립중앙박물관에서 아시아 지역의 몽골, 베트남, 인도네시아, 중국 등 4개국 11인에 대한 초청을 하였고, 이들에 대한 등록비를 면제했다는 것이다. 기타 아시아, 아프리카, 남아메리카, 동유럽 등지에서 대회에 참가하고자 경비 보조 요청이 많았으나 예산상의 이유와 자격 문제로 대부분 불가능하였다.

마지막으로 전쟁 피해국인 이라크와 아프가니스탄의 국립박물관장에 대한 우리 조직위의 초청이 있었다. 이들 두 나라에서 각각 2명씩의 국립박물관장들을 초청하였는데, 특히 이라크의 도니 조지(Donny George) 국립박물관장은 이번에 국제적인 인사가 되었다. 그는 국내·외 매스컴의 집중적인 인터뷰 세례를 받았는데, 잘생긴 외모와 말솜씨로 이라크 전쟁의 폐해로 인한 문화재 도난 및 파괴의 실상을 알리고 이라크에 대한 국제적인 지원을 호소하였다. 우리 정부에서도 정동채 문화관광부 장관이 이들과의 면담에서 우리 정부의 장기적인 지원을 약속하였다. 이들의 호소와 우리 주최 측의 노력으로 국제적인 지원책 마련과 세계적인 협력체계 구축을 도모하고, 우리나라와는 양국간의 문화 교류 및 실무자 교육을 실시키로 하였다.

3. 전야제와 개막식

(1) 행사의 컨셉트－잔칫날의 흥겨움과 우리 문화의 정수 보여 주기
대회의 모든 행사가 중요한 공식행사지만 이 장에서 언급하는 공식행사인 전야제와 개막식은 대회의 하이라이트가 되는 핵심적인 내용이다. 문화행사는 물론이고 월드컵이나 올림픽 행사의 하이라이트도 개막식이다. 또한 조직위원회가 실제로 100% 간여하여 주도적으로 움직이는 부분도 여기이다. 따라서 전야제와 개막식 행사 준비는 가장 공을 들인 부분이며, 우리의 역량이 직접적으로 평가되는 시험장이기도 한 것이다. 이를 위해서 우리는 처음부터 행사 내용을 부문별로 나누어 준비했다. 우선 부문별 시나리오를 짜고 나중에 전체 시나리오를 작성하는 식으로 하고, 하나하나 검증해 나갔다.

행사의 컨셉트는 잔칫날의 흥겨움과 우리 문화의 정수를 이번 기회에 보여 주는 것으로 하고, 외국 참가자들은 물론 우리 국내 참가자들조차 경험해 보지 못한 내용과 방식으로 행사를 운영하기로 했다. 연설자 수는 될 수 있는 한 줄이며, 연설시간은 5분 이내로 하고, 연설 내용은 재미있어야 한다.

(2) 전야제
서울시장 주최의 전야제 행사 장소는 오랜 고민과 토론 끝에 당초에 생각하였던 경복궁이나 경회루 같은 야외 고궁이 아니라 코엑스의 컨벤션홀로 하기로 하였다. 거리 이동성으로 보나 날씨 관계로 보나, 무엇보다 예산상의 이유로 보나 컨벤션홀로 하는 것이 좋았다. 야

외 행사는 실내 행사보다 2배 가까운 예산이 소요된다. 의자에서부터 조명, 음향, 안전성, 교통 등의 이유에서이다. 대신에 포기할 것은 포기해야 한다. 고궁의 아름다움과 운치는 잊어야 한다. 그러나 코엑스의 컨벤션홀도 10인용 원탁 170개를 흰 탁보를 씌워 배열해 놓자 외국영화의 무도회 장면처럼 멋있게 되었다. 세계의 문화인들이 함께하는 그리고 국내·외 참가자들이 처음으로 마주치게 되는 전야제에는 무엇인가가 있어야 했다.

그 무엇을 무엇으로 할까? 역시 우리의 전통문화예술이다. 그것도 아름다우면서 흥미진진한 것이어야 한다. 우리는 다른 나라가 가지지 못한 엄청난 힘이 있다. 그것은 문화재청과 문화재보호재단, 그리고 1천 년 전통의 국립국악원이다. 이들 기관은 세계 최고의 무형문화유산을 보유하고 있으며, 유사시에는 언제나 최고의 역량을 발휘하여 우리나라의 문화예술을 여실히 보여 준다. 이번 전야제에서도 유감없이 그 역량을 보여 주었다.

전야제 연회에서는 각국의 박물관인들이 오랜만에 만나게 되는 자리이므로 모두들 약간씩은 들떠 있으며, 여기저기에서 반가운 인사를 한다. 포옹하고, 키스하고, 악수하고 하는 가운데 서로의 친숙함을 표시한다. 진짜 중요한 이야기들은 이런 장소에서 하게 된다. 그런데 우리 측에서 이런 자리를 만들었지만 정작 우리는 위원장과 한두 명의 인사를 제외하고는 국제무대에서 안면이 있고 자리의 분위기를 주도하는 인사가 별로 없다.

10월 2일 저녁 8시에 시작 예정인 전야제 행사는 당초 예정되어 있었던 다음날의 개막식 파티(Gala Dinner)를 취소시켰기 때문에 더욱 의미 있는 행사가 되었다. 때문에 우리들은 당일 하루 종일 출연자들과 좀더 많은 리허설을 하였다. 행사의 주인 격인 서울시장이 도착하기 전에 3인 공동위원장과 우리 상임위원들이 행사장 입구에서 손님들을 따뜻하게 맞이하며 연회는 시작되었다. 다만 칵테일은 시작하기 30분 전에 내놓기로 하였는데 미리 몰려든 손님들이 칵테일을 달라고 요구하여 총감독인 필자에게 연회 담당자가 울상을 지으며 하소연했다. 예산 문제로 건배 제의도 최대한 줄인 상태인데 그럴 수는 없었다. 참고로 건배 제의 한 번에 약 250만 원 정도가 소요된다. 필자는 좀더 버텨 보자고 하였고, 배경을 모르는 우리 측 관계자까지도 칵테일을 달라고 하여 필자를 곤혹스럽게 하였다. 사실 그

까짓 것 얼마나 된다고 그렇게까지 야박하게 구느냐고 할지 모르지만 작은 것이 모여서 큰 것이 되며, 이번에 확실히 그것을 입증하였다. 이렇게 작은 것을 아껴서 대회를 흑자로 만든 것이다. 동시에 참가자들에게는 그것을 느끼지 못하도록 하여야 했으며, 실제로 그들은 가장 멋있고 풍요로운 대회였다고 평가해 주었다. 그것은 먹을 것도 중요하지만 무엇보다 마음의 풍요로움을 제공하는 풍부한 문화예술의 세례를 입었기 때문인 것이다.

현악 사중주단의 경쾌한 실내악으로 시작한 전야제 행사는 서울시장과 공동위원장 중 한 분의 환영사, 그리고 페로 아이콤 회장과 문화재청장 두 분만의 건배 제의를 제외하고는 나머지는 과감하게 생략하였다. 행사장의 멋있는 아이콤 블루 색깔의 파란 유네스코 건물 모형의 조형물과 한국적인 창살무늬의 무대배경 아래서 따뜻한 축제 분위기와 축배는 이어지고, 참가자들은 3년 만의 만남을 기뻐하고 있었다.

9시경 식사가 끝날 시간쯤에 공연을 시작하기로 하였다. 큐 사인에 맞추어 시작한 첫 번째 공연은 우리가 여러 가지 중에서 엄선하고 문화재청에서 지원한 강령탈춤이었다. 약 30분간 진행된 강령탈춤은 우리의 기대를 저버리지 않았다. 그 시원하고 활달한 춤사위와 음악은 수많은 참석자들의 카메라를 바쁘게 하였다. 공연자 수보다 사진 촬영자 수가 더 많았다. 사방에서 들리는 탄성은 우리를 행복하게 하였다.

다음으로 준비된 공연은 문화재보호재단에서 기획한 궁중복식 발표회, 즉 조선왕조의 궁중 패션쇼였다. 왕과 궁중의 여인들의 나들이라는 컨셉트로 진행된 한 시간짜리 이 공연은 실로 참석자 모두를 놀라게 했다. 그 우아한 아름다움과 우리 궁중복식의 세련됨은 더 이상의 설명이 필요 없는 것이었다. 오히려 우리의 구경거리는 외국 참가자들의 반응이었다. 정문에서 포도대장 복장의 수십 명의 군인들이 깃발과 함께 입장하고, 무대 위에서는 왕과 궁중의 여인들이 입장하는 궁중복식 발표회가 시작되자마자 그들은 무대 근처로 일시에 몰려들어 탄성을 올리며 환호했다. 수십 대의 카메라는 일시에 셔터를 터뜨리며 장관을 연출하였다. 한 시간 동안의 공연은 장면이 바뀔 때마다 일어나는 참가자들의 탄성으로 음향 효과를 이루었다. 필자조차 무아지경과 열정의 분위기에 빠져들었다. 모두에게 자랑스러웠으며 모두에게 고마웠다.

(3) 개막식

다음날인 개막식 행사는 우리 행사의 꽃이었다. 그런 만큼 준비하는 과정이 너무도 복잡하고 힘이 들어간 것이었다. 개막식의 컨셉트는 문화의 개방성과 자유로움, 그리고 우아한 격식으로 하였다. 따라서 연단 인사는 없도록 하여 명예대회장인 영부인을 위시한 모든 초청 인사들은 단하로 자리하였으며, 가급적 멘트는 생략하였다. 모든 연사들은 간략하게 연설하였고, 문화공연 행사는 산뜻한 것으로 준비하였다.

개막식 직전인 오전 8시 30분에 간단한 리셉션 행사를 준비하여 입장 전에 주요 인사들이 서로 인사하는 시간을 마련하였고, 각국 대사 및 부인들, 초청 인사들이 대회에 관하여 즐거운 의견들을 나누었다.

10월 3일 9시 정각 국립국악원의 대북 타고(打鼓) 10번으로 장엄하게 시작된 개막식은 곧이어 아무런 멘트 없이 우리의 IT 실력을 유감없이 보여 주는 디지털 그래픽 쇼였다. 고화를 그래픽으로 그려 나가며 그림이 움직이고 유형·무형의 문화유산이 빠르게 나타났다 사라지고 마지막으로 아이콤의 개막을 축하하는 메시지로 끝나는 4분짜리 내용이었다. 이는 폐막식에서 차기 개최지인 빈 시 아이콤 조직위원회에서 준비한 홍보영상물과 확연히 차별되는 것으로, 그들은 1990년대식의 멀티비디오물을 그것도 CD로 준비하였다. 영상은 부드럽게 이어지지 못하고 계속 단락이 지어지면서 무성영화와도 같은 엉성한 것이었으며, 화면은 선명하지 못하였다. IT 기술 수준의 격차가 느껴지는 순간이었다. 그러나 그들의 미술관을 보여 주는 장면에서는 유럽 정상의 문화 수준을 나타내는 세련된 건축물과 컬러도 있었다. 또한 모차르트를 내세우는 음악도시의 면모도 보여 주었다.

이어서 명예대회장인 퍼스트 레이디 권양숙 여사의 환영사와 국제적인 문화인 타이의 짝끄리 씨린턴(Maha Chakri Sirindhorn) 공주의 인사말, 우리 정부대표인 정동채 문화관광부장관, 1996년도 노벨평화상 수상자이며 현재 동티모르의 외무장관인 오르타(Jose

Ramos Horta), 일본의 전 유네스코 무형문화유산국장이며 현재 유네스코 고문으로 있는 노리코 아이카와 여사 등의 귀중한 인사말이 있었다.

(4) 문화 전쟁의 시작

그런데 여기서 언급해야 할 중요한 일이 벌어졌다. 그것은 '문화 전쟁의 시작'이라고 명명할 만한 일인데, 9월 27일 노리코 아이카와의 개막식 연설 문제가 제기된 것이다. 당초 유네스코 사무총장이 연설하기로 하였으나, 대회 직전에 아이카와 여사로 바뀐 것으로 통보가 온 것이다. 그것도 사무총장의 말을 포함하여 10분간 자기 말을 연설하겠다고 하였다. 이는 도저히 받아들일 수 없는 것이었다. 개막식은 최고의 자리이며, 최고급의 인사만이 연설할 자격이 주어지는 것이다. 한다면 오직 대독만이 가능하다.

일본인으로서 세계문화계에서 자타가 공인하는 유네스코의 실력자인 노리코 아이카와 여사는 수십 년 동안 일본 정부의 유네스코 분담금을 바탕으로 유네스코의 무형문화유산 정책을 좌지우지해 왔다고 한다. 그녀는 과거부터 무형문화유산에 관하여 상당한 전문성을 가지고 있는 국제적인 인물로서, 이번 2004 서울세계박물관대회에서의 주제인 '박물관과 무형문화유산'을 정할 때 격렬히 반대했다고 한다. 아이콤의 브링크만(Brinkman) 사무총장이 보고해 준 이야기인데, 그녀가 왜 그렇게 한국에서의 대회 주제를 반대하였는지 모르겠다고 하며, 심지어는 "그녀는 언제나 문제를 만든다"고까지 하였다.

우리 조직위는 이러한 정보를 가지고 아이콤 본부 사무국과의 연석회의를 통하여 입장을 정리하기로 했다. 결론적으로 그녀의 행동은 옳지 않으며, 유네스코 사무총장의 메시지만 대독하여야 하며 5분 이내의 스피치만 하는 것으로 결정이 났다. 이를 위하여 사전에 메시지 원고를 필자에게 보내 주기를 통보하였다. 만약 계속하여 자기의 주장을 고집하면 개막식에서 연설 기회를 주지 않을 작정이었다. 이에 대하여는 아이콤의 브링크만 사무총장도 적극적인 동감을 표시하였다. 전야제 행사가 끝난 후 아이카와 여사는 필자에게 준비한 원고를 주었고 필자는 이를 '검사'한 후 되돌려 주었다. 내용은 다소 길다는 점만 빼놓으면 큰 문제는 없었다. 필자는 그녀에게 내용만 5분 이내로 다시 줄이면 문제없다고 하였고, 그녀는 "기분이 별로 좋지 않다"고 하며, 밤새 노트북에 앉아서 줄이겠노라고 하였다.

이에 대한 대체적인 평가는 그야말로 한·중·일 문화 전쟁의 양상이 벌어진 것이라는 평가이다. 중국 측의 고구려 역사 왜곡 문제, 그리고 이번의 아이콤에서의 사단도 일본 측의 무형문화유산에 관한 도전으로 해석된다. 그들은 무형문화유산에 관한 일본의 주도적인 역할과 세계에 대한 자국의 기여를 언제나 강조하고자 한다.

아무튼 개막식이 무난히 끝나고 이어서 개막공연이 벌어졌다. 국립국악원이 준비한 '살풀이'와 '학, 연화대, 처용무 합설' 작품은 궁중의 화려함과 세련됨이 어우러진 작품이었다. 궁중음악과 무용이 천 년의 전통을 가진 국립국악 기관의 작품답게 기품 있고 우아하게 연주되었다. 과연 우리 국립국악원은 무형문화유산의 보고였다. 이들이 세계를 누비고 다니면서 우리의 전통예술의 진수를 보여 준 일은 어제오늘의 일이 아니다. 국가 원수인 대통령의 국빈 방문 전후에는 언제나 이들의 연주가 있었으며, 우리가 국제사회에서 자신감을 가지고 우리의 전통문화예술을 말할 수 있음은 이들이 있기에 가능한 것이다.

세계화 시대에 우리나라에서 벌어지는 국제행사는 현재 기하급수적으로 늘어나고 있다. 지금도 2005년의 프랑크푸르트도서전 주빈국 행사, 2006년의 세계도서관대회, 2005년의 APEC 정상회의, 세계행정학대회, 세계여성학대회 등 손으로 꼽을 수 없이 많은 국제행사가 개최되었거나 개최될 예정으로 있다. 이때 우리가 보여 줄 수 있는 자원은 무궁무진하지만 필자는 특히 우리의 전통문화예술을 추천하고 싶다.

4. 전시

(1) 전시 컨셉트와 그 운영

대회 기간 중에 참가기관이나 개인 혹은 관련업체를 위한 전시행사를 생각한 것은 2가지 목적에서였다. 하나는 대회에 참가한 회원들을 위한 다양한 볼거리를 제공한다는 것과 이를 통해서 참가자들에게 박물관의 새로운 흐름을 직접 피부로 느끼는 현장의 모습을 보여 준다는 것이다. 그렇기 때문에 전시행사에 참여하는 기관, 단체, 개인은 평범한 모습보다는 무언가 새로운 흐름을 제시하는 컨셉트를 가지고 참여해야 했다. 다른 하나는 대회에 기여할 수 있도록 일정의 기부금을 참가비조로 지불한다는 것이다. 박물관은 전시 참가비용을 보다 저렴하게 하였으며, 일반 업체는 50% 이상 비싸게 받았다. 이 돈은 결과적으로 대회 운영에 커다란 효자 노릇을 하였다. 기대 이상이었다. 모두가 만족하는 상황이었으며 이 전시행사는 실로 많은 관람객들로 성황을 이루었다. 준비한 전시 팸플릿은 일찍이 동이 났으며, 대부분이 한 번 이상의 관람을 하였다. 대회 기간 중에 전시를 관람한 숫자는 4천 명을 넘어섰다.

　필자는 이를 하나의 성과라고 부르고 싶으며, 대회의 회의와는 또 다른 의미를 지닌 행사였다고 생각한다. 참가기관은 27개 기관으로서 국내 20개 기관과 국외 7개 기관이 80개 전시 부스에서 전시를 하였다. 전시 내용은 박물관의 새로운 흐름을 보여 주는 것이었으며, 특히 문화재청에서는 한국의 무형문화유산인 여러 분야의 장인들을 대거 등장시켜 20개의 부스에서 시연케 하였다. 국립중앙박물관과 국립민속박물관의 멋진 새로운 개념의 전시는 많은 이들의 찬사를 받았으며, 또한 서울셀렉션이라는 한국문화 소개 에이전시에서는 우리 문화를 외국어로 번역한 도서들을 전시하여 대회 참가자들에게 이를 소개하고 판매도 하였다. 박물관 건축업체인 시공테크사에서는 박물관의 새로운 개념을 보여 주는 설계와 모델을 전시하고 직접 시연케도 하였다. 철박물관에서는 철구조물로 다양한 작품을 구성하여 하나의 설치예술을 관람객들에게 보여 주었다. 팔만대장경을 동판에 제작 중인 우연테크는 동판에 레이저를 쏘아서 책자는 물론 대장경 조판, 그리고 사진까지 동판에 각인하는 문화재의 영구 보존 기술을 보여 주었다. 전시장 옆면에는 넓은 인터넷 카페를 설치하여 대회 기간 중에 참가자들의 통신을 도왔다. 전시장은 항상 사람들로 북적거렸고, 그곳은 무언가 축제가 벌어지는 분위기였다. 전시 개막식은 대회 개막식 직후에 별도의 장소에서 벌어졌는데, 대회의 기조연설자인 타이의 마하 짝끄리 공주와 자크 페로 아이콤 회장, 유홍준 문화재청장, 권인혁 국제교류재단 이사장, 3인의 대회조직위 공동위원장 등이 참석하여 자리를 빛내 주었다.

　전시행사를 종합 평가하면 이렇다. 전시 참가기관들은 대회의 성격을 십분 이해하여 매사에 적극적으로 협조해 주었으며, 대회 주제에 따른 다양한 전시물을 준비하였다. 그렇기 때문에 등록자들만이 전시장에 입장할 수 있었음에도 관람객이 4천 명을 상회하는 성황을 이룰 수 있었다고 생각한다.

(2) 전시장 내의 정치 문제

그런데 여기서 참으로 견디기 어려운, 예상치 않은 사태가 벌어졌다. 그것은 전시장에 일반 전시물 외에 중국과 대만 등의 국가관도 설치되었는데, 중국과 대만의 정치 문제가 불거진 것이다. 대만이 자국의 전시관 내에 자그마한 대만 국기를 걸어놓았는데 중국 측이 이에 대해 이의를 제기하였다. 즉, 대만 국기를 철거하지 않으면 중국 전시팀은 즉각 철수하겠다는 것이었다. 대회 개막 초기에도 그런 문제가 있었는데, 중국은 대만이 Chinese Taipei라는 국가명을 쓸 수 없으니 당장 떼어내라 하였다. 우리는 계속 못 들은 척하였고 중국 측은 우리를 따라다니며 자국의 주장을 했다. 실로 난감한 문제였다. 이를 수습하는 과정은 다른 불필요한 오해를 불러일으킬 우려가 있으니 생략토록 하겠지만, 가장 어려운 부분이었다.

5. 공연

공연은 누가 뭐래도 이번 행사의 꽃이었다. 우리의 전통문화가 이렇듯 세계인의 관심과 환영을 받을 줄은 정말 몰랐다. 많은 설왕설래가 있었지만 결국 우리의 전통문화로 승부하기로 결정한 것은 잘한 일이었다. 역시 어설픈 퓨전이나 상업적인 기획은 문제가 있다. 문화재청이나 문화재보호재단의 지원과 협조는 결정적이었다.

　우선 전체 행사의 시작은 전야제인 환영행사에서 비롯되었는데, 앞에서 말한 대로 여러 가지 중에서 민중의 활력과 다이나미즘을 보여 줄 수 있는 탈춤과 화려함의 극치로서 조선 시대 왕조의 의상을 아름답게 보여 주며 이야기를 전개해 나가는 세련된 전통의상을 음악에 맞추어 보여 주는 것이었다.

우리 전통문화의 퍼레이드는 대회 기간 내내 계속되었다. 개회식에서의 대북 소리를 필두로 1천4백 년 전통의 국립국악원의 시나위와 살풀이, 학·연화대·처용무 합설, 기조연설 직후의 이애주 교수의 승무, 한국의 대표 소리꾼 김수연의 판소리, 천하의 한량 박병천 선생의 진도 북춤, 그리고 강릉 관노가면극 등등. 실로 그들은 우리 문화의 샤워를 흠뻑 받았다. 대회 후 종합평가에서 그들은 이런 한국의 무형문화에 대해 가장 높은 점수를 주었다.

이에 더하여 일본의 가부키 인형 공연인 '구루마 닝교(車人形)'와 대만 아미 족의 전통음악 공연은 우리 대회의 공연 프로그램을 더욱 빛내 주었다. 전체적으로 공연 행사는 총 16회를 하였으며 3백여 명이 출연하였다. 관람객은 연인원 5천 명을 상회하였다.

6. 문화탐방

서울대회의 또 다른 프로그램은 투어, 즉 문화탐방이었다. 10월 7일 하루 내내와 대회 후 관광 프로그램을 짜서 제시하고 최종적으로 선택하게 하였다. 아무리 중요한 회의라고 하더라도 개최국에서의 관광은 필수 사항이므로 이 관광 프로그램은 장외 대회의 성격이 짙은 것으로서, 우리 문화를 알리고 체험하게 하는 귀중한 계획이다. 그렇기 때문에 조직위원회에서는 투어 프로그램을 준비하는 데 오랜 시간과 공을 들인 것이다.

전국을 문화권별로 나누고, 주제별로 구분하여 관광 프로그램을 만들었다. 문화권은 백제문화권과 신라문화권으로 나누고 주제는 국내 유적지, 사적지 및 박물관, 미술관, DMZ 등으로 구분하였다. 구체적으로는 우선 서울 시내 코스를 둘로 나누어 전통과 현대의 서울이라는 제목으로 올림픽공원(몽촌토성·한미미술관)에서 호림박물관, 용산 국립박물관, 경복궁(국립중앙박물관, 국립민속박물관), 서울역사박물관, 남산 한옥마을 등으로 하였으며, 두 번째는 사적지와 현대미술이라는 주제로 삼성미술관부터 시작하여 용산 국립박물관, 종묘, 덕수궁(궁중유물전시관), 서울시립미술관, 남산 한옥마을 등으로 하였다. 외국 참가자들의 호응도 높아서 두 코스에 약 2백 명이 참가하여 서울 문화권의 전통과 현대의 어우러진 모습을 즐겼다.

또한 경기도 역시 둘로 나누어 투어 프로그램을 만들었다. 경기도 유적지 및 미술관 코스로서 조선관요박물관(광주 도자기엑스포), 용인민속촌, 이영미술관, 화성행궁 등과 함께, 세계 유일의 분단국임을 증명하는 DMZ 코스를 만들었다. 이는 다른 나라 사람들이 특히 보고 싶어하는 코스였다. 그 코스는 용산 전쟁기념관에서 출발하여 도라산 전망대, 캠프 보니파스, DMZ, 그리고 중남미문화원으로 하였다. 외국에서 온 박물관인들은 역시 이 분야의 전문가답게 유네스코 지정 유적지와 경기도의 도자기 문화와 세계 유일의 분단국의 징표인 DMZ 코스를 선호하였다. 그래서 경기도의 도자기와 미술관, 그리고 화성행궁 코스에 2백여 명, DMZ 코스에 150여 명이 참가하였다.

신라문화권은 신라의 고도 경주 코스로서 이는 유료 관광으로 하였다. 코스 내역은 경주국립박물관에서 천마총, 안압지, 불국사, 석굴암, 그리고 서울로 하였다. 경주 문화는 이미 세계적으로 익히 알려진 코스라 그런지 이번 관광 프로그램 중 유일하게 유료로 책정했어도 사람들의 선호도는 높았다. 약 150명이 참가하여, 새벽부터 출발하여 한밤중에 도착하는 코스를 다녀왔다. 특이한 점은 러시아인들의 이 코스에 대한 관심이 높아서 참가자 가운데 가장 많은 비율을 차지하였다는 것이다.

마지막으로 백제의 고도 공주 및 과학도시 대전 코스는 대전국립중앙과학관에서 출발하여 계룡산자연사박물관, 국립공주박물관, 그리고 무령왕릉 등의 내용으로 하였다. 이 지역 박물관인들의 대회 참가자들에 대한 초청 의지는 아주 높아서 당초에는 유료로 하기로 하였으나 모든 경비를 이 지역 박물관에서 대겠다는 강한 의지 표명으로 결국 전액 초청으로 하였다. 약 150여 명이 참여하였다.

종합 평가를 내린다면, 전체적으로 외국 참가자 1천여 명이 참가한 문화탐방 행사는 서울시내는 물론 전국 각 지역의 박물관 관계자가 그야말로 헌신적으로 참여하여 주었다는 점을 먼저 말하고 싶으며, 참가자들에게는 현장에서 우리 문화의 현주소를 보여 준 내실 있는 계획이었다고 자평하고 싶다.

7. 국제 업무

국제 관련 주요 업무는 대회 주요 해외 인사 초청, 대회 보조금 수혜자 선정 및 초청, 해외 공연단 및 전시업체 초청, 파리 아이콤 사무국본부(ICOM Secretariat)와의 원활한 업무 협의, 기타 대회 관련 업무로서 등록, 일반 초청, 자료 배포, 프로그램, 관련 학회 학술대회 등이다.

전 세계에 1만3천여 건에 달하는 메일을 송수신하였으며, 파리 본부 및 각국 현지 한국 대사관과의 연락과 대회 참여 관련 질문에 대한 답변, 각국 회원들에 대한 참여 독려, 그리고 주요 인사에 대한 초청장 발급 등에 관련된 업무를 추진하였다.

이를 평가하면 세계 각지의 박물관 주요 인사들과의 인적·물적 교류로 인한 네트워크의 형성은 큰 수확이며, 이 결과 역대 최대 다수 회원의 대회 참여는 한국문화의 세계화에 중요한 계기가 되었다. 다만 못내 아쉬운 점은 아이콤 본부, 유네스코 본부, 민화협(민족화해 협력범국민협의회), 그리고 관련 부처를 통해 북한 인사를 초청하고자 많은 노력을 경주했음에도 불구하고 북한 인사가 끝내 불참했다는 점이다.

8. 국제분과위원회(IC) 회의

이번 대회에서는 아이콤 내 29개의 국제위원회와 7개의 지역 및 전문위원회(Organization Meetings)가 단독 세션(session) 또는 다른 IC와의 조인트 세션(joint session)의 형식으로 전체 20개 회의장에서 총 211개 회의가 개최되었다.

IC 활동을 돌이켜 보면 준비하는 과정이 가장 어려운 분야였다고 생각한다. 왜냐하면 실제로 이러한 국제분과위원회의 활동에 대하여 경험과 지식이 있는 전문가가 별로 없는 상황이었으며, 너무도 많은 국제분과와 지역전문위원회에 비하여 연락관으로서 자기 일을 제쳐 놓고 이 일에 전념하기 매우 어려운 일이었기 때문이다. 어느 누가 돈도 명예도 생기지 않는 일에 그렇게 매진할 수 있겠는지, 당연한 일이었다.

그러나 이번 2004 서울세계박물관대회를 계기로 IC의 한국위원들은 준비하고 공부하며 해 나갔다. 그들을 주축으로 학회를 설립하고, 돈을 거두고, 스폰서를 구하고, 페이퍼를 써 대며 준비하였다. 그 한 예로 회원 수가 가장 많은 CECA(국제교육·문화활동위원회)의 한국연락위원인 이문원 전 독립기념관장을 중심으로 한국박물관교육학회가 설립되었으며, 그 활동은 빠른 시간에 활성화되었다. 또한 UMAC(국제대학박물관위원회)은 국제위원회 중 가장 늦게 설립된 위원회이지만 구성원들은 대학의 엘리트답게 빠르게 적응하였고 유럽, 남미, 아프리카 등지에서 날아온 외국 참가자들은 서울대회에 참여하여 첫 만남의 장을 가지고 대학박물관의 나아가야 할 길을 논의하였다.

성과는 유형·무형의 것이 너무도 많지만 눈에 띄는 것으로서 박물관에 대한 인식의 커다란 변화를 볼 수 있었다. 특히 국제분과위원회를 통하여 박물관을 유물을 전시하는 단순 기능을 벗어나 대국민 교육의 장으로 활성화할 수 있는 여러 가지 방법을 모색하는 중요한 계기가 되었다. 또한, 이번 서울대회에서 진행된 프로그램의 예를 보면 발표자와 참석자들이 국내·외 다양한 박물관에서 진행되는 프로그램에 참여하여 워크샵을 통한 다양한 체험과 토론을 통해 박물관의 현재의 문제점과 향후 나아가야 할 방향을 제시하였다는 점이다.

그러나 29개의 국제분과위원회 중에서 특히 2개의 분과인 GLASS(국제유리박물관위원회)와 ICLM(국제문예박물관위원회)은 한국에 회원 수가 없고 박물관과 기념관이 2개 정도 유지되는 미비한 활동을 하는 분과위원인 관계로, 해당 국제위원회 위원장이 서울대회에 참석을 하였으나 자체 분과회의보다는 투어 위주의 진행과 다른 국제위원회와의 조인트(joint) 미팅을 통한 교류 정도에 만족해야 했다. 이것은 한국 박물관의 유물 위주의 편중된 발전을 의미하는 것으로서, 소수의 연구자와 기념관일지라도 이번 서울세계박물관대회를 계기로 박물관이 그 사회적 의미와 역할을 재검토하고, 적극적으로 기여할 수 있는 방안을 모색해야 되는 계기가 되었으리라 생각한다.

기록을 위해서 운영 방식을 부기하면 다음과 같다.

〈운영 방식〉
· 기간 : 10. 4.~6.(3일 간)
· 장소 : 코엑스 컨퍼런스 센터
· 회의 횟수 : 총 20개 회의장에서 총 211개 회의
· 진행 방식 : 워크샵, 총회 미팅, 자체 투어
· 통역 : 영·불·한 동시통역—7팀, 영·한 동시통역—5인, 영·한 순차통역— 6인
 —자원봉사자(25명)의 활동 : 회의장의 기자재 및 통역(4인—영어, 스페인, 일어, 중국어)에서 봉사
· 기자재 제공 : 회의장별 / OHP, 슬라이드, 빔 프로젝트, 노트북 각 1대씩, 유선 마이크 2대씩, 연단 1식, 방명록 비치용 테이블
· 커피 브레이크—20개의 회의장 사이에 3곳을 지정, 오전 10:30~11:30 / 오후 4:30~5:30까지 하루 2차례 운영
· IC 데스크 운영
 —설치 장소 : 장보고 홀과 등록 데스크 사이
 —내용 : IC별 프로그램 배치와 세계박물관, 미술관 등의 홍보 브로슈어, 한국의 전통음악 CD, 문화재청의 홍보물 등 자료 무료 배포 및 회의장 안내

9. 홍보

이번 대회에서 특기할 만한 일은 언론 측의 무한한 협조였다. 언론은 각 분야에 부족함이 끝이 없는 우리 조직위원회를 한량없이 도와주었다. 한 기자에게 이 말을 했더니 "그러면 어떡하느냐? 방법이 없는 것을"라고 하며 우리가 NGO로서 너무 부족하고 또한 열심히 하고 있으므로 도와주는 수밖에 없다고 했다. 실로 고맙다는 말밖에 다른 말이 필요 없었다.

대회 전후로 전후의 기자회견 및 간담회 약 10회를 개최하였고, 그 결과 방송, 신문, 잡지 등에 170여 회의 긍정적인 보도가 있었다. 모두에게 고마울 뿐.

10. 아이콤 행사 기간 중 국내 박물관 전시

대회 기간 중 국내 박물관 특별전시는 81개 기관에서 130여 회의 전시회가 개최되었다. 그것은 국립중앙박물관의 '고구려전'과 '한국전통매듭전', 국립민속박물관의 '나무와 종이전', 국립현대미술관의 '한국의 빛전', 서울시립미술관의 '서양에서 본 서울 코리아전', 각 대학박물관의 특별전시회, 호림박물관 외 사립 박물관들의 특별전 개최 등 국내 국·공·사립 박물관들의 대거 참여로 또 하나의 장외 박물관대회가 개최된 셈이었다. 모두가 기꺼이 참여하고 즐겨 주었다.

11. 폐막식 및 환송연

대회 폐막식과 함께 경기도와 경기도박물관에서 준비한 환송연이 있었다. 대회의 화룡점정이 되어 준 대회 피날레의 장식이었다. 폐막식에서는 아이콤의 새로운 출발을 선언하는 많은 결정이 이루어졌다. 바베이도스의 알레산드리아 커밍스(Alessandria Cummings) 위원이 새로운 회장으로 탄생하였고, 새로운 집행위원단이 구성되었다. 우리나라의 박물관계의 젊은이(국립민속박물관 소속의 김종석 학예사)가 새로운 집행위원이 되었다. 또한 무형문화유산에 관한 서울선언과 아이콤 윤리강령이 새롭게 채택되었다.

차기 개최지인 오스트리아 빈 시에 우리가 새로 제작한 아이콤 기를 전수하였고, 빈 시의 조직위 관계자들은 한국의 대회 운영 상황을 대회 기간 동안 면밀히 연구하였고, 이것저것 '스파이' 노릇도 하였다고 말하여 모두를 웃게 주었다. 우리 측 조직위원회와 본부 조직위 사람들은 모두가 감격적인 포옹을 하였다.

경기도와 경기도박물관 주관으로 이루어진 환송연은 역시 우리 문화를 주축으로 진행되었으며, 주최 측의 철저한 준비와 유려한 진행으로 많은 박수를 받았다. 각국의 행사 참가자들은 한국의 중앙과 지방의 무형문화유산을 고루 체험하는 기회가 됐으며, 특히 행사 마지막의 전체 참가자가 모두 참여하는 '강강술래' 춤은 매우 인상적이라는 평가를 받았다.

12. 예산 운용

대회 직전까지 가장 커다란 문제점으로 부각되었던 예산 부족 문제는 철저한 감축 운영, 등록 참가자의 증대, 대회 스폰서의 확충 등의 사유로 흑자로 전환되어 마무리되었다. 감축 운영에 대하여 말하자면 지금도 모든 사람들에게 미안한 마음을 금할 길이 없다. 위원장단을 위시하여 상임위원과 자문위원, 조직위원회의 직원들, 그리고 조직위와 관계되었던 모든 분들에게 감사한 마음뿐이다. 한 번도 직접적으로 표현한 적은 없었지만. 그 많은 회의와 출장에 월급은커녕 회의수당 한 번 지급한 적이 없으며, 출장비 한푼 지원하지 못하였다. 혹자는 이에 대하여 불만한 적도 있었지만 어쩔 수 없었다. 우리는 순수한 NGO의 정신으로 이 일을 했기 때문이었다. 오히려 그들은 자기 주머니를 털었다.

또한 대회 중에도 다른 국제대회와 달리 최소 비용을 들였다. 칵테일 시간을 대폭 줄이고, 건배 제의를 최소화하고, 연회를 없애고, 흔히 지급되는 위원장 신용카드는 처음부터 없었다. 회의 후의 회식은 가장 값싼 식당으로 하여 불평 아닌 불평을 자주 들었다. 공연장의 음향과 조명은 꼭 있어야 할 기본만 설치하였다. 공연단은 최고의 국립공연단으로만 하여 비용은 안 들고 질은 최고로 하였다. 그러나 본말이 전도되지 않도록 대회에 필수적인 통역과 장비, 그리고 대회기념품인 가방, 사무용품 등과 풍성한 마음은 아끼지 않았다. 그렇기 때문에 우리 대회의 참가자들은 아이콤 역사상 최고였다고 평가해 주었다고 생각한다. 이렇게 해서 우리 대회의 경비와 예산은 통상의 국제대회의 1/3~1/10 정도의 것이 되었다.

대회 스폰서에 대하여는 우리 사회의 문화 수준을 말해 주는 부분이 되는데, 우리나라의 업계는 어려운 경제 여건 속에서도 너무도 헌신적으로 우리를 도와주었다. 삼성문화재단을 비롯해서 시공테크, 그리고 각 문화재단이 그러하였다. 또한 국립기관의 헌신적인 지원은 너무도 컸다. 국립중앙박물관, 국립민속박물관, 경기도립박물관, 서울시립역사박물관, 국립중앙과학관, 전쟁기념관 등의 기관은 기관 고유의 업무도 바쁜 중에 이루 말할 수 없는 지원과 적극적인 참여를 해 주었다. 모든 분들께 마음 깊이 감사의 말씀을 드린다.

우리 대회는 실로 가장 어려운 여건이었지만 대회의 성공과 함께 흑자가 됐다. 이는 향후 다른 모든 국제대회와 문화 NGO 주관의 국제대회에도 모범사례가 될 것으로 확신한다. 그리고 흑자 잉여금 처리는 박물관 발전을 위한 기금 등으로 사용되어야 할 것으로 본다.

IV. 박물관과 무형문화유산
―2004 서울세계박물관대회가 우리에게 남긴 것

1. 문화정책적 함의(含意)

문화와 문명은 지식, 신앙, 예술, 도덕, 법률, 관습 등과 인간이 사회의 구성원으로서 획득한 모든 능력과 관습을 포괄하는 전체[64]라고 접근하는 문화인류학적인 정의는 이번 대회를 지켜보면서 새롭게 다가온다. 그렇기 때문에 문화를 사회 내부에서의 전형적인 생활양식, 가치관념, 행위 방식의 총체로 보고 이에 대한 정책 운영을 통하여 국가는 그 사회의 동질성을 확보한다고 생각한다. 동시에 문화는 그 특수성과 보편성으로 인하여 인류의 공통하는 정신 영역으로 작용하고 있다는 것은 재론의 여지가 없을 것이다.

이번 서울대회의 포럼회의에서 임돈희 선생이 '인간문화재와 무형문화유산의 보존 : 경험과 문제점'의 강연을 통하여 문화의 상대성과 다양성을 강조하면서 근대의 문화적 조류가 서구문화에 대해 비서구문화를, 남성문화에 대해 여성문화를, 엘리트 문화에 대해 민속문화를, 그리고 유형문화에 대해 무형문화에 행한 차별이 자행되어 왔다고 지적한 것은 일응 타당하다고 본다. 분명히 세계화의 진행 속에서 서구문화는 전 세계로 확산되는 반면, 많은 비서구문화는 상대적으로 위축되거나 사라져 가고 있는 상황이 존재하기 때문이다.

문화정책의 본질적인 목표와 방향이 한 사회 내에서의 문화적 다양성의 추구와 동질성의 회복이라면 그의 지적처럼 인류학, 민속학, 그리고 여성학과 같은 학문들의 성과에 의해서 각 문화는 어떤 문화보다 더 우월하고 가치 있는 것이 아니라 다 나름대로 중요하고 가치 있다는 상대적 개념으로 보게 되었으며, 이러한 인식은 유네스코의 '문화의 다양성' 선언과 맥을 같이 하고 있다고 본다. 그런 점에서 이번에 한국에서 '박물관과 무형문화유산'이라는 주제로 대회를 열게 된 것은 인류문화의 제반 문제에 대한 구체적인 문화정책적 접근이라고 생각한다.

또한 이어령 선생이 기조 강연의 제1주제인 '박물관과 무형문화유산―어제와 오늘'에서 '잃어버린 삶을 담는 그릇 만들기―무형문화재의 보전 발전계승'이라는 제목으로 "문명은 충돌하는 것이 아니라 상호의존적인 것이며 조화와 공존 속에서 번영해 가는 생명체"라는 탁월한 주제 해석과 의미 부여가 있었다. 이어령 선생은 2003년 파리에서 열린 제32

---

64 Edward Brunett Tylor(1958), *Primitive Culture,: Researches into the Development of Mythology, Philosophy, Religion, Art and Customs*, 2 Vols. Gouchester, Mass.: Smith, Vol. 1: Origins of Culture, p. 1.(Milton Singer, Art, The Concept of Culture, in: International Encyclopedia of Social Sciences, Vol. 3. The Macmillan Company & The Free Press, 1968, p. 527.)

차 유네스코 총회에서 채택한 무형문화유산 보호협약의 의미 부여를 통하여, 이 협약이 통과됨으로써 그동안 지적되어 오던 유형문화와 무형문화 간의 불균형이 해소되는 계기를 마련하게 되었으며, 그것은 곧 집단 혹은 민족의 역사와 자연, 환경 속에서 창조되어 계승되고 있는 표상(representations), 관습(practices), 지식(knowledge), 기술(skills) 등의 무형문화유산과 관련된 물질문화(instruments, objects, artefacts), 문화적 공간(cultural spaces)까지도 포함한 무형문화는 해당 집단, 민족의 아이덴티티와 공동체 의식의 형성과 밀접한 관련을 가지고 있다고 지적하였다. 그리고 그것은 궁극적으로는 인간문화의 다양성과 창조성과 관련된다고 한 것은 이러한 문화정책적 함의를 적시한 것으로 판단된다.

2. 무형문화유산의 현대적 의의와 그 보호

인류의 무형문화유산에 관한 자각과 새로운 의미 부여는 최근 3년간 일련의 맥락을 가지며, 우리에게 다양한 문제의식을 고취시켜 주고 있다. 그것은 먼저 유네스코에서뿐만 아니라 아이콤 산하 지역위원회에서도 무형문화유산 보호에 관하여 2002년 10월 ICOM-ASPAC(Asia-Pacific Regional Organization) 제7회 총회가 상하이에서 열렸는데, 여기에서 '박물관, 무형문화유산과 세계화(Museums, Intangible Heritage and Globalization)' 주제로 토의하게 된 것은 실로 시대의 변화를 의미하는 것으로 보인다. 그 회의에서는 이어령 선생의 지적처럼 무형문화 유산에 대한 정의와 여러 개념들, 무형문화의 도큐멘테이션 보존 방법, 무형문화 유산과 해석, 전문가와 공동체와 관공서를 통한 협조와 협력 등 구체적인 문제의식을 공유하기에 이르렀던 것이다. 나아가 무형문화유산에 대한 박물관의 가이드라인으로서 '상하이헌장(Shanghai Charter)'이 채택된 것도 유형이든 무형이든 인류 문화유산 보호의 필요성이 강하게 대두된 것으로 볼 수 있다.

또한 2003년 10월에 유네스코 무형문화유산 보호협약이 채택된 배경과 의미를 살펴보아도 이는 전 인류적인 무형문화유산 보호의 문제를 새롭게 검토하는 계기가 마련된 것이라 할 수 있을 것이다. 이 협약은 무형문화유산에 대한 정의를 다음과 같이 내렸다.

"무형문화유산이란 공동체나 그룹, 혹은 경우에 따라 개인이 문화유산으로 인정하는 관행, 표상, 표현, 지식이나 노하우뿐 아니라 이와 연관된 문화적 도구, 사물, 인공물, 공간을 포함한다. 무형문화유산은 세대를 거쳐 전해져 내려오면서 해당 공동체의 환경, 자연과의 교감, 역사에 따라 끊임없이 재창조되는 것으로 해당 공동체의 구성원들에게 정체성과 지속성을 부여하며 문화적 다양성 및 창조적 활동의 촉진에 기여한다."

유네스코는 이러한 정의를 통해서 무형문화유산이 인류에게 정체성과 지속성을 부여하며 문화적 다양성 및 창조적 활동의 촉진에 기여한다는 점을 강조하고 있다. 이는 다시 말해서 무형문화유산 보호정책이야말로 문화정책의 핵심과제라는 사실을 가리키는 것이며, 동시에 우리에게 국가 문화정책의 존재 이유와 방향을 제기해 주고 있다.

알제리의 바글리(S. A. Baghli) 씨는 유네스코의 문화자문관이며 알제리의 전 국립박물관장과 문화부장관을 역임한 인물이다. 또한 2003년 유네스코 무형문화유산 보호협약이 탄생하기까지 핵심적인 역할을 한 인물이기도 하다.

그는 기조 강연에서 '무형문화유산 보호협약과 박물관의 새로운 미래'라는 제목으로 2003년 10월에 있은 유네스코 무형문화유산 보호협약 채택의 배경과 의미에 관하여 피력하면서, 무형문화유산 보호협약을 채택하는 일은 그 정치경제적 파장이 매우 크다는 점과 그것이 관광, 교육, 지적재산권 및 문화적 재산권과 관련하여 기득권이나 기존의 이해관계와 충돌할 위험성을 지적하였다. 그러하기 때문에 개도국의 대표들이 세계화의 여파를 지적하면서, 무형문화유산의 훼손 문제, 그리고 강대국이나 선진국들이 후진국의 미디어를 독점하고 있는 문제 등을 언급하는 상황이 제기된 것이라 하였다. 결과적으로 무형문화유산을 정의하고 그 적용 범위를 규정하는 것은 이 복잡다단한 문제에 접근하기 위한 첫 번째 단계라는 무형문화유산의 현대적 의의에 관하여 설명하였다.

2004 서울세계박물관대회는 이러한 움직임을 총정리하는 의미를 가진다고 생각한다. 박물관과 무형문화유산이라는 주제의 이번 대회를 기념하기 위하여 2004년 5월에 발간한

유네스코의 박물관지(Unesco, 「Museum International」)에서는 유네스코에서 줄기차게 시도하고 있는 인류의 무형문화유산 보호와 보존정책에 대한 일련의 논의를 게재한 무형문화유산 특집을 실었다. 인류의 구전 무형유산에 관한 영상 CD를 첨부한 이 특집호는 크게 무형문화유산의 정의에서부터 2003년 유네스코 무형문화유산 보호협약에 대한 비판적 검토, 그 보호에 따른 문제점, 무형문화유산에 관한 국제적인 정책과 논의점 등에 대하여 광범위하게 다루었다.

또한 우리 대회에서는 박물관과 무형문화유산에 관한 4개의 기조연설과 2개의 포럼회의, 그리고 3부의 공동주제회의에서 총 32개의 발표와 논의가 있었다. 이러한 광범위한 논의는 무형문화유산의 현대적 의미를 재조명하고 그 보호에 관한 다양한 접근 방식을 모색하는 것이라 할 수 있다. 그리고 지난 반세기 동안 유네스코에서 주도한 무형문화유산 보호·보존정책 시스템에 대한 문제제기와 박물관의 새로운 역할을 조명한 것으로 요약할 수 있을 것이다.

사실상 현재까지는 유네스코의 무형문화유산의 보호·보존방식은 중앙국가적 시스템에 의해서 주로 이루어져 왔으며, 그것을 중심으로 한 논의가 주였다 해도 과언이 아닐 것이다. 유네스코의 내부 구성원도 박물관 전문가나 일선의 큐레이터라기보다는 관료 시스템에 익숙한 행정가적인 면이 많으며, 동시에 유네스코의 각국 업무 파트너도 국가 단위의 중앙 행정기관인 경우가 대부분인 것이 현실이다. 또한 2002년의 상하이헌장도 아이콤의 공식적인 선언이라기보다는 한 지역위원회의 의지 표명 정도의 의미 이상은 아니었다고 본다. 그렇기 때문에 무형문화유산 보호·보존에 대한 진정한 선언과 그 출발점은 2003년 유네스코 무형문화유산 보호협약과 함께 이번 대회에서의 무형문화유산에 관한 서울선언이며, 대회 기간 중에 다각도로 논의한 제반 사항일 것으로 본다. 그렇기 때문에 대회 참여자들과 전문가들은 한결같이 무형문화유산은 어떻게 보호하며, 왜 보호해야 하는지에 관하여 언급하고, 유네스코의 업무와 세계지적재산권기구(WIPO)의 업무의 구분을 통하여 문화유산 보호정책의 방향을 제시하고 있는 것이다.

특히 바글리 선생은 1972년의 협약과 2003년의 협약 간의 본질적 차이를 언급하면서, 1972년 세계문화 및 자연유산 보호협약의 대상이 된 유형문화유산은 고정적인 것이며, 특정한 시간과 공간에 한정된 것이었다고 하며, "보편적이고 우수한 가치"를 지닌 문화유산이 보존의 대상이었다는 사실을 설명하였다. 반면, 2003년의 무형문화유산 보호협약은 인류의 삶과 직결되어 있는 문화유산, 끝없이 변화하며 특정한 시간이나 공간에 한정되어 있지 않은 문화유산을 보호하는 것이라 하였다. 나아가 각각의 무형문화유산이 가지는 '고유의 가치'에 대하여 언급하였다. 그러므로 살아 있는 문화유산이나 문화에 등급을 매기는 것은 위험한 일이라고 경고하기도 하였다.

문제는 이제까지의 통념상 전시와 보존이 불가능한 것으로 여겨졌던 상징과 메시지 같은 무형의 것들에 대한 문화유산으로의 인정에 관한 것이며, 그 본질적인 것을 어떻게 찾아서 인류 문화유산으로 할 것인지가 될 것이다. 그렇기 때문에 무형문화유산은 국가 문화정책의 가장 핵심적인 대상이 되어야 하는 것이며, 한 국가의 문화정책은 그 구성원 개개인의 문화적 발현이 이루어질 수 있도록 하여야 하며, 그 본질적인 가치가 모두에게 전파되어 이어져 갈 수 있도록 하는 것이라 믿는다. 2004년 세계박물관대회의 주제를 '박물관과 무형문화유산'으로 정하게 된 것도 바로 이러한 이유에서일 것이다.

3. 박물관의 역할과 그 의미의 확장

이제 당연한 논리의 귀결로서 박물관의 역할과 그 의미에 대하여 말할 차례가 온 것 같다. 2003년 채택된 유네스코 무형문화유산 보호협약은 오늘날까지 소홀히 다루어져 왔던 무형문화유산을 보호하고 그 가치를 부각시켜야 한다는 문제의식의 표명이라는 사실을 확인하였다. 그리고 2004년의 서울대회에서는 한걸음 더 나아가 이에 관한 박물관의 역할과 그 의미를 확장하는 다양한 제안과 논의가 있었다. 그것은 무형문화유산에 대한 현대적 의미를 재조명하고 이에 따른 박물관의 역할, 접근 방식, 의미의 확장, 구체적인 사례 연구 등을 통해서 이루어졌다.

먼저 김홍남 관장은 '무형유산과 박물관 활동 : 한국의 이화여대박물관과 프랑스 르 콩소르시움 아트센터의 사례' 발표를 통하여 이화여대박물관장 재직시 우리나라 지방의 사라져 가는 무형문화유산의 보존 경험을 생생하게 밝혔다. 그는 발표문에서 한국의 이화여대와 유사한 경험이 있는 프랑스 디종의 르 콩소르시움 아트센터(Le Consortium Art Center)의 사례를 비교하면서, 현대 박물관이 소멸되어 가는 무형유산의 보존과 재해석에서도 훌륭한 역할을 할 수 있다는 것을 보여 주었다.

전통적으로 박물관은 아이콤이 규정하는 바와 같이 그 주요한 기능이 유형적 유물들의 전시와 보존, 그리고 교육이라 할 수 있는데, 이화여대박물관의 전남 영암군 구림리 프로젝트에서는 유형의 소장품 지향적인 박물관 개념과 프로그램에서 벗어나 소장품의 원래의 맥락을 찾고, 대화와 현장 경험과 현장 고유의 프로그램을 통해서 문화유산의 보존과 재해석에 대한 박물관의 역할을 재정의한다는 것이었다. 그렇게 함으로써 이 마을의 유형·무형 유산의 복원과 활성화를 돕고, 이를 통해 이 마을의 문화적 정체성을 재확립할 수 있다는 계획이었으며 결과적으로도 그렇게 하였다.

리처드 커린(R. Kurin) 미국 스미스소니언 민속생활박물관장은 '박물관과 무형유산 : 죽은 문화인가 산 문화인가?'에서 박물관이 과연 무형문화유산을 보호할 수 있을지에 대하여 질문을 던졌다. 이를 위해 전통적인 박물관의 개념과 형태, 접근방법론 등을 바꾸어 나가야 되지 않는가를 물었다. 이러한 새로운 개념의 박물관 형태로서 그는 스미스소니언이 최근 개관한 국립 아메리칸 인디언 박물관(National Museum of the American Indian)의 창설 사례를 들었다. 이 박물관은 새로운 박물관상, 즉 원주민 문화공동체의 연속성과 창조성을 장려하고 지원하는 것을 목표로 한 활동과 공동체 서비스 프로그램을 지닌 박물관상을 제시하여 '제4의 박물관'이라 불릴 수 있다 하였다. 결국 이러한 구체적인 사례들은 박물관이 종래의 역할 범위에서 벗어나야 하며, 그렇게 함으로써 박물관은 인류문화를 실천하고 창조하는 일을 하는 곳이라는 분명한 메시지를 우리에게 전달해 주었다.

방법론상의 논의에 있어서는 현대의 뉴미디어와 커뮤니케이션의 능력을 무형문화유산의 보호와 보존에 사용하는 문제와, 이를 통하여 메시지와 이미지를 전파시켜서 인류의 문화유산으로 간직하는 구체적인 방식을 논의하였다. 이어령 선생은 이를 문화적 자산(cultural assets)에서 디지털 자산(digital assets)으로의 이행이라 설명하였다.

이제 박물관의 미래에 관한 논의는 하나의 도전 영역이 되고 있으며, 인류문화의 저장고인 박물관과 박물관 학자들, 그리고 문화정책가들이 담당해야 할 일이라고 본다. 이에 관한 매우 의미 있는 사례는 일본의 마츠조노 마키오(松園万龜雄) 일본국립민족학박물관장이 제시해 주고 있다. 그는 '박물관, 무형문화유산, 그리고 휴머니티 정신'의 기조 강연에서 무형유산을 기록하고 보존함에 있어서 무형유산의 살아 있는 특성을 인정해야 한다고 하며, 이를 보호·육성·발전·전승함에 있어서 박물관의 역할을 강조하였다.

이는 과거 아프리카 구지 족과 케냐의 지역공동체에서 관습헌법을 성문헌법화 하는 과정에서 발생한 문제점에 대한 것으로서, 문서화되지 않은 관습법이 나타남으로써 과거에는 여러 가지 특수한 상황에 따라 적응할 수 있었던 융통성은 사라져 버렸으며, 이 때문에 케냐 사회는 많은 혼란을 겪어야 했다는 것이다. 무형문화를 유형화시키는 일은 아주 조심스러운 접근을 하여야 한다는 교훈을 보여 준 사례였다. 박물관이 이런 유산을 기록하고 전시할 때는 그것이 다양하며 복잡한 현실로부터의 추상에 지나지 않는다는 사실을 항상 인식하여야 할 것이라는 메시지를 전달해 주고 있다.

이것은 특히 무형문화유산에 관한 서울선언에 규정하고 있는데, 그 주요 내용은 다음과 같다.

> 무형문화유산 보호에 관한 유네스코의 협정을 지지하고, 모든 정부가 이 협정을 비준하도록 강력히 추진한다. 또한 실제적으로 매우 중요한 문제인 '무형문화유산 진흥기금 조성(Intangible Heritage Promotion Fund)' 수립을 장려한다. 그리고 각국의 국립과 지방의 기관들에게 무형문화유산 보호를 위한 적당한 지방법

과 조약들을 채택하고 효과적으로 이행하도록 격려한다는 것과 박물관은 무형문화재에 특별한 관심을 기울이고 상업화 등 무형문화재의 오용(誤用)에 대항하도록 권유한다. 박물관 전문가들을 위한 모든 교육 프로그램은 무형문화유산의 중요성을 강조하고 자격을 위한 필수 요건으로 무형문화유산에 대한 이해를 포함하도록 권고한다. 지역기구, 국가 위원회와 기타 아이콤 기구는 법적 장치의 개발과 이행, 그리고 효과적인 이행 책임자의 교육훈련을 위해 지역기관들과 긴밀한 협력을 이루어지도록 촉구한다 등.

이렇게 2003년의 무형문화유산 보호협약과 이번 대회를 기점으로 각 지역의 박물관이 그 역할과 외연을 넓혀서 무형문화유산을 보호·보존하는 역할을 가지게 될 때, 문화유산은 진정으로 지역성을 가지게 되며 특화될 수 있고 생명력을 가지게 된다 할 수 있을 것이다. 이렇게 함으로써 문화유산은 더욱 생생해지고, 지역주민과 지방문화는 자연히 참여하게 될 것이다. 이야말로 문화의 민주화, 지방분권화, 그리고 문화 복지의 구현이라는 문화의 본질에 이를 수 있는 최적의 방향이며, 이를 통해서 문화적 동질성과 다양성을 회복시킬 수 있을 것이다. 현대 문화의 키워드가 되고 있는 '인류의 지속 가능한 발전' 방식은 바로 이러한 것이라고 본다.

4. 문화경영과 컨벤션

문화경영은 문화경제학의 한 지류로 요즈음 부상하는 새로운 분야이다. 이를 한마디로 정의할 수는 없으나, 문화의 세기라고 불리는 현 시점에서 '인간다운 삶'을 실현하기 위해서 어떻게 하면 문화 공급자와 문화 수요자를 매개하여 한편으로는 문화예술을 진흥시키며, 또 한편으로는 문화 공급과 수요를 확장하는 문화경제 행위라고 말할 수 있다. 다시 말해서 문화경제학은 엄연한 주류사회의 현상으로서의 문화예술을 문화예술 그 자체에 방치하지 아니하고 국가적으로는 문화예술 정책의 차원에서 진흥시키고, 문화예술계 내부에서는 스스로 발전 방향을 모색하여 문화예술의 생산과 소비, 그리고 유통의 전 과정을 경제 현상으로 이해하여 이를 사회과학적인 방법론으로 발전시켜 나가는 행위이다.

당초 1960년대에 공연예술 활성화를 위해서 그 재정적 위기를 극복하고, 한발 더 나아가 공공지원의 필요성의 논리를 모색하기 위해서 등장한 예술경제학은 점차 대상 범위를 확대하여 문화예술의 지역 발전과 사회 공헌을 탐구하며, 문화예술기관의 경영관리적 측면과 문화 산업적인 분야에 이르기까지 하였다. 여기에는 크게 2가지의 범주가 있다. 우선 문화예술계 자체만을 보면 다음과 같다. 문화예술 시장의 문제로서 문화예술의 공급 측면에서 예술의 가격과 시장 형성, 문화 산업, 문화예술경영 등이 있으며, 수요 측면에서는 문화예술의 접근성-가격과 소비자의 소득 수준과의 상관관계, 그리고 만족도, 취향의 변화 등이 있다. 공공정책으로서의 문화정책은 문화 인프라의 구축-도서관, 박물관, 공연장 등 문화 기반시설의 구축과 지적재산권과 같은 각종 제도의 확충 등의 공적 지원 제도의 확립이 있다. 나아가 기업메세나와 같은 문화예술계와 기업과의 연계도 매우 중요한 문제이다.

그러나 이것은 아직은 남의 나라 이야기이고, 우리의 실정을 보면 조금 다르다. 인문학이나 사회과학 분야의 전문서적은 1천 부가 팔리기 어려우며, 연극이나 오페라 공연의 고정 관객은 역시 5천 명이 넘지 않는다. 이러한 실정에서 문화경영이나 문화경제학을 논하는 것은 어찌 보면 넌센스일 수 있다. 그렇기 때문에 우리는 좀더 치열한 현상 인식과 문제의식을 가지고 문화예술을 대하여야 한다. 이 땅에서 문화예술을 한다는 것은 '경제'나 '경영'보다는 많은 것과의 '투쟁'이 필요하며, '마음 상함'에 대한 대비책을 마련해야 한다는 것이다. 문화 공급을 하기 위해서는 너무도 많은 기관과 사람을 투쟁에 가까운 설득을 해야 할 것이고, 이때 마음 상함은 당연한 귀결인 것이다.

영국의 문화예술 행정학자인 존 픽(John M. Pick)이 저서 『문화예술 행정의 제문제 Questions in Arts Administration』에서 "문화예술 행정가는 기업가나 행정가가 아니며 사회사업가도 아니다. 그의 의사 결정은 본질적으로 미학적이며 재정적, 법적 제약을 고려하며 경영 이론의 도움을 받아 복잡한 정치적, 사회적 여건들을 염두에 두기도 하지만 결국 이들 전체의 조화 감각에 의하여 의사 결정을 한다"고 한 것은 정확한 판단이다.

여기에 첨언한다면, 한국에서의 문화예술경영에 관한 의사결정은 재정적, 정치적, 사회적 여건을 '고려'하기보다는 그 여건들과의 '투쟁'을 잘해 나갈 수 있어야 한다는 것이다. 그 나라의 꿈의 크기와 박물관, 미술관의 숫자는 정비례한다. 문화가 척박한 땅에서 꿈을 경영한다는 것은, 마치 자갈투성이의 산비탈에서 농사짓는 것과 같이 많은 고통과 치열한 문제의식을 가져야만 해결할 수 있는 현상이 엄연히 존재하는 것이다.

어찌 박물관뿐이겠는가? 도서관과 공연장을 위시해서 문화예술의 현장 모두의 공통된 상황일 것이다. 이를 슬기롭게 경영해야 한다. 모든 경영기법을 총동원하고, 문화 인프라를 충분히 활용하고, 문화예술계는 물론 각계각층의 인적·물적 네트워크를 가동해야 한다. 특히 언론계의 도움과 활용은 그중에서도 중요하다.

2004 서울세계박물관대회는 문화경영의 대표적인 사례로 평가될 수 있다. 대회 준비와 운영을 통하여 박물관과 무형문화유산이라는 새롭게 확장된 문화 영역을 제시하거나 창출하였으며, 박물관에 있어서는 그 역할과 의미의 확대를 절실히 체득케 하여 문제의식을 공유할 수 있게 되었다. 그리고 문화정책적인 측면에서는 무형문화유산이라는 새로운 정책 목표를 던져 주었다. 그렇게 함으로써 문화 공급과 문화 수요를 동시에 확장하는 계기가 되었다.

결론적으로 말하면, 문화경영은 우리의 시대정신을 문화 속에서 찾으며, 문화 속에서 구현한다는 것이다. 시대정신을 문화 속에서 찾는다는 의미는 문화는 우리의 삶의 모습이고 방법이기 때문이다. 시대정신을 금전적 가치나 정치적인 정략이나 행태에서 찾을 수는 없기 때문이다.

컨벤션(convention)은 원래 회의를 뜻하는 말이지만 현재에는 관광 분야에서 사용되는 전문용어가 되었다. 관광학에서는 대규모 국제 및 국내 회의와 이에 부수되는 전시와 이벤트를 총칭한다. 현재와 같이 국경이 없어진 세계화 시대에 컨벤션은 일상의 다반사가 되었으며, 컨벤션 산업으로까지 확대되었다. 이러한 컨벤션에 우리가 주목하는 이유는 현대의 문화와 관광이 결합한 '문화관광'의 흐름 속에서 단순히 문화 국제회의(컨벤션)를 개최한다고 하는 명분만을 내세우는 것은 시대착오적이며, 앞에서 언급한 문화경영의 다른 중요한 측면과 함께 그 자체가 문화행위라는 성격을 가지고 있기 때문인 것이다.

전 세계적으로 국제회의 개최 건수[65]는 2003년도 말 현재 약 9천5백여 건이며, 그중에서 미국이 단연 선두로서 1천1백 건, 일본이 아시아의 선두로서 219건, 그리고 우리나라가 160건으로서 아시아 2위·세계 18위를 차지하고 있다. 국제회의 기간이 보통 4~5일에서 일주일 정도라는 점을 감안해 볼 때, 그야말로 현대인은 국제회의의 홍수 속에서 살고 있는 셈이다. 국제회의는 고부가가치산업으로서 세계 각국은 이를 유치하기 위하여 혈안이 되고 있는 실정이다. 통상 국제회의라고 할 때 이에 대한 UIA(Union of International Association, 국제회의연합)의 정의는, "공인된 국제기구가 직접 주최하거나 후원하는 회의와, 개최되는 회의 중에서 참가국 수가 5개국 이상, 전체 참가자 수가 3백 명 이상이고 참가자 중 외국인이 40% 이상, 회의 기간이 3일 이상"을 말한다. 각국이 국제회의를 유치하는 데 혈안이 되고 있는 이유는 다음과 같다.

첫째는 국가 문화 교류와 홍보의 효과를 들 수 있다. 국제회의에 참가하는 참가자들은 개최국에서의 컨벤션은 물론 회의 기간 중 개최국의 문화와 전통, 그리고 현지 사람들과의 교류 등을 통하여 자연스럽게 문화 교류가 이루어지고, 회의 참가자들의 특성인 분야별 전문가, 혹은 지도급 인사들이기 때문에 개최국의 이미지 전파 효과는 다른 홍보 수단보다 매우 크다. 홍보 중에서 '입소문'이 가장 효과가 크다는 것은 상식이기 때문이다. 또한 컨벤션을 통해서 참가자와 주최자 모두는 상호 정보 교환이나 이해 증진을 모색할 수 있다. 우리나라의 경우 과거 컨벤션을 통하여 미수교국이나 공산권 국가들과의 교류로 국가 이미지 개선 효과를 거둔 사례가 참으로 많다. 아이콤 한국위원회에서도 지난 1970~90년대까

---

[65] 한국관광공사(2004), *Conventions and Exhibitions in Korea*.

지 미수교국인 소련, 중국 등에 입국하여 비장한 마음으로 회의를 하고 우리나라의 문화를 소개하고 그들과 교류한 일들은 지금도 유쾌한 비사(秘史)로 전해지고 있다.

그뿐만 아니라 우리나라는 지역적으로 불리한 관계로 이런 종류의 국제회의를 개최함에 있어서 보다 많은 노력이 필요하다. 그렇기 때문에 우리는 국가 이미지를 높이는 일을 게을리해서는 안 된다. 의외로 우리나라에 대해서 외국, 특히 유럽에서 잘 모른다. 일본과 중국에 비하여 대외인지도는 매우 낮다. 이번 세계박물관대회에서 우리는 문화로 승부하기로 하였다. 우리는 한국을 대표하는 문화예술인들을 총출동시키기로 하였다. 그리고 보다 많은 문화행사를 기획하여 전야제부터 폐막식에 이르기까지 한국문화의 세례를 퍼붓기로 하였다.

둘째로는 사회적, 경제적 효과를 들 수 있는데, 어느 지역에 컨벤션센터가 세워지고 국제회의를 유치하게 되면 자연히 그 지역의 사회간접자본(SOC)이 구축된다. 즉, 지역 교통망과 숙박시설이 확충되고, 지역 내의 생활환경이 개선된다. 또한 이를 통하여 개최 지역 내의 고용증대 효과가 이루어진다. 중요한 사실로서 컨벤션 참가자는 일반 관광객에 비하여 체제 일수가 길고, 소비 수준도 3배 이상이 높아서 외화 획득과 지역경제 활성화 측면에서 일반 관광객의 유치보다 유리하다.

실제로 이번 2004 서울세계박물관대회 기간 중에 행사장인 코엑스 인근에 위치한 각 백화점과 쇼핑몰에서는 때 아닌 특수가 이루어져 8일 동안 엄청난 매출을 올렸다고 한다. 이를 구체적으로 계산해 보면 이러하다. 통상 외래 관광객이 우리나라에 와서 3박 4일 동안 평균 1천5백 달러 정도의 소비 지출을 하는데, 우리 대회는 전형적인 컨벤션으로서 대회 참가자들이 대회 기간인 7박 8일을 머물렀다고 하면, 1천5백 달러의 3배인 4천5백 달러를 2배하여 1인 당 평균 9천 달러를 소비한 것이다. 다시 이를 전체 외국 참가자 수로 곱하면 9천 달러×1천5백 명=1천350만 달러가 된다. 우리 돈으로 환산하면 162억 정도가 된다. 다시 말하면 관광경제학적 입장에서 볼 때 우리 대회를 통하여 지역경제에 162억의 기여가 있었다는 평가를 내릴 수 있다.

V. 해질녘 오후 언덕에 서서 고향 마을을 내려다보다 — 맺는말

이제 우리는 너무도 많은 할 말을 가슴에 안고서 해질녘 오후 언덕에 서서 고향 마을을 내려다보고 있다. 그곳은 정겨운 이웃들과 가족이 있는 곳이며, 새로운 출발을 기약하는 휴식처이기도 할 것이다. 다가올 새로운 도전 영역을 마음속 깊이 기대하면서 간단한 기록의 글을 맺는다. 다만 그전에 가슴속 할 말의 일단을 꺼내 보고자 한다.

우리가 대회의 성공을 말하고, 자축하지만 우리의 마음은 결코 가볍지 않다. 그 이유는 이 다음 단계에 대한 몇 가지 생각과 걱정 때문이다. 그것은 문화정책 당국과 박물관, 그리고 박물관 관계자(큐레이터, 전문가, 학자) 모두에 해당하는 문제라고 생각된다. 월드컵에서 세계적인 기록을 세우고도 불과 2년이 지나지 않아 흐지부지되는 상황이 우리에게 전개되지 않으리라는 보장이 없기 때문이다. 이번 대회에서 제기된 엄청난 이슈들과 제안들, 그리고 문제의식들을 어떻게 차분히 정리하여 과제화할 것인가? 우리 박물관계에 일기 시작한 박물관에 대한 새로운 자각과 확대된 역할과 의미를 어떻게 박물관 발전으로 연계시킬 수 있을 것인가? 무형문화유산의 현대적 의미를 박물관에서 어떻게 구체적으로 수용할 수 있을까? 일반인들에게 박물관을 어떻게 친근하게 느끼게 할 수 있을까? 그리하여 박물관이 종래의 박제화된 유물 저장소가 아닌, 진정으로 지역공동체의 문화적 정체성을 가지게 하며, 유형·무형의 문화유산을 수용하여 인류의 문화적 다양성을 보존하는 문화의 전당으로 자리하게 할 수는 없을까?

이러한 질문들에 대한 답은 누구도 쉽게 내릴 수는 없을 것이다. 다만 각자의 입장에서 한두 가지 제안은 할 수 있을 것이다. 필자도 몇 가지를 제안한다면, 앞으로 이번 대회의 주제를 가지고 조촐한 포럼 성격의 국제회의를 가지면 어떨까 한다. 문제의식을 가진 몇몇의 학자와 전문가들, 그리고 박물관의 실무자들이 모여서 실제 현장에서 가지게 된 문제점을 허심탄회하게 논의하고, 그 해결책을 모색하는 포럼 또는 세미나를 개최하여, 앞으로도 계속 이번 대회의 의미를 추론해 가는 것이다.

나아가 무형문화유산에 관한 국제 학술잡지를 창간하는 것은 어떨까? 크게 어려울 것 같지는 않다. 아이콤 사무국 혹은 유네스코 담당자들과의 합의만 있으면 가능하리라고 본다. 비용 문제도 크게 들지 않을 것이고, 행정 당국에서도 반대할 것 같지는 않다. 2004년에 등록하였던 우리나라의 박물관 사람들만도 5백 명이 넘는데, 이는 그만큼 자기가 속한 박물관과 우리 학회의 발전에 대한 목마름이라고 본다. 그 무엇인가를 계속 기대한다는 뜻일 것이다.

〈참고문헌〉

1. 국내문헌

강철근(2004), 『문화정책론』, 서울 : 사회교육연구회.

김동택(2006), '한류와 한국학-해외 한국학 현황과 지원방안', 「역사비평」, 봄호.

김수행·안삼환 외(2004), "사회당의 변화와 신자유주의의 공세", 『제3의 길과 신자유주의』, 서울 : 서울대학교 출판부, 323~325.

김신동(2002), "동아시아의 초국적 문화수용과 타자 인식 : '한류' 담론에 대한 성찰적 비평", 「한국 방송의 아시아에서의 수용(I) : 당대 한국문화와 중국」. 한국방송학회 국제학술세미나 자료집.

김현미(2003), "대만 속의 한국대중문화", 『한류와 아시아의 대중문화』, 서울 : 연세대학교 출판부.

김현미(2004), 「외교부 한류 보고서」.

도정일(2006. 1. 7), "메마른 디지털 시대 책이 '감성의 가습기'", 중앙일보.

문화관광부(1999~2005), 『문화산업백서』, 문화관광부.

문화관광부(2000. 12), 「한국문화산업의 해외진출전략 연구」.

문화관광부(2002. 3), 「중국 문화콘텐츠 시장발전과 대 중국진출전략」.

문화정책개발원(2001), 「한국 대중문화산업의 해외진출을 위한 지원방안 연구」.

박문석(2002), 『21세기 황금산업·미디어콘텐츠 산업의 미래, 황금 거위를 잡아라』, 서울 : 도서출판 신유.

백원담(2005), "한류의 정치적, 산업적 함정을 넘어서는 길", '뉴미디어 시대, 아시아 대중문화 교류의 단면을 해부한다', 「씨네21」, 7월호.

신윤환(2002), "동아시아의 '한류' 현상 : 비교 분석과 평가", 「동아연구」, 42, 서울 : 서강대학교 동아연구소.

영화진흥위원회(2002), 『한국영화연감』, 서울: 커뮤니케이션북스.

원용진(2001. 9. 26), "한류 뒤집어 보기", 한겨레신문.

윤태진(2002), "중국의 한류현상에 대한 한국 미디어의 보도경향 연구", 「한국 방송의 아시아에서의 수용(Ⅰ): 당대 한국문화와 중국」, 한국방송학회 국제학술세미나 자료집.

윤태진(2004), '당대 한국문화와 중국', 「중국의 한류현상에 대한 한국미디어 보도경향 연구」, 한국방송학회 국제세미나 발표문.

이동도(2005), 「씨네 21」, 11월호.

이문행(2003), "중앙아시아에서 한류의 생성과 지속을 위한 방송의 역할", 「한국 방송의 아시아에서의 수용(Ⅱ): 중앙아시아에서의 한국 방송」, 한국방송학회 국제학술세미나 자료집.

이민자(2002), "중국 개혁기의 청소년 분석: '한류'를 중심으로", 「동아연구」, 42, 서울: 서강대학교 동아연구소.

이삼성(1991), "탈냉전시대 미국외교와 세계질서: 미국안보정책의 지속성과 그 의미", 『한국과 국제정치』.

이용욱(2005. 10. 22), 「마이데일리」.

이용욱(2006. 1. 12), 「마이데일리」.

이은숙(2005. 12. 7), "항한류의 대안, 쌍방향 문화 교류", 한겨레신문 사이트 차이나 21.

이정진(2005), "동명왕편의 신화적 원형과 문화콘텐츠 가능성", '글로벌 문화원형 분류 및 창작소스 개발', 중앙대학교 세미나, 2005년 11월 25일.

임돈희(2004), '인간문화재와 무형문화유산의 보존: 경험과 문제점', 서울세계박물관 대회 기조강연.

전경수(2004), "무형문화재 개념의 적합성과 문화유산론의 검토", 「민속문화」, 11, 25

~27.

전성흥(2002), "대만에서의 '한류' : 현황과 전망", 「동아연구」, 42, 서울 : 서강대학교 동아연구소.

조한혜정·황상민·김현미·이동후·이와부치고이치·유럽문화정보센터(2003), 『한류와 아시아의 대중문화』, 서울 : 연세대학교 출판부.

진중권(2005), 중앙대학교 한류아카데미 한류최고전문가과정 특강, 2005년 9월 27일.

최문규(2002), "독일 초기 낭만주의와 주체의 해체", 「독일언어문학」, 14, 253~287.

최현주(2003), 『해체와 역설의 시학』, 서울 : 새미.

한국관광공사 용역보고서(2004. 12. 29), 「한류마케팅 파급효과 및 향후 발전방향」.

한국관광공사(2001. 10. 8), 「한류를 이용한 관광 마케팅 전략보고서」.

한국관광공사(2004), *Conventions and Exhibitions in Korea*.

한국무역협회(2001. 11. 6), 「한류에 대한 중국인의 시각」.

한국문화콘텐츠진흥원(2004. 1), 「중국 내 한류현상에 대한 소비자의 잠재적 니즈 파악 및 향후 접근전략」.

한국정신문화연구원(1993), 『공공정책과 사회정의』, 서울 : 한국정신문화연구원.

황정현(2005), "한류 타고 역류해 들어오는 초국가적 금융자본", 「씨네21」, 7월호.

경향신문(2005. 7. 4., 2005. 10. 5)

인민일보(2001. 11. 4., 2005. 10. 21)

중앙일보(2005. 5. 21., 2005. 5. 31., 2006. 1. 7., 2006. 2. 24)

2. 외국문헌

Arrighi, G.(1982), "A Crisis of Hegemony", in Samir Amin, G. Arrighi A. G. Frank and I. Wallerstein et. al., *Dynamics of Global Crisis*, N.Y.: N.Y Monthly Review Press.

Bagley, William C.(2004. 10. 3), '무형문화유산보호협약과 박물관의 새로운 미래', ICOM 2004 Seoul.

Bedjaoui, Mohamed(2004), "The Convention for the Safeguarding of the Intangible Cultural Heritage; the Legal Framework and universally recognized Principles", *Museum International*, n221/222 UNESCO Paris. May.

Berlin, Isaiah(2005), 『낭만주의의 뿌리 The Roots of Romanticism』, 강유원·나현영 옮김, 서울: 이제이북스.

Carr, Edward Hallet(1961), 『역사란 무엇인가? What Is History?』, 김택현 옮김, 서울: 까치.

Chase-Dunn, Christopher(1994), "United States Culture and World Culture", *Culture and Development in a New Era and in a Transforming World*, Seoul: IFES Kyungnam Univ., 40.

Cox, Robert(1983), "Social Forces, States, and World Order: Beyond International Relations Theory", *Journal of International Studies*, 12(2).

Friedman, Thomas L.(2003), 『렉서스와 올리브 나무』, 서울: 창해.

Gill, Stephen.(1986), "U. S. Hegemony; Its Limits and Prospects in the Reagan Era", *Millennium: Journal of International Studies, 15(3)*.

Hamelink, C.(1988), 『제3세계의 문화종속』, 서울: 성균관대학교 출판부.

Harbermas, J.(1971), *Theorie des kommunukativen Handelns*, 2Bde, Frankfurt am Main.

Hayek, Friedrich August von(1999), 『노예의 길』, 김영청 옮김, 서울: 동국대학교 출판부, 39~40.

Huntington, Samuel P.(1993), "The Clash of Civilizations?", *Foreign Affairs*, 72(3), 22~23.

Kelleher, Catherine McArdle(1990), "The Changing Currency of Power, Paper Ⅰ: The Future Nature of US Influence in Western Europe & North East Asia", *Adelphi Paper 256: America's Role in a Changing World(Winter)*, 26~28.

Murray, Robin(1975), "The Internationalization of Capital & Nation State", in H. Radice ed., *International Firms and Modern Imperialism*, Baltimore: Penguin, 128.

Nye, Joseph S.(1990), *Bound to lead: The Changing Nature of American Power*, New York: Basic Books.

Russett, Bruce(1985), "The Mysterious Case of Vanishing Hegemony: or Is Mark Twain Dead?", *International Organization, 39(2)*, 228~230.

Tylor, Edward Brunett(1958), *Primitive Culture,: Researches into the Development of Mythology, Philosophy, Religion, Art and Customs*, 2 Vols. Gouchester, Mass.: Smith, 1958, Vol. 1: Origins of Culture, p. 1.(Milton Singer, Art, The Concept of Culture, in: International Encyclopedia of Social Sciences, Vol. 3. The Macmillan Company & The Free Press, 1968, p. 527.)

유키에 히라타(2004), "일본에서의 한류의 소비", 『일식한류』, 87~93.

이와모토 미치야(巖本通彌)(2005), "한류와 문화산업-민속학·문화인류학 입장에서", 한류 국제세미나 발표.

이와부치 고이치(岩ぶち功一)·유키에 히라타(平田由紀江)(2004), 『아시아를 잇는 대중문화』, 전오경 옮김, 서울: 또하나의문화.

李澤厚·劉再復(2003), 『고별혁명』, 김태성 옮김, 서울: 북로드, 22~35.